LA JEUNESSE LIBÉRALE DE 1830

LETTRES D'ALPHONSE D'HERBELOT

A

CHARLES DE MONTALEMBERT

ET A

LÉON CORNUDET

(1828 — 1830)

PUBLIÉES

POUR LA SOCIÉTÉ D'HISTOIRE CONTEMPORAINE

PAR

ses petits-neveux

PARIS

ALPHONSE PICARD ET FILS

LIBRAIRES DE LA SOCIÉTÉ D'HISTOIRE CONTEMPORAINE

Rue Bonaparte, 82

1908

BESANÇON. — IMPRIMERIE JACQUIN.

LA JEUNESSE LIBERALE DE 1830

LETTRES D'ALPHONSE D'HERBELOT

A

CHARLES DE MONTALEMBERT

ET A

LÉON CORNUDET

(1828-1830)

EXTRAIT DU RÈGLEMENT

Art. 14. — Le Conseil désigne les ouvrages à publier et choisit les personnes auxquelles il en confiera le soin.

Il nomme pour chaque ouvrage un commissaire responsable, chargé de surveiller la publication.

Le nom de l'éditeur sera placé en tête de chaque volume.

Aucun volume ne pourra paraître sous le nom de la Société sans l'autorisation du Conseil, et s'il n'est accompagné d'une déclaration du commissaire responsable, portant que le travail lui a paru digne d'être publié par la Société.

Le commissaire responsable soussigné déclare que l'ouvrage Lettres d'Alphonse d'Herbelot a Charles de Montalembert et a Léon Cornudet *lui a paru digne d'être publié par la* Société d'histoire contemporaine.

Fait à Paris, le 10 octobre 1908.

Signé : Barante.

Certifié :

Le secrétaire de la Société d'histoire contemporaine,

B. de Lacombe.

AVERTISSEMENT

L'auteur des lettres publiées ici, Étienne-Marie-Alphonse d'Herbelot, né à Paris le 20 décembre 1808, remporta de nombreux succès scolaires et fut reçu premier, le 26 septembre 1831, au concours d'agrégation d'histoire, de fondation toute récente. Professeur au collège Henri IV, on parlait de lui pour la suppléance de Guizot en Sorbonne quand il mourut dans sa vingt-quatrième année, le 8 octobre 1832. C'est assez dire que, quoique les contemporains d'Alphonse d'Herbelot aient gardé la très persistante impression de l'avenir exceptionnellement brillant qui lui semblait promis [1], il ne saurait être question de lui consacrer une notice biographique.

Pour la raison diamétralement inverse, un pareil laconisme s'impose à l'égard de ses deux correspondants, dont les noms demeurent en possession, l'un de l'illustration, l'autre de la plus honorable notoriété. Charles-Forbes-René, comte de Montalembert (1810-1870), pair de France par droit héréditaire, élu par le suffrage universel aux deux Assemblées de la seconde République et au premier Corps législatif qui se réunit sous la Constitution de 1852, membre de l'Académie française, fut sous Louis-Philippe, en dépit de sa jeunesse, le chef incontesté du parti catholique, et plus tard, avec Fal-

1. Nous avons notamment recueilli cette impression à maintes reprises sur les lèvres de deux amis d'enfance d'Alphonse d'Herbelot, morts octogénaires tous deux, M. Édouard Thureau, doyen de l'ordre des avocats à la Cour d'appel de Paris, et M. Alfred Thureau-Dangin.

loux et Lacordaire, l'un des plus éloquents champions du catholicisme libéral. Quant à Alexandre-Marie-Léon Cornudet (1808-1876), entré au conseil d'État comme auditeur de seconde classe en 1836, il y devint président de section en 1867, légitime couronnement d'une carrière toute de labeur et d'indépendance; de cette indépendance, il avait donné une preuve mémorable en 1852, quand, dans l'affaire dite des biens d'Orléans, il avait refusé de se prononcer contre la compétence judiciaire. Ses dernières années, après 1870, furent consacrées presque exclusivement aux œuvres de piété et de charité, qui avaient toujours tenu une place importante dans sa vie. Son étroite amitié avec Montalembert, nouée sur les bancs du collège Sainte-Barbe, est demeurée célèbre et presque populaire, depuis que le témoignage en a été livré à la publicité [1].

D'Herbelot, qui avait fait ses études à Louis-le-Grand et à Henri IV, s'était lié avec les deux amis au sortir du collège, peut-être par l'entremise de Rio. Il écrivit à Cornudet, pendant les deux étés de 1829 et de 1830, des lettres telles qu'en ont échangé de tout temps les étudiants en vacances, mais auxquelles les événements politiques prêtent un vif intérêt. Quant à sa correspondance avec Montalembert, le caractère en est tout différent et l'attrait plus grand encore. A l'automne de 1829, Charles de Montalembert avait dû, un peu à regret, quitter Paris pour aller rejoindre son père, ministre plénipotentiaire à Stockholm. Ses amis lui avaient promis de distraire et de renseigner son exil : d'Herbelot tint fidèlement parole, et d'août 1828 à octobre 1829, il ne lui adressa pas moins de trente lettres, fort longues pour la plupart, que Montalembert lui-même traitait de « chroniques politiques ». Loin d'en éprouver la moindre jalousie, Cornudet était le premier à s'effacer en cette matière devant la jeune compétence de d'Herbelot, déjà très répandu, malgré ses vingt ans, dans les

1. Les *Lettres à un ami de collège*, publiées en 1873 par Cornudet, ont été réimprimées en 1884 avec ses réponses, par les soins de son fils aîné, et complétées en 1905, par son petit-fils, de la *Correspondance* échangée entre les deux amis après 1831.

milieux universitaires et parlementaires : « D'Herbelot est beaucoup plus à même que moi de te parler de ce que les journaux ne contiennent pas, parce qu'il va beaucoup plus que moi dans le monde [1]. » Aux nouvelles politiques, commentées avec la fougue de son âge et de ses convictions, d'Herbelot mêlait des considérations sur l'histoire, qui l'attirait tout spécialement, sur la religion, à l'égard de laquelle nous dirons plus loin sa disposition d'esprit un peu particulière ; il s'appliquait à réconforter son correspondant. A défaut des effusions pieuses qui rendent si touchantes les lettres de Cornudet, il adressait à Montalembert des conseils empreints d'un stoïcisme singulièrement grave et austère. Interrompue au retour de Montalembert à Paris, la correspondance reprit au lendemain de son départ pour l'Irlande, qui avait presque coïncidé avec la signature des ordonnances de juillet 1830 : cinq lettres se succédèrent alors, les premières écrites littéralement dans le feu et l'ivresse du combat révolutionnaire, les suivantes laissant percer une pointe de désenchantement, moins sensible pourtant que dans les lettres à Cornudet.

*
* *

Est-ce s'abuser que de juger les lettres d'Alphonse d'Herbelot remarquables de tenue littéraire, pour qui tient compte de l'âge de l'auteur et du laisser aller d'une correspondance entre camarades ? Est-ce exagérer que de les rapprocher des lettres trop oubliées, écrites de l'Inde vers la même époque par le jeune naturaliste Victor Jacquemont ? Même ardeur de passion libérale, avec une note plus spiritualiste et moins antibonapartiste chez d'Herbelot ; même fougue juvénile, se trahissant plutôt par le mouvement de la phrase que par le coloris des mots ; même langue souple, aisée et abstraite. Mais cet incontestable mérite littéraire ne nous paraît ici qu'un accessoire : le grand intérêt de la correspondance d'Alphonse d'Herbelot est d'ordre historique, et si la Société d'histoire contempo-

1. 2 mars 1829 : *Lettres à un ami de collège*, 2e éd., p. 221.

raine en a adopté la publication, c'est qu'elle éclaire d'un rayon nouveau l'état d'esprit de la jeunesse libérale aux approches et au lendemain de la révolution de 1830. Sans entamer des polémiques rétrospectives qui seraient ici parfaitement importunes et déplacées, il convient du moins de préciser cet état d'esprit.

⁂

Contre la monarchie restaurée, Alphonse d'Herbelot avait d'abord les griefs ou les préjugés de la foule de ses condisciples, de ses maîtres et de ses collaborateurs : la solidarité acceptée, ou du moins non répudiée, avec les envahisseurs de 1814 et 1815; la méconnaissance de nos récentes gloires militaires; l'attachement systématique aux formes surannées ou déplaisantes de l'ancien régime; l'inintelligence des aspirations et le dédain des hommes de la France nouvelle; la répugnance à toutes les réformes vraiment libérales. De ces accusations, alors très répandues et pour ainsi dire courantes, la plupart étaient fort exagérées pour le moins, et Montalembert, après les avoir en partie prises à son compte avec l'intempérance de l'adolescence, devait en faire plus tard son *meâ culpâ* [1]; d'autres engageaient la responsabilité de l'entourage des princes plutôt que la leur propre. Ce sont ces influences de cour que Chateaubriand, le Chateaubriand légitimiste de 1833, allait dénoncer rétrospectivement avec sa coutumière amertume : « La famille royale végétait dans cette citadelle de la bêtise et de l'envie, qu'assiégeaient, sans pouvoir y pénétrer, les générations nouvelles [2]. »

D'Herbelot avait en outre des rancunes personnelles contre le gouvernement de la Restauration, ou plutôt des rancunes

1. Il écrivait le 4 avril 1868 à Nettement, l'historien de la Restauration : « Entré moi-même dans la vie à cette époque, je demeure consterné au souvenir de l'impopularité dont ce noble régime était entouré et des préjugés dont j'ai été moi-même plus ou moins atteint. » (BIRÉ, *Alfred Nettement*, p. 511.)

2. *Mémoires d'Outre-Tombe*, éd. Biré, t. VI, p. 139.

de famille, car on verra par ses lettres que nul ne fut plus désintéressé pour son propre compte. Son père, avocat au Parlement sous l'ancien régime, électeur de Paris en 1789, juge au tribunal de la Seine en l'an VIII, nommé vice-président lors de la réforme de 1811, avait été réduit à l'honorariat par celle de 1816. Son frère aîné, avocat déjà distingué, très aimé dans son quartier, capitaine dans la garde nationale, n'avait jamais pu obtenir des procureurs généraux Bellart et Jacquinot-Pampelune, anciens confrères pourtant de M. d'Herbelot père, d'être présenté en rang utile pour un poste judiciaire. De là, dans le milieu de famille, une atmosphère d'hostilité concordant avec celle des réunions universitaires ou du bureau de rédaction du *Courrier*.

Totalement dépourvu de ferveur royaliste, d'Herbelot, pourtant, ne complotait nullement, ni même ne désirait le renversement de la dynastie ; mais il lui demandait, outre le respect scrupuleux de la charte, de nombreuses et importantes réformes, dont sa juvénile impatience discernait mal la difficulté. En matière d'instruction publique, notamment, et surtout d'enseignement supérieur, ses critiques, très curieuses, parfois extrêmement judicieuses, ont à peine reçu satisfaction à l'heure qu'il est, au bout de quatre-vingts ans.

Le lecteur moderne sera frappé de la dureté de ses appréciations sur le ministère Martignac ; autant que le talent et le caractère des hommes, il dénigre l'inspiration de leurs actes. Il faut dire, à sa décharge, que c'était alors l'opinion presque unanime, et que, par une rencontre trop commune en France, justice n'a été rendue au cabinet Martignac qu'un certain temps après sa chute. Un peu hésitants de leur naturel, placés entre les exigences de la gauche et les répugnances de la cour, ses principaux membres, hommes de valeur et de modération, furent constamment taxés de mauvais vouloir par les libéraux et de trahison par la droite [1]. On prodi-

1. Dans ses notes intimes, Villèle ne reculait pas devant le mot de « lâcheté ».

guait à leur politique extérieure le reproche, déjà banal alors, d'asservir la France aux exigences de l'Angleterre ou de la Russie.

Tout en épousant d'une façon générale la querelle des libéraux, tout en partageant beaucoup de leurs préjugés, d'Herbelot témoignait pourtant, à l'occasion, d'une rare et méritoire indépendance. Il discernait non seulement les torts ou les ridicules des individus, mais les faiblesses du parti tout entier : à Montalembert, trop facilement enthousiaste, il montrait que, loin d'être héroïque, le libéralisme procédait souvent d'un calcul quasi commercial. Ce passionné de la politique laissait échapper sur les politiciens, fussent-ils de son bord, des mots singulièrement en avance sur son âge et sur son temps.

La constitution du ministère Polignac l'arracha à ses commentaires ironiques pour le rejeter en pleine bataille. Ses lettres d'août et septembre 1829 reflètent très vivement deux sentiments d'apparence contradictoire : une furieuse exaspération tout d'abord, qui s'épanche en invectives insultantes, sinon contre la personne royale, du moins contre les ministres et leurs partisans ; en même temps, une confiance absolue et presque sereine dans la définitive issue du conflit, soit que le cabinet de réaction capitule devant la résistance de la Chambre, soit que la nation se lève en cas de violation de la charte.

Après les journées de juillet, d'Herbelot pousse d'abord un cri de triomphe, et exalte surtout l'abnégation des combattants ouvriers, abnégation dont, à vrai dire, tous les contemporains impartiaux ont été frappés. Mais aux bulletins de victoire ne tardent pas à succéder des réflexions moins enthousiastes. Si, personnellement, d'Herbelot se défend d'attendre aucun profit du triomphe de ses idées, et cela avec une susceptibilité de scrupules que nos jeunes arrivistes du XXe siècle trouveraient étrangement naïve, il n'en assiste pas moins à la curée des places. Sa fierté se choque et son bon goût s'offense des démonstrations que multiplie Louis-Philippe pour quêter la popularité. Surtout, sa sagacité discerne que c'est là le début seulement d'une longue et sans doute redoutable évolution politique. A l'heure où un écrivain de l'autorité et du talent d'Augustin Thierry se prépare à saluer, dans la monarchie de juillet, l'aboutissement de dix siècles d'histoire de France, un adolescent de moins de vingt-deux ans, dans une lettre prophétique à Cornudet, annonce que ce régime n'est qu'une étape, et que le terme, non pas désirable, mais fatal et prochain, sera la République. Loin de se laisser griser par le triomphe de la bourgeoisie, il déclare que celle-ci n'a que le temps, si elle veut soustraire elle et la nation entière aux pires catastrophes, de faire l'éducation politique de la démocratie, son héritière du lendemain. Cette prédiction, formulée sur un ton de certitude attristée, a de quoi compenser quelques erreurs d'appréciation ou quelques vivacités de langage.

*
* *

« Je suis enchanté de d'Herbelot, » écrivait Cornudet à Montalembert au début de leurs relations; « s'il n'est pas chrétien, au moins il nous comprend [1]. » Ce jugement sommaire résume assez exactement l'attitude qui caractérisait et singularisait Alphonse d'Herbelot dans la jeunesse libérale de 1830.

L'influence d'une mère très aimée et très pieuse [2] avait été impuissante à le préserver de cette ambiance incroyante qui a été si souvent décrite. Mais si ses convictions avaient fléchi, il avait le respect et l'intelligence des choses religieuses. Très éloigné des fanfaronnades d'impiété que remémore le préambule de la *Confession d'un enfant du siècle*, il tenait en piètre estime la polémique de Voltaire, celle surtout des voltairiens de la Restauration ; c'est sur le ton du plus cinglant mépris qu'il parlait du *Constitutionnel*, et les chansons de Béranger n'excitaient rien moins que son enthousiasme. Sévère souvent jusqu'à l'injustice pour certains actes de l'autorité spirituelle, pour les démarches de tel ou tel ecclésiastique, il confessait,

1. 26 novembre 1828 : *Lettres à un ami de collège*, 2e éd., p. 173-174.

2. Geneviève-Joseph de Sainte-Marthe (1775-1854), arrière-petite-nièce du cinquième supérieur général de la Congrégation de l'Oratoire de France.

dans une lettre très touchante à Cornudet, que la plupart de ses camarades le soupçonnaient d'être secrètement passé au parti prêtre. Le fait est que les questions religieuses attiraient de plus en plus sa curiosité : il dissertait des dogmes avec la tranchante incompétence de ses vingt ans, mais aussi avec une gravité très éloignée de toute velléité de dénigrement. Au point de vue historique, ce qu'il appréciait surtout dans le protestantisme, c'était (et cette idée a été plusieurs fois reprise après lui, notamment par Ferdinand Brunetière) le contre-coup vivifiant qui en était résulté pour l'Église catholique, l'œuvre de réforme intérieure à laquelle celle-ci avait été amenée. Le même esprit d'indépendance et d'impartialité lui faisait rendre à la Ligue une justice qui peut sembler banale aujourd'hui, mais qui était alors une méritoire nouveauté, car le loyalisme bourbonien des uns s'accordait avec les préventions antireligieuses des autres pour flétrir et ridiculiser un mouvement antidynastique et catholique.

D'Herbelot se rapprochait encore de ses deux amis par la rigidité de sa vie morale. Que ce fût survivance inconsciente d'une première éducation chrétienne, influence d'un milieu de famille remarquablement digne, résultat d'un stoïcisme réfléchi, il est de fait que cet adolescent ne se passionnait que pour les idées ; plus encore peut-être que par la correction du style, ses lettres sont remarquables par l'austérité constante de l'inspiration. Il ne s'y trouve même point de ces évocations imprécises de la fiancée encore inconnue, qui sont familières à tant de jeunes hommes chastes, et qui font un des charmes de la correspondance de Montalembert et de Cornudet.

Lorsqu'en pleine jeunesse et à l'aube même du succès, d'Herbelot se sentit terrassé par un mal impitoyable, il fut assez fort pour se soustraire aux tentations du désespoir ; mais la philosophie, qu'il n'avait jamais beaucoup goûtée, lui parut offrir des consolations insuffisantes. Il se tourna alors, résolument et docilement, vers la foi de sa mère et de ses deux amis, renouvelant à plusieurs reprises sa profession de catholicisme intégral. Il sollicita lui-même la venue du prêtre, multiplia « avec un respect pénétrant » ces actes de dévotion dont naguère il avait parlé un peu à la légère [1], eut enfin la délicate attention de mander Montalembert auprès de son lit de mourant, pour lui donner de vive voix l'assurance de sa pleine et entière conversion [2].

* * *

Les originaux des lettres à Cornudet avaient été restitués il y a une vingtaine d'années, par le fils aîné du destinataire, M. Michel Cornudet, à M. Albert d'Herbelot, neveu de l'auteur. Quant aux lettres à Montalembert, qu'on a longtemps crues disparues, de persévérantes et obligeantes recherches, entreprises à la demande d'un des petits-neveux d'Alphonse d'Herbelot par M. le vicomte de Meaux, petit-fils de Montalembert, les ont fait tout récemment retrouver aux archives du château de la Roche-en-Breny. En échange, la famille d'Herbelot a restitué deux lettres de Montalembert, les deux seules malheureusement qui aient été conservées ; nous les reproduisons en appendice. Il ne subsiste aucune lettre de Cornudet à d'Herbelot.

Les lettres qui font l'objet de la présente publication sont reproduites, cela va sans dire, dans leur texte intégral, sans aucune correction. — Les originaux, pliés et cachetés à l'ancienne mode, sans enveloppes, présentent parfois des déchirures qui ont fait disparaître quelques mots ; sans nous livrer à un travail de reconstitution toujours arbitraire, nous avons signalé ces lacunes par des points de suspension. — D'autre part, il a paru à propos de supprimer, dans une lettre à Cornudet, un passage relatif aux difficultés de famille d'un tiers, passage dépourvu de tout intérêt historique.

1. « Ce pauvre enfant me demanda plusieurs fois dans la journée à baiser le Christ, et il le fit avec un respect pénétrant. En me le rendant, il me disait : « C'est tout ce que je puis faire ».... Il reçut son Dieu avec un respect et une piété qui auraient remué des pierres. » (Récit manuscrit de la mère d'Alphonse d'Herbelot.)

2. Voir à l'appendice II de la présente publication.

Au contraire, nous avons cru devoir maintenir les appréciations, vives jusqu'à l'insulte et partiales jusqu'à l'injustice, que d'Herbelot se permettait sur le compte de certains hommes politiques de son temps, car cela est de l'histoire et n'est plus que de l'histoire. En édulcorant ce témoignage des passions politiques de la jeunesse de 1830, nous en aurions faussé la valeur. Est-il besoin de rappeler d'ailleurs que tous les partis rivalisaient alors de virulence? Les Souvenirs, récemment publiés, du comte de Salaberry et du baron de Frénilly, rédigés à tête reposée par des hommes d'âge respectable, sont plus agressifs, à coup sûr, que les lettres écrites par l'étudiant d'Herbelot sous l'impression immédiate des événements. Imperturbablement courtois d'ailleurs, même lorsqu'il est le plus incisif, et fidèle aux vieilles règles de la civilité française, le jeune homme omet rarement de donner du *Monsieur*, même à ses adversaires; nulle trace chez lui de ce sans-gêne qui, de la conversation, a gagné la correspondance et se répand aujourd'hui dans la presse politique.

On s'étonnera, on se scandalisera plus particulièrement sans doute du jugement porté sur celui que d'Herbelot appelait « M. Berryer fils, » et qui devait être le plus grand orateur politique du XIXe siècle. Sans prétendre justifier des imputations outrageantes et mal fondées, il convient de rappeler d'une part qu'en 1829, Berryer, faute d'avoir atteint l'âge légal, n'avait point encore abordé la tribune; de l'autre, qu'il s'était déjà fait une réputation méritée d'intransigeance doctrinale et d'épicuréisme pratique, assemblage qui devait être spécialement antipathique à un puritain libéral comme Alphonse d'Herbelot.

Les notes qu'on trouvera au bas des pages sont destinées soit à éclaircir les allusions, soit à donner des indications sommaires sur les personnages nommés. Nous en avons exclu les princes français et les personnages antérieurs au XIXe siècle, comme par exemple les écrivains de l'antiquité ou de la Renaissance, sauf quelques cas exceptionnels. Pour les hommes les plus célèbres, nous nous sommes contentés de rappeler les dates de naissance et de mort, sans énumérer les étapes de leur carrière.

Nous avons dit notre dette de reconnaissance envers M. le vicomte de Meaux (Charles). M. Léon Cornudet, petit-fils de l'ami de d'Herbelot, s'est très obligeamment employé à nous fournir des renseignements complémentaires. Nous avons mis également à contribution la compétence et l'amabilité de M. l'abbé Lecanuet, le biographe de Montalembert. Enfin, notre bonne fortune nous a attribué, comme commissaire responsable, le président de la Société d'histoire contemporaine, M. le baron de Barante, c'est-à-dire un des hommes que leurs traditions de famille et leurs travaux personnels ont mis le plus en familiarité avec le monde politique de la Restauration ; ses avis nous ont été infiniment précieux, et ce n'est que justice de consigner ici l'expression de notre particulière gratitude à son égard.

DE LANZAC DE LABORIE.

I.

LETTRES A CHARLES DE MONTALEMBERT

I.

13 août 1828, Toulon.

Monsieur et ami,

Je ne veux point vous laisser partir pour Stockholm sans me rappeler encore une fois à votre souvenir : il m'est déjà assez pénible que mon départ précipité ne m'ait point permis de vous faire personnellement mes adieux avant votre exil, qui, s'il doit vous paraître long, le paraîtra au moins autant à vos amis ; il suffit, en effet, de vous avoir connu un instant pour vous apprécier, et la brièveté du temps que j'ai eu à passer avec vous ne fait que rendre mes regrets encore plus vifs. J'ai du moins emporté de Paris la sincère espérance que notre liaison ne s'arrêtera pas là, parce qu'elle est fondée sur une vraie communauté de principes et de sentiments, et que dans nos siècles de partis, et que sait-on? peut-être d'orages politiques, il ne peut y avoir de liaison durable qu'entre hommes qui ont même cause et même drapeau. J'espère que vous voudrez bien m'écrire de Suède, comme moi de Paris; vous me parlerez du nouveau pays qui va être l'objet de vos observations; je vous parlerai de la France, de son sort, de nos craintes et de nos espérances ; et quand votre retour nous permettra de nous réunir, nous pourrons mettre en commun quelques idées, quelques connaissances de plus.

Cornudet, auquel j'avais précipitamment écrit quelques lignes avant de monter en voiture, vous aura sans doute expliqué la cause de ce voyage inattendu. Je n'ai pas le temps de lui écrire; c'est vous que je charge de l'assurer de l'amitié sincère qu'il m'a inspirée, et de lui rappeler que nous devons travailler ensemble l'année prochaine; je le verrai pour nous concerter à ce sujet, dès qu'il sera de retour à Paris. Je vous charge également de m'excuser auprès de notre bon ami M. Rio [1], si je n'ai pu, avant mon départ, ni le voir ni lui écrire. J'espère que ses affaires de Bretagne se termineront heureusement : j'irai en savoir des nouvelles aussitôt que je serai de retour.

Je suis à Toulon, comme vous pouvez le penser, dans un moment fort brillant; demain appareille l'expédition [2], avant-garde, dit-on, d'une armée de 35,000 hommes, et au moment où je vous écris, le port et la ville sont remplis de caissons, de soldats et de bêtes de somme que je réunis, car ils sont à peu près traités de la même manière, encaissés les uns comme les autres sur des bâtiments, avec précisément assez de place pour ne point étouffer pendant la traversée. Ce spectacle, fort curieux pour un oisif comme moi, est cependant peu entraînant et beaucoup plus séducteur, je crois, à deux cents lieues de Toulon que sur le port. Il n'y a d'ailleurs rien de très poétique dans la vue de compagnies d'infanterie ou de cavalerie, allant l'une après l'autre, sans musique, sans cris, sans aucun symptôme d'enthousiasme, se parquer dans de vilains canots qui les transportent à bord. Les soldats

1. Alexis-François Rio (1797-1874), professeur à Louis-le-Grand, avait, sous le ministère Villèle, refusé les fonctions de censeur, et était attaché en 1828 au cabinet du comte de la Ferronnays, ministre des affaires étrangères. Il devait renoncer à l'enseignement pour se vouer exclusivement à l'histoire et à la philosophie de l'art; son principal ouvrage a pour titre l'*Art chrétien*.

2. L'expédition qui partait pour la Morée sous la conduite du général Maison.

se doutent-ils qu'ils vont en Grèce, délivrer cette belle terre, patrie de toutes les nobles inspirations? Je ne saurais trop le dire, et si cela est, rien au dehors ne trahit leurs sentiments; il est possible que ce soit là le beau idéal de la discipline militaire. Mais je crois que quand nos braves légions, victorieuses de l'Italie, laissaient derrière elles le Capitole vaincu pour aller planter leurs drapeaux sur les Pyramides, il y avait dans cette ville de Toulon plus d'élan et de hautes inspirations; ces armées-là, trempées au feu d'Arcole, savaient ce que c'était que Marathon et Thermopyles; je crains bien que nos soldats de 1828 n'aient souvenance que de Logroño ou du Trocadéro [1].

Probablement je n'aurai pas le plaisir de vous retrouver à mon retour à Paris, où je resterai seulement trois ou quatre jours; j'irai cependant rue de l'Université savoir de vos nouvelles; vous seriez bien aimable si vous vouliez y laisser une lettre pour moi; ce serait un gage d'amitié auquel je serais bien sensible : il me prouverait que vous conservez le souvenir de celui qui se dit pour la vie

Votre tout dévoué,

Alph. D'HERBELOT.

1. La prise de Logroño et celle du Trocadéro, fort avancé de Cadix, avaient été, en 1823, les principaux succès de l'expédition du duc d'Angoulême en Espagne : l'importance de ces opérations militaires avait été un peu surfaite dans les milieux officiels, et le parti libéral affectait de s'en gausser.

II.

Toulon, lundi 18 août 1828.

J'ai été bien sensible, mon cher ami, à l'aimable lettre que vous m'avez fait passer à Toulon, et je m'empresse d'y répondre, afin que vous receviez au moins quelques mots de moi avant votre départ. Je ne vous réitérerai pas mes bien vifs regrets de cette séparation inattendue : j'aime mieux me transporter en espérance au moment où nous nous reverrons à Paris pour ne plus nous quitter de longtemps, et je n'ai pas besoin de vous dire de presser le plus possible ce retour, que j'appellerai de tous mes vœux.

Dans mon coin de Toulon, où je lis cependant les journaux, j'apprends que les évêques protestent contre les ordonnances en termes au moins singuliers : le *non possumus* semble un peu renouvelé des temps de Grégoire VII [1]. J'aurais eu bien du plaisir à m'entretenir de ces graves questions avec vous et mes autres amis de Paris, car ici, où l'on ne s'occupe guère que des chevaux, des bottes de foin et des hectolitres de farine à fournir à

1. A la suite des deux ordonnances du 16 juin 1828, interdisant l'enseignement aux membres des congrégations non autorisées et réglementant les petits séminaires, une protestation avait été publiée, signée au nom de l'épiscopat par le cardinal de Clermont-Tonnerre, archevêque de Toulouse; elle se terminait ainsi : « Ils (les évêques) ne résistent point; ils ne profèrent pas tumultueusement de paroles hardies.... Ils se contentent de dire avec respect, comme les apôtres : *Non possumus.* Nous ne pouvons pas. »

l'expédition de Morée, je trouve difficilement à parler de tout ce qui sort du cercle des approvisionnements militaires. Il me semble que cette démarche du clergé est bien hasardée, et qu'il faudrait être bien sûr d'un solide corps de bataille, pour lancer en avant d'aussi hardis tirailleurs. Il semble qu'un destin ennemi pousse le clergé catholique sous la bannière opposée à celle de la France constitutionnelle. Il pousse des cris de triomphe, parce qu'il voit hésiter le gouvernement; Dieu veuille pour lui et pour nous qu'il ne l'entraîne pas dans sa querelle, car il faudrait remettre en question ce qui fut décidé le 14 juillet 1789. Mais, quelque chose qui arrive, nous devons éprouver de sérieuses inquiétudes, car il me semble voir le schisme grandir tous les jours et s'avancer à pas de géant; et si ce malheur arrive, je crois que l'on pourra dire au clergé catholique : que ce fléau retombe sur votre tête!

En attendant les débats religieux, les débats politiques vont commencer : l'expédition de Morée, retardée un peu par le mistral, est partie hier. C'est un beau spectacle, mon ami, qu'une flotte de cent voiles sillonnant la Méditerranée aux ondes noir-bleues, comme dit Byron, sous un ciel sans apparence de nuages. Ce qui manquait là comme ailleurs, c'était l'enthousiasme : à bord il pouvait y en avoir, mais imperceptible ; au rivage, il n'y avait que des curieux, assez semblables aux oisifs de Paris; d'où il suit que je suis revenu du fort Lamalgue, d'où j'avais été voir le départ, aussi calme qu'en sortant de mon lit, sauf que j'étais grillé par le soleil.

C'est cependant un beau ciel que celui du Midi, surtout le matin et le soir, lorsqu'il est encadré dans une jolie teinte rose ; s'il y avait sous ce ciel de l'herbe, de la verdure et moins de poussière, je dirais bien comme Mme de Staël en parlant de l'Italie : « Terre du soleil...., je te salue »; mais, ma foi, à part la poésie, j'aime encore mieux la roturière Normandie avec ses frais rivages et les flèches gothiques de ses cathédrales.

Je serai probablement à Paris le 1er septembre; je crains bien de ne pas vous y retrouver ; c'eût été pour moi un vif plaisir de pouvoir y passer quelques heures avec vous; mais je sens que vous ne pourrez guère retarder jusque-là votre départ; partez donc, partez vite même, si cette condescendance aux désirs paternels peut vous ramener près de nous quelques mois plus tôt.

Je vous charge de nouveau de toutes mes amitiés pour MM. Rio et Cornudet; si je n'écris pas à ce dernier, c'est que je présume que vous lui communiquez mes lettres et que lui du moins, je le reverrai après les vacances; je compte toujours le voir dès son arrivée, pour prendre nos arrangements de travail.

Je ne vous réitère pas tous mes souhaits pour que votre exil soit le moins ennuyeux et le moins long possible ; j'y suis intéressé autant que vous. Adieu donc, adieu, n'oubliez pas vos amis de Paris à la cour de Bernadotte [1], et soyez bien persuadé que votre souvenir restera toujours dans le cœur de celui qui est pour la vie

Votre tout dévoué,

Alph. D'HERBELOT.

J'espère trouver une lettre de vous à mon arrivée à Paris.

1. Jean-Baptiste-Jules Bernadotte (1764-1844), l'ancien sergent-major de Royal-Marine, général de la République, maréchal d'Empire et prince de Ponte-Corvo, était roi de Suède depuis 1818 sous le nom de Charles-Jean ou Charles XIV.

III.

La Flèche, 21 septembre [1828].

Mon cher ami,

Je ne vous ai point écrit jusqu'à présent, pour vous laisser le temps de gagner votre nouvelle résidence et de vous y installer. Maintenant que je vous suppose tout à fait Suédois, non de cœur, mais au moins de domicile, je me mets en devoir de commencer cette correspondance, que votre retour abrégera, je l'espère, plus tôt que nous ne le croyons tous deux.

Nous sommes convenus que je vous donnerais des nouvelles de France, de notre situation morale, intellectuelle, de nos espoirs si souvent trompés; mais il me serait bien difficile en ce moment de tenir ma promesse. Je suis moi-même comme exilé, quoiqu'au milieu d'une partie de ma famille, habitant d'une petite ville où la vie matérielle est seule comptée pour quelque chose, et à peu près étranger aux nouvelles de Paris et de la France qui ne m'arrivent que dans quelques lettres, fort incomplètes, comme vous pouvez le penser. Ces départements de l'Ouest sont dans une singulière situation morale : réveillés de leur apathie habituelle par la dispersion dans leurs cantons de l'armée de la Loire, ils ont été, jusqu'en 1822 et 1823, les plus fermes champions de l'opinion libérale exaltée, commettant des Manuel [1], La-

1. Jacques-Antoine Manuel (1775-1827), volontaire en 1792, quitta l'armée après la paix de Campo-Formio et devint avocat à Aix; il fut représen-

fayette [1] et autres députés du même côté. Depuis le ministère de M. de Villèle [2], ils semblent avoir repris leurs habitudes, et comme leur libéralisme n'avait pour fondement qu'un excédent de colère, qu'il n'y a dans ces populations ni instruction, ni doctrines, ils sont retombés dans leur insouciance, plantent leurs vignes, récoltent leur blé, et s'inquiètent fort peu du reste. Vous sentez que dans un tel pays il ne faut point s'attendre à trouver ces douces causeries de Paris, à la fois élégantes et instructives; avec mon mince bagage d'idées politiques, j'y passe pour un publiciste profond, et je me rejette sur les livres faute d'hommes. D'ailleurs j'y chasse un peu, quoiqu'assez maladroit, je bois et mange, perds quelques heures du soir dans d'assez insignifiantes sociétés, et mes journées se passent.

Pour vous, vous devez être dans la pompe et les splendeurs, et je vous connais déjà trop pour vous en faire mon compliment; encore si vous pouviez vous détacher un instant de Stockholm, aller étudier cette Norvège, si curieuse, dit-on, sous le double rapport de la nature du sol et des opinions des habitants, vous nous rapporteriez des observations sur ce que vous auriez vu. Je m'en rapporte d'ailleurs à vous pour étudier la Suède sous tous ses aspects, et entièrement étranger aux mœurs, à la cons-

tant des Basses-Alpes aux Cent-Jours et député de la Vendée de 1818 à 1824. On sait qu'en 1823, accusé d'avoir fait à la tribune l'apologie du régicide, il fut exclu de la Chambre jusqu'à la fin de la session.

1. Marie-Paul-Joseph-Roch-Yves-Gilbert du Motier, marquis de la Fayette (1757-1834). Il suffit de rappeler ici qu'il avait été en effet élu député de la Sarthe en 1818.

2. Jean-Baptiste-Guillaume-Marie-Anne-Séraphin-Joseph, comte de Villèle (1773-1854), officier de marine avant la Révolution, membre du conseil général de la Haute-Garonne (1810), maire de Toulouse (1814), député de la Haute-Garonne (1815-1827), principal chef de la majorité à la Chambre introuvable, ministre des finances (1821-1828), président du conseil à partir de 1822, pair de France (1828).

titution, au gouvernement de ce pays, je demanderai à votre amitié tous les détails que vous pourrez recueillir, et que pourront contenir des lettres.

Je me suis mis, dans ma retraite de l'Anjou, à étudier un peu l'histoire de France depuis la Restauration, dans le *Moniteur*, les discussions des Chambres et quelques écrits du temps. Cette étude m'offre assez d'attrait. J'y vois poindre Royer-Collard [1] et le noble et éloquent C. Jordan [2]. J'y ai surtout vu figurer avec bien du plaisir un homme qui n'apparut qu'un instant à la tribune nationale pour l'enchanter de son éloquence démosthénique : c'est Martin de Gray [3], enlevé après deux sessions par une mort prématurée. Oh! quand nous serons ensemble à Paris au coin du feu, je vous montrerai, s'il vous est inconnu, certain discours sur la liberté de la presse, où Martin de Gray, expirant et prévoyant en même temps sa mort prochaine et les dangers dont la faction ultra-monarchique menaçait le pays, se flattait au moins que ses yeux se fermeraient à la lumière, avant que la liberté ne fût ravie à la France! Il y a dans sa péroraison quelque chose que l'on peut comparer sans crainte à celle de

1. Pierre-Paul Royer-Collard (1763-1845), avocat au Parlement de Paris, secrétaire de la Commune (1791), député aux Cinq-Cents (1797), exclu après fructidor, membre du conseil secret de Louis XVIII, professeur de philosophie à la Sorbonne (1811), directeur de l'imprimerie (1814), président du conseil de l'Université (1815-1820), député (1815-1845), président de la Chambre (1828-1830), membre de l'Académie française (1837).

2. Camille Jordan (1771-1821), député du Rhône aux Cinq-Cents (1796), proscrit après fructidor, conseiller d'État (1815), député (1818), l'un des chefs des doctrinaires.

3. Alexandre-François-Joseph, baron Martin de Gray (1773-1864), maire de Gray sous l'Empire, membre du Corps législatif (1807), député (1816-1822). L'éloquence qui faisait l'admiration de d'Herbelot est tombée dans un profond oubli. Il faut noter aussi que, loin d'avoir succombé prématurément, Martin de Gray survécut de longues années à son panégyriste et s'éteignit *nonagénaire*. Ce qui est vrai, c'est que lors de ses derniers discours il était gravement malade et presque aveugle.

Bossuet aux funérailles du prince de Condé. Pardon, si je vous parle ainsi de mes études. Mais je n'ai autre nouvelle à vous donner, et suis obligé, comme autrefois Montaigne, de me prendre moi-même pour sujet de mon écrit.

A mon retour à Paris, nous comptons, quelques jeunes gens de ma connaissance et moi, former une conférence où nous nous occuperons d'histoire et de droit politique. J'espère que Cornudet en sera, lui qui désirait trouver quelque chose de semblable. Nous vous tiendrons au courant de nos travaux, si toutefois nous parvenons à nous réunir : ce que je désire bien vivement. Car je sens maintenant plus que jamais le besoin de discussions fortes, où la camaraderie empêche l'affectation de supériorité de l'un sur l'autre, et où l'amour-propre est en même temps un obstacle à une dangereuse condescendance pour les opinions d'autrui. Cornudet et moi, nous vous regretterons souvent dans ces réunions, comme partout ailleurs, mon cher Montalembert; mais la mer nous sépare, et il faut qu'ayant opinions et sentiments aussi semblables, je crois, qu'il est possible, nous ne puissions, de quelque temps encore, avoir même séjour.

Je suis, en ce moment, en colère contre M. de Chateaubriand [1], et si M. Lemarcis [2] était ici, j'aurais encore des lances à rompre avec lui. Je viens de lire simultanément deux ouvrages du noble pair : l'un, de 1817, rempli de vœux réactionnaires, et dans lequel il se plaint de la libéralité de la police de M. Decazes [3] à délivrer les gens in-

1. François-Auguste, vicomte de Chateaubriand (1768-1848).

2. Gustave Lemarcis (1804-1830), l'un des plus chers amis de jeunesse de Montalembert.

3. Elie, comte, puis duc Decazes (1780-1860), juge à Paris (1805), conseiller à la cour impériale et secrétaire des commandements de Madame Mère (1810), préfet de police (1815), ministre de la police (1815), de l'intérieur (1818),

carcérés par ces cours prévôtales, de triste mémoire. L'autre ouvrage, c'est le roman-poème des *Natchez* [1] : je ne sais si vous l'avez lu et si vous en avez été satisfait : en province, il fait fureur, et c'est une conformité de plus, à mon avis, qu'il a avec cette *Pharsale* de Brébeuf [2], aux provinces si chère, comme disait Boileau. D'ailleurs, il y a toujours le cachet de l'homme de génie; mais tant de bavardage, de comparaisons, de déclamations, qu'il y a, ce me semble, de quoi en être assourdi. J'attends de Paris les *Considérations sur la France*, de M. de Maistre [3] : car je veux me familiariser un peu avec cette école théologique des Lamennais [4] et des Haller [5], qui a tenté le grand œuvre de régénérer l'Église catholique par le pouvoir, et de réédifier, au XIXe siècle, la momarchie universelle de Grégoire VII, tentative imprudente sans doute, et qui peut être fatale au catholicisme, mais qui accuse d'ailleurs une haute capacité et une noble énergie dans ceux qui l'ont entreprise. Je suis peut-être bien indulgent pour ces doctrines, mais je vous avoue que, malgré que vous en disiez, Cousin [6] m'a donné de la

président du conseil (1819), pair de France (1818), ambassadeur à Londres (1820-1821), grand référendaire de la Chambre des pairs (1834).

1. Les *Natchez*, écrits depuis longtemps, venaient d'être publiés dans la première édition des *Œuvres complètes*.

2. Guillaume de Brébeuf (1618-1661) publia notamment une traduction en vers de la *Pharsale* de Lucain.

3. Joseph-Marie, comte de Maistre (1753-1821). Il s'agit sans doute des *Considérations sur la Révolution française*, qui avaient fondé sa réputation en 1796.

4. Hugues-Félicité-Robert, abbé de Lamennais (1782-1854).

5. Charles-Louis de Haller (1768-1854), sociologue bernois, converti au catholicisme par ses études mêmes (cf. GOYAU, *l'Allemagne religieuse, le catholicisme*, t. I, p. 367-374).

6. Victor Cousin (1792-1867), suppléant de Royer-Collard à la Sorbonne (1815) et fondateur de l'éclectisme, membre du conseil de l'Université (1830), pair de France (1832), ministre de l'instruction publique (1840), membre de l'Académie française (1831) et de l'Académie des sciences morales dès la réorganisation (1832).

tolérance pour les opinions des autres, et que plus je vais, plus je crois voir, comme lui, qu'il y a de la vérité et de la conscience dans toutes les façons de penser.

Vous voyez, mon cher Montalembert, que je réponds compendieusement à votre lettre du 24 août ; j'ai été bien fâché de ne pas vous retrouver à Paris, mais je m'y attendais, n'ayant pu revenir que le 5 septembre, et il a bien fallu en prendre mon parti. J'espère que l'effrayante longueur de ma lettre ne vous fera néanmoins pas trop redouter d'en recevoir d'autres de même dimension, et que vous me paierez en même monnaie. Tout ce qui m'arrivera de Stockholm sera reçu avec bien de la joie.

Adieu, mon ami, portez-vous bien dans ce que vous appelez votre exil; prenez-le en patience ; mes vœux et mon amitié bien sincère vous y accompagnent; je ne vous dis pas de ne point m'oublier, je compte trop sur votre cœur comme vous pouvez compter sur celui

De votre tout dévoué,

Alph. D'HERBELOT.

Écrivez-moi à Paris, où je serai de retour vers le 20 octobre; j'ai suivi, pour envoyer ma lettre, le mode que vous m'indiquiez : j'espère qu'elle vous parviendra, quoique non affranchie; choisissez là-bas la manière que vous jugerez la plus sûre pour que nos lettres n'éprouvent pas de retard, et indiquez-moi dans la mienne les rectifications qui pourraient être nécessaires.

Adieu encore une fois, je vous embrasse de tout mon cœur.

IV.

Paris, ce 2 novembre [1828][1].

Me voilà enfin de retour à Paris, mon cher ami, et après environ trois mois d'absence, je me retrouve au centre de mes études et de mes amitiés. J'avais bon besoin de ce retour, car on se détrempe, au milieu de ces villes de province de l'Ouest, dans l'absence totale de toute conversation sérieuse et d'occupation autre que celle à laquelle on se force soi-même. Cependant je n'aurai pas de peine à me remettre au travail, et je vais débuter par passer dans quelques jours mon examen de droit.

Je ne vous dirai pas que votre lettre m'a fait le plus grand plaisir; ce serait vous répéter ce dont, j'espère, vous êtes bien sûr. J'y ai vu avec satisfaction que votre séjour à Stockholm était limité à l'automne prochain. Vous n'avez donc plus qu'un peu de patience à avoir, et je vous conseille de prendre fortement le dessus. Vous pouvez, placé comme vous l'êtes, employer votre exil à acquérir sur le nord de l'Europe des connaissances peu familières à la plupart des Français; je vous recommande, outre le gouvernement, la littérature et les antiquités runiques; je m'instruirai de votre science à votre retour, car pour nous autres gens du Sud, ce sera chose inappréciable qu'un hyperboréen comme vous.

Quoiqu'il n'y ait que quatre jours que j'aie revu Paris, je me suis déjà remis un peu au courant de l'état de nos affaires. Je vais donc remplacer pour vous les journaux

1. Le chiffre de l'année a été ajouté après coup par Montalembert.

que vous ne recevez pas, avec d'autant plus de facilité que connaissant intimement plusieurs des rédacteurs du *Courrier*, je puis savoir le secret des vœux et des espérances du parti qu'il représente ; à cet égard donc, lettre confidentielle.

Vous savez qu'à votre départ, deux choses étaient spécialement demandées par la gauche : organisation municipale, et, sur ce point, il paraît qu'elle aura satisfaction à la session prochaine ; élimination de plusieurs préfets, conseillers d'État, compromis sous le dernier ministère. C'est là la grande question qui, avec la réorganisation *complète* de l'instruction publique, dont je vous parlerai tout à l'heure, occupe à présent les esprits.

Un travail avait été préparé, qui conseillait quelques éliminations (MM. Dudon [1], Vaulchier [2], Delavau [3]) peu nombreuses, mais assez pour satisfaire l'opinion. Cette bonne volonté du ministère, soutenue très faiblement par MM. de M.... [4] et H. de Neuville [5], très vigoureusement,

1. Jean-François-Pierre-Cécile, baron Dudon (1778-1857), fils d'une victime de la Terreur, auditeur (1803), maître des requêtes (1810), conseiller d'État (1815), député (1820-1827), l'un des plus chauds partisans du cabinet Villèle, exclu du conseil d'État par le ministère Martignac (1828), ministre d'État (mai 1830), réélu député (juillet 1830).

2. Louis-René Simon, marquis de Vaulchier du Deschaux (1780-1861), reçut le comte d'Artois à Dole en mars 1814, et fut officiellement nommé en septembre à la préfecture du Jura. Après les Cent-Jours, il occupa successivement d'autres préfectures et fut nommé en 1818 conseiller d'État ; destitué par le ministère Decazes (1819-1820), il fut député (1820-1830), directeur général des douanes (1822), puis des postes (1824), et reprit les douanes à l'avènement du ministère Polignac (1829).

3. Guy de Lavau ou Delavau (1788-1874), conseiller à la cour impériale de Paris (1811), préfet de police sous le ministère Villèle (1821-1828) et conseiller d'État, particulièrement attaqué comme membre actif de la Congrégation.

4. Jean-Baptiste-Sylvère Gaye, vicomte de Martignac (1778-1832), avocat à Bordeaux, avocat général (1818), procureur général à Limoges (1819), député de Lot-et-Garonne (1821-1832), conseiller d'État (1822), commissaire civil auprès du prince commandant l'expédition d'Espagne (1823), directeur général de l'enregistrement (1824), ministre de l'intérieur (1828).

5. Jean-Guillaume, baron Hyde de Neuville (1776-1857), mêlé aux conspi-

dit-on, par MM. Roy [1], de Vatimesnil [2] et F.... [3], a échoué après trois conseils de cabinet devant l'opposition d'un très haut personnage. Là-dessus, plaintes amères du *Courrier*, et, en effet, la plupart des fonctionnaires importants n'étant point changés, il en résulte que les départements sont encore administrés comme l'année dernière. Au conseil d'État, com. (*sic*) [4] de l'intérieur, la majorité appartient aux hommes de la Chambre introuvable, et tout est paralysé par eux. Les mécontentements du *Courrier*, ses reproches adressés aux ministres, parce qu'ils ne peuvent porter plus haut, vous paraîtront donc assez naturels; ils sont cependant un peu aigres; le *Globe* est beaucoup plus modéré : il aura probablement satisfaction.

Mais tout cela n'est qu'arrangement de famille; un beaucoup plus grand malheur, quand on regarde de près

rations royalistes sous le Directoire et sous Napoléon, député (1815-1816 et 1822-1830), ministre plénipotentiaire aux États-Unis (1816) et en Portugal (1823), ministre de la marine (mars 1828).

1. Antoine, comte Roy (1764-1847), avocat d'affaires réputé avant la Révolution, avait acheté, en 1798, la jouissance d'une partie de ses vastes domaines au duc de Bouillon, désireux de s'épargner les soucis d'une administration à réorganiser. Cette opération, singulièrement fructueuse, et d'heureuses spéculations immobilières, lui permirent d'acquérir une immense fortune. Représentant aux Cent-Jours, député (1815-1831), pair de France (1831), le comte Roy fut trois fois ministre des finances (1818, 1819-1821, 1828-1829).

2. Antoine-François-Henri Lefebvre de Vatimesnil (1789-1860), conseiller auditeur à la Cour impériale de Paris (1812), substitut à la même cour (1817), secrétaire général du ministère de la justice (1822), conseiller d'État et avocat général à la Cour de cassation (1824), député (1828-1834), ministre de l'instruction publique (février 1828). Il devait refuser la pairie sous Louis-Philippe et être élu en 1849 à la Législative.

3. François-Hyacinthe-Jean Feutrier (1785-1830), secrétaire général de la grande Aumônerie (1810), vicaire général de Paris et curé de la Madeleine (1823), évêque de Beauvais (1825), ministre des affaires ecclésiastiques (mars 1828), pair de France (1829).

4. L'auteur a probablement voulu dire « commission » ou *section* de l'intérieur.

au délabrement de notre instruction publique, c'est le retard apporté au plan de réforme de M. de Vatimesnil. D'après les détails certains qui m'ont été donnés sur ce projet, il consistait principalement à former trois degrés d'instruction : les écoles primaires pour tous; des écoles de commerce, destinées à l'enseignement des langues vivantes et des arts industriels; et des collèges où le latin tiendrait moins de place que par le passé et où il n'y aurait plus, à ce qu'il paraît, ni rhétorique, ni philosophie. Cette science, ainsi que l'histoire et les littératures française, latine, etc., etc., le droit public.... seraient enseignés dans des facultés à peu près semblables aux Universités d'Allemagne; il en serait créé dans quelques villes de France et il faudrait y prendre des degrés. Mais la base de ce renouvellement était la fondation d'une école normale : la signature indispensable a été refusée à cette dernière création; refus qui a été déterminé par une répugnance singulière pour les maîtres et même le nom de l'ancienne école, et a été fortifiée, dit-on, par l'apparition de certaines chansons de Béranger [1], insultantes pour le roi, médiocres comme production poétique, échauffourée ridicule qui nous fera peut-être du mal.

Nous sommes donc en attendant encore les réformes dont nous avons besoin. Fasse le ciel qu'elles ne tardent pas trop, car si l'aigreur se mettait encore entre le ministère et les libéraux, nous serions rejetés en arrière de nouveau et peut-être pour longtemps. M. Rio, avec qui je causais de cela ces jours-ci, paraît surtout dominé par cette crainte, et il me semble un peu trop irrité de l'impa-

1. Jean-Pierre de Béranger (1780-1857), chansonnier, destitué en 1821 de son emploi au secrétariat de l'Université, deux fois condamné pour délit de presse (1821 et 1828), élu à l'Assemblée constituante en 1848 et presque immédiatement démissionnaire.

tience de l'opposition qui, trompée souvent, a malheureusement peu de confiance dans le gouvernement. Il vous écrira probablement dans ce sens : il attend pour le faire la publication de son ouvrage; d'ailleurs, vous savez que c'est un déterminé paresseux : je vous prie donc en son nom de ne pas trop murmurer de ses retards.

Vous voyez que je vous écris à cœur ouvert : je ne vous parle pas de nos succès peu sanglants en Morée, de la prise de Varna, de la complication des affaires diplomatiques dans la Méditerranée; vous devez savoir cela mieux que moi. Quant aux affaires intérieures, je vous donnerai des détails plus circonstanciés, quand je serai moi-même mieux installé à Paris et plus au courant. Je compte sur vos promesses relativement à l'état de la Suède : ces confidences réciproques animeront et utiliseront en même temps notre correspondance.

Je n'ai point encore vu Cornudet; dès qu'il sera de retour, j'irai lui donner de vos nouvelles. Je crois que nous parlerons bien souvent de vous, et, quoique absent, vous prendrez place entre nous deux, car toutes les fois que nous penserons à quelque sentiment généreux ou à une noble croyance, nous penserons à Montalembert. Votre retour sera un beau jour pour vos amis; mais en attendant, vos lettres nous feront prendre patience, comme à vous, je l'espère, l'espérance d'un court exil.

Adieu, mon ami, continuez à admirer et à étudier la Suède, sans cependant dénigrer nos pauvres plaines du nord et de l'est de la France. Mais ce qui me console dans cet enthousiasme presque suédois, c'est que je suis sûr que vos amis du Holstein, que vous vantez si fort, ne vous feront pas oublier vos amis de ce nord de la France que vous mésestimez tant.

A vous pour la vie. Alph. d'Herbelot.

V.

Paris, 14 novembre (1828).

Vous êtes bien aimable, mon cher ami, de ne pas compter avec moi ; vous voyez cependant que je ne suis pas non plus trop paresseux, et que je me mets en devoir de ne pas paraître trop indigne de votre exactitude. J'ai trop de plaisir à recevoir les lettres datées de Stockholm pour n'en pas faire naître l'occasion le plus souvent possible.

Vous saurez depuis longtemps, au reçu de cette épître, que notre conseil d'État est enfin débarrassé des obstinés retardataires qui l'obstruaient. Le maître a enfin signé : quand en fera-t-il autant pour notre pauvre instruction publique! On parle aussi de l'élimination de quelques préfets et directeurs généraux; tout cela fera du bien au ministère, qui était menacé d'une violente opposition à la session prochaine, et d'un terrible manifeste que M. Isambert [1] devait envoyer au *Courrier* le 19 novembre, anniversaire des troubles de la rue Saint-Denis [2]. C'eût été un de ces coups d'épée dans l'eau qui ne signifient rien, mais mettent de l'aigreur entre les esprits; il est heureux que les événements l'aient prévenu, car je verrais avec la

1. François-André Isambert (1792-1857), avocat à la Cour de cassation, très mêlé au mouvement libéral, conseiller à la Cour de cassation (août 1830), député (1830-1831 et 1839-1848), membre de l'Assemblée constituante (1848).

2. Les élections de 1827, défavorables au ministère Villèle, avaient donné lieu à des manifestations rudement réprimées par la police.

plus grande terreur une brouillerie sérieuse entre les constitutionnels et le ministère ; elle entraînerait celui-ci vers la droite, pour laquelle M. de M[artignac] a une furieuse tension, et il nous faudrait tous les cinq ans une crise électorale pour nous remettre à flot sans nous faire faire un pas de plus. Nous en arriverions bientôt là, si M. Béranger publiait souvent des chansons comme celles qui vont l'amener bientôt devant les tribunaux, et surtout s'il était soutenu par le parti national. Heureusement ce dernier s'est retiré de lui et le laisse avec son Charles le Simple, *roi grand avaleur d'impôts*, et sa *Gérontocratie*, où il nous montre la France réduite aux proportions infiniment petites, parce que les *Barbons* règnent toujours, le laisse, dis-je, se débattre avec la justice [1]. Le *Courrier* même a renoncé à le défendre; il se contente, dans un bon article rédigé par M. Mignet [2], de blâmer l'action intentée contre lui, comme impolitique; il se tait sur le mérite et la convenance des chansons [3].

1. Des trois chansons qui furent alors poursuivies et qui valurent à Béranger, le 10 décembre 1828, une condamnation à neuf mois de prison et 10,000 fr. d'amende, l'une, l'*Ange gardien*, était insultante pour le catholicisme; le *Sacre de Charles le Simple* développait la désobligeante allusion contenue au titre; quant à la *Gérontocratie*, c'était un tableau du rapetissement auquel la France serait réduite en 1900 par la persistante domination des prêtres:

. . . .
Béni par eux, tout dégénère,
Par eux la plus vieille des cours
Devient un petit séminaire :
Mais les *Barbons* règnent toujours.

2. François-Auguste-Marie Mignet (1796-1884), l'un des principaux rédacteurs du *Courrier français*, puis du *National*, conseiller d'État et directeur des archives des affaires étrangères pendant toute la monarchie de juillet, membre de l'Académie des sciences morales depuis la fondation (1832), secrétaire perpétuel de cette Académie (1837), membre de l'Académie française (1836).

3. L'article, signé M., avait paru dans le *Courrier* du 10 novembre 1828.

Vous trouvez ridicule l'évacuation de Cadix [1], et moi aussi; mais depuis quelques années, nous devrions malheureusement être accoutumés aux sottises. Quant à celle de la Morée, elle me paraîtrait, à la rigueur, plus raisonnable. Car, dans ce pays où les vivres manquent, quand les maladies y règnent, il nous sera peut-être difficile de nous soutenir. Fabvier [2], qui est venu un instant à Paris, sans faste, sans charlatanisme, modeste comme sa fortune et son vieil uniforme semi-grec, semi-français, va repartir pour organiser sous nos yeux, en Grèce, une armée régulière ; il a en portefeuille, dit-on, une commission de maréchal de camp. Je crois qu'il serait plus utile et plus économique en même temps d'avoir en Morée une influence puissante et indirecte, qu'une armée exposée à la jalousie de l'Angleterre ou de la Russie, proie livrée à l'ennemi, si elle était faible, et ruineuse, si elle était forte. Nous n'avons plus l'homme d'Arcole pour guider nos soldats dans l'Orient, au delà des mers, et d'ailleurs les souvenirs de Brueys [3] et d'Aboukir doivent nous faire

1. Les cinq à six mille hommes de troupes françaises qui demeuraient à Cadix venaient d'être rappelés; c'était la fin de l'occupation française en Espagne, remontant à 1823, et à laquelle tous les partis à peu près désiraient mettre un terme (Pasquier, *Mémoires*, t. VI, p. 131-132).

2. Charles-Nicolas, baron Fabvier (1782-1855), colonel en 1813, aide de camp de Marmont en 1814, accompagna le maréchal à Lyon en 1817, engagea contre Canuel une polémique qui entraîna sa mise à la retraite, et participa à plusieurs complots politiques; dès le début de l'insurrection grecque, il était allé se mettre à la disposition des révoltés. Il était débarqué à Toulon le 4 septembre 1828, et le bruit courait en effet qu'il allait rentrer dans l'armée française comme maréchal de camp (Debidour, *Le général Fabvier*, p. 383). En fait, il fut maréchal de camp et commandant de Paris le 4 août 1830, lieutenant général (1839), pair de France (1845), représentant de la Meurthe à l'Assemblée législative (1849). Il avait épousé la duchesse de Frioul, veuve de Duroc.

3. François-Paul Brueys d'Aigalliers (1753-1798), entré dans la marine en 1766, vice-amiral en 1798, commandant la flotte qui transportait en Égypte l'armée de Bonaparte, se laissa après le débarquement surprendre par Nelson dans la baie d'Aboukir, où la flotte française fut anéantie et lui-même tué.

redouter les campagnes d'outre-mer. A propos, cette campagne d'Égypte, presque fantastique, vient d'être chantée avec talent par les auteurs de la *Villéliade* [1]. Si vous pouvez, dans votre vieillissante Suède, vous procurer l'œuvre de nos jumeaux littéraires, vous la lirez, je crois, avec plaisir, et serez touché peut-être d'un souvenir donné à Waterloo, *à ce vallon de pleurs*,

> Où la France, donnant son dernier coup d'épée,
> Tombera digne d'elle, au visage frappée.

Au moment où j'allais vous parler de l'hérédité de la pairie et de la division des collèges électoraux, dont par parenthèse il n'est guère question, un des rédacteurs du *Courrier* vient me parler de la réorganisation du conseil d'État; il trouve les destitutions de préfets trop peu nombreuses, et c'est dans ce sens que les articles du journal seront faits, s'indigne de voir M. de Floirac [2] et d'autres Villélistes appelés au conseil, quand MM. Dudon, Franchet [3], etc., etc., sont mis simplement en service extraordinaire, et sur la même ligne que Royer-Collard; il trouve ridicule l'apologie que les ministres ont fait insérer dans tous les journaux, et s'étonne (quant à cela, je suis tout à fait de son avis) qu'on n'ait pas profité de ce bouleversement pour ôter au conseil les conflits, appels comme d'abus, litiges entre les particuliers et les fonc-

1. Barthélemy et Méry, auteurs de petits poèmes satiriques contre les principaux membres du cabinet Villèle, venaient de publier une épopée sur *Napoléon en Égypte*. Barthélemy fit même le voyage de Vienne pour offrir ce poème en hommage au duc de Reichstadt, auprès duquel il ne fut point admis.

2. Jacques-Étienne Dalagrange-Gourdon, comte de Floirac (1755-1842), capitaine en 1790, incarcéré lors de l'affaire de Varennes, émigré, préfet et maréchal de camp (1814), député (1817-1820).

3. François Franchet d'Esperey (1778-1853), incarcéré sous l'Empire pour avoir propagé les brefs de Pie VII, chef du personnel aux postes (1816), directeur de la police et conseiller d'État (1821).

tionnaires publics, et autres droits inconstitutionnels; car, songez comme un procès entre l'État et les citoyens sera bien jugé par des magistrats amovibles, dépendants au plus haut point, préfets pour la plupart, procureurs généraux, hommes, en un mot, de l'administration. En résumé, vous voyez que la mesure ne paraît pas aux *ardents* assez complète, assez dégagée de tout esprit de coterie; mais la masse s'en contente, et les ardents eux-mêmes crient seulement, je crois, pour avoir davantage, non pour eux, mais pour le pays, auquel ils sont, je crois, sincèrement attachés.

Vous voyez que ma lettre est un vrai résumé de nos journaux politiques; c'est à peine si j'aurai de la place pour vous dire un mot de l'hérédité. Il me semble que ce point n'est guère attaqué; ce qu'on attaque, c'est le projet de transmettre la pairie à une douzaine de neveux ou gendres de pairs, entre autres au gendre futur de M. de Saint-Roman [1], je crois. D'accord avec vous sur le principe de l'hérédité, je désapprouverais, comme une nouvelle atteinte à la dignité de la pairie, ces transmissions sans fin qui finiraient par faire de notre haute magistrature politique une selle à tous chevaux; c'est dans ce sens qu'un article a été fait récemment par un de mes amis, et c'est l'expression de la vraie opinion du côté gauche.

Je quitte maintenant un peu les affaires politiques pour les miennes. Je vous dirai que je travaille le droit à force; outre un examen que je prépare, je fais mémoires et consultations chez un avocat en cassation, et je me ferre sur le droit administratif. J'attends Cornudet pour m'occuper un peu avec lui d'histoire politique et de philosophie. Il

1. Alexis-Jacques Serre, comte de Saint-Roman (1770-1843), émigré, officier de l'armée de Comté, pair de France (1815), refusa le serment en 1830.

est arrivé ce matin de vacances; je l'ai vu et lui ai reproché en votre nom sa paresse; il m'a répondu qu'il vous avait écrit huit lettres; elles ne vous sont donc pas parvenues; j'espère que les miennes n'auront pas le même sort. Quant à M. Rio, il paraît qu'il est toujours dans son Orient, dont il m'avait promis de m'envoyer cette semaine les épreuves; je vais aller le voir au premier jour, et je saurai décidément ce qu'il devient.

Vous me paraissez bien irrité contre votre patrie pour un an; j'avoue que j'en avais meilleure opinion; je croyais que la morale publique se conservait mieux sous le rude ciel du Nord que sous l'azur de l'Italie, dont mon frère [1], qui en est récemment de retour, m'a tracé un portrait moral très peu flatteur. Je crois, quoi qu'en dise Rio qui nous prétend, comme vous savez, en pleine décadence, je crois que nous avons encore plus de ressort que nos voisins, et que nos destinées ne sont pas terminées. Je sais que c'est une illusion dont les nations, comme les hommes, s'entretiennent jusqu'à leur dernier jour; mais il me serait pénible d'y renoncer; dites-moi si, comme M. Rio, vous nous croyez une nation en pleine décadence. Si vous pouvez aussi me donner quelques détails sur l'état de l'instruction publique en Suède, vous seriez bien aimable de me les transmettre dans une de vos prochaines.

J'ai reçu avec bien du plaisir votre carte du théâtre de la guerre; d'abord, parce qu'elle me paraît fort bonne, et surtout parce qu'elle vient de vous. Je vois que vous vous occupez beaucoup là-bas de politique extérieure; comme nous aurons du plaisir à deviser ensemble de

1. Antoine-Léon d'Herbelot (1797-1866), avocat, capitaine de la garde nationale, juge d'instruction (1830), puis vice-président (1846) au tribunal de la Seine, conseiller à la cour impériale de Paris (1854).

tout cela quand nous serons réunis! Je compte sur le mois d'octobre prochain pour vous ramener au bercail; cela sera pour nous un joli retour de vacances. Mille choses de la part de Cornudet; de la mienne, vive estime et sincère amitié.

Tout à vous.

Alph. D'HERBELOT.

VI.

Paris, 30 novembre (1828).

Aujourd'hui, mon cher Montalembert, ma lettre sera un peu moins journal que de coutume. Il n'y a guère en ce moment d'événement politique qui mette les esprits en mouvement. Tout est à peu près sur le même pied que les Russes et les Turcs, c'est-à-dire en observation. Mais, si la campagne d'hiver ne s'ouvre pas à l'entrée des Balkans, elle va bientôt commencer sur les bords de la Seine : au mois de janvier, les Chambres; bonnes étrennes pour notre public politique; puisse-t-il ne pas se trouver désappointé!

L'événement du jour, c'est l'arrangement qui paraît avoir eu lieu entre les évêques et le gouvernement [1], et la lettre pastorale de Monseigneur de Paris. Cette dernière me semble vraiment affligeante, dérisoire pour le gouvernement et conçue dans un esprit d'escobarderie peu digne d'un archevêque. Le beau cadeau de 1,200,000 fr. pour les petits séminaires [2] est réduit à quelques bourses par l'éloquence dédaigneuse de M. de Quelen [3]. Ce n'est cependant pas

1. A la suite d'une mission à Rome de Lasagni, ancien auditeur de rote et conseiller à la Cour de cassation, Léon XII avait fait recommander à l'épiscopat français de cesser ses protestations contre les ordonnances du 16 juin.

2. L'ordonnance relative aux petits séminaires créait dans ces établissements pour 1,200,000 fr. de demi-bourses aux frais de l'État.

3. Hyacinthe-Louis de Quelen (1778-1839), vicaire général de Saint-Brieuc (1807), attaché à la grande aumônerie de l'Empire (1808), évêque de Samosate et auxiliaire à Paris du cardinal de Périgord (1817), puis archevêque

très délicat de prendre l'argent des gens et de se moquer d'eux ensuite, en disant qu'ils n'ont rien donné. Quant au fond de l'ordonnance, la *Quotidienne* a déclaré qu'elle n'était et ne serait pas exécutée, et elle était bien instruite. Les intrigues de M. de Forbin-Janson [1], qui a été dans cette affaire le diplomate du parti, combinées avec les dispositions favorables de très hauts et très puissants personnages que bien connaissez, ont obtenu d'importantes concessions. Si elles ne portent que sur la déclaration inconstitutionnelle exigée des fonctionnaires de l'enseignement [2], il n'y a pas de mal; mais si elles concernent en même temps et le nombre des élèves, et le choix des chefs des petits séminaires, et la déclaration, elles sont destructives de l'ordonnance et méritent la haute désapprobation des Chambres. Tout cela est fâcheux, gêne le ministère et lui met vraiment les menottes, déconsidère le haut clergé, qui est déjà si peu populaire, et prépare pour la session prochaine une opposition qui peut encore nous reculer de quelques années, si elle est trop véhémente, et qui cependant aura peut-être plus d'un motif de l'être.

Ainsi, vous voyez que nous ne sommes pas encore à l'apogée de notre félicité constitutionnelle; je crains que nous n'en ayons pas encore fini avec les rétrogrades;

de Trajanople et coadjuteur (1819), archevêque de Paris (1821), pair de France (1822), membre de l'Académie française (1824).

1. Charles-Auguste-Marie-Joseph de Forbin-Janson (1785-1844), auditeur au conseil d'État (1806), vicaire général de Chambéry (1812), auxiliaire de l'abbé Rauzan dans la direction des missions, évêque de Nancy (1824), obligé de quitter son diocèse après 1830.

2. La première des deux ordonnances du 16 juin 1828 exigeait de tous les membres de l'enseignement la déclaration qu'ils ne faisaient point partie d'une congrégation non autorisée. On voit que d'Herbelot, à la différence de la plupart de ses amis politiques, estimait que c'était là créer arbitrairement une incapacité non prévue par la Charte constitutionnelle.

d'ailleurs, je vous l'avoue, je suis méfiant et crois peu à la sincérité de quelques-uns des chefs du gouvernement. Je ne suis cependant pas d'avis qu'on fasse rien qui puisse les blesser, et quoique je pense comme le *Courrier*, que le système de bascule est retrouvé, j'applaudis d'avance à la condamnation certaine de Béranger. Comptons toujours sur l'avenir : nous sommes jeunes et nous pouvons encore *spem inchoare longam*, comme dit Horace.

Mais laissons là les mauvais pressentiments que les événements tromperont peut-être, et parlons de choses qui ne mettront probablement jamais à aucun de nous l'épée à la main. M. Rio vient de publier son livre [1] et vous l'aurait déjà envoyé, s'il avait pu le faire passer par le ministère, ainsi que plusieurs volumes que voulait vous envoyer Cornudet. Vous y trouverez le plus vif éclat de style qui soit possible, trop d'éclat même en quelques endroits, car il a donné lieu à des phrases ambitieuses, à force d'être ornées et élégantes. Il y a des passages enchanteurs sur la Grèce, qui me feront regretter tous les jours de plus en plus de ne pouvoir lire dans la langue originale tous ces chefs-d'œuvre qui ne mourront pas. Je deviens à chaque instant plus admirateur de cette civilisation grecque, que rien n'a égalée dans le monde et qui fut aussi brillante que le ciel qui l'inspirait. Ce peuple est vraiment monumental, et je m'associe bien en idée à l'enthousiasme des savants du moyen âge, lorsqu'ils virent sortir à leurs yeux, des ruines et de la poudre des abbayes, tous ces trésors de grâce et de génie. Rio a parfaitement saisi ce caractère harmonieux et enchanteur de la civilisation grecque, et cette considération lui a inspiré

1. *Essai sur l'histoire de l'esprit humain dans l'antiquité.* (Sur cette œuvre de jeunesse, au plan beaucoup trop vaste, cf. Léon Lefébure, *Portraits de croyants*, p. 191-193.)

des pages charmantes. Cornudet trouve qu'il a été beaucoup moins heureux pour l'Orient; je ne suis pas précisément de son avis; je trouve beaucoup d'intérêt dans les aperçus jetés sur l'Inde, la Chine et la Perse; quant au discours préliminaire, à la partie doctrinaire de l'ouvrage, je suis loin d'en approuver toutes les idées; quand vous l'aurez lu, vous m'en direz votre opinion; nous verrons si nous nous sommes rencontrés. En résumé, l'ouvrage est notable; j'attends avec impatience l'école d'Alexandrie, Rome et surtout la décadence, tableau totalement à faire et où les découvertes doivent se présenter en foule à chaque pas.

Avant-hier, M. Cousin a ouvert son cours de l'histoire de la philosophie au XVIIIe siècle par un magnifique tableau politique du XVIIIe siècle, terminé par les considérations les plus ingénieuses sur la Révolution, ce grand mouvement qui ne fut pas, dit-il, un des événements du siècle, mais l'événement du siècle, la fin à laquelle il aboutit tout entier. Si vous lisez ce discours d'ouverture, je crois que vous en serez fort content. M. Cousin a considéré le XVIIIe siècle comme une époque désorganisatrice, dont la mission était, dit-il, d'en finir avec le moyen âge, dont le zèle avait été utile, mais que nous devions nous garder de continuer. Il a été plusieurs fois éloquent au suprême degré, et toujours sage, modéré, excessivement clair et pratique dans ses opinions. L'Europe au XVIIIe siècle a été considérée par lui sous des points de vue neufs et féconds; tout nous promet un beau cours spiritualiste et cela ne fera pas mal, au moment où M. Broussais [1] vient de relever, à la grande acclamation

1. François-Joseph-Victor Broussais (1772-1838), professeur au Val-de-Grâce (1814) et à la Faculté de médecine (1830), membre de l'Académie des sciences morales à la fondation (1832). Il venait de publier en 1828 son

de l'École de médecine, le vieil étendard de Cabanis [1]. Cousin, attaqué chaque jour par les écrivains matérialistes, est décidément l'organe de l'opinion contraire; c'est à nous de le soutenir de notre assiduité et de nos éloges, nous qui croyons qu'il y a autre chose dans l'homme que des nerfs et de l'irritation. Il faut un peu, ce me semble, fermer les yeux sur les défauts de ses systèmes, pour en considérer l'ensemble qui a de la noblesse, de la dignité et s'appuie surtout sur des intentions irréprochables.

Cornudet, que je viens de voir tout à l'heure, m'apprend qu'il a reçu une lettre de vous, que vous êtes triste, ennuyé, broyant du noir pour l'avenir. Tâchez donc de vaincre cette disposition d'esprit qui vous découragerait et vous ferait désespérer de vous-même. Quand vous êtes dans vos idées mélancoliques, écrivez à quelque ami, ou travaillez un peu : peut-être vous en trouverez-vous bien. Prenez garde, si jeune que vous êtes, doué de tant de talents et de qualités, ce qui vaut mieux, prenez garde de vous désenchanter de l'existence; c'est une impression pénible qui vous flétrirait le cœur et vous vieillirait à vingt ans. Tous tant que nous sommes, sauf quelques privilégiés, nous avons de pénibles moments à passer; il y a tant de sources de douleurs dans le monde. Il faut se résigner, se raidir : c'est par là qu'on devient homme; quand on a passé une jeunesse trop heureuse et trop enchanteresse, on n'est pas prêt contre les revers que

Traité de l'irritation et de la folie, dont l'inspiration était toute matérialiste.

1. Pierre-Jean-Georges Cabanis (1757-1808), professeur à l'École de médecine, ami de Mirabeau, membre de l'Institut à la fondation, député aux Cinq-Cents, sénateur après brumaire. Son livre des *Rapports du physique et du moral de l'homme* faisait dériver toutes les facultés morales des sensations physiques.

l'avenir réserve peut-être. Songez que dans neuf mois vous serez près de nous, qu'à force de soins et d'amitiés, nous chercherons à vous faire oublier les ennuis de votre exil. Qu'il vous profite! rapportez-en quelque chose, des connaissances, des travaux utiles, un cœur ferme, et le souvenir que vous en aurez plus tard ne vous sera peut-être pas à charge. Nous ne savons pas ce que les circonstances nous destinent; si par hasard nous n'étions pas encore arrivés au port, ne serait-il pas bon d'avoir vu quelquefois la mer mauvaise et les événements contre nous? Tout ce que je puis vous conseiller, c'est le courage, cela seul est digne de vous ; c'est une étude difficile, mais qui porte toujours ses fruits. J'espère que cette lettre vous trouvera plus calme et plus résigné; écrivez-nous souvent; cela vous fera du bien peut-être, vous fera croire que vous êtes encore près de nous, et quant à moi, quelque fréquentes qu'elles puissent être, les lettres de Stockholm me paraîtront toujours trop rares. Car vous êtes de ceux dont le vide se fait vivement sentir, quand on a eu le bonheur de sympathiser avec vous.

Vous avez trouvé, à ce qu'il paraît, un prêtre [1] qui pourra vous diriger dans l'étude de la philosophie allemande; je vous félicite bien d'avoir enfin trouvé quelqu'un à qui vous puissiez parler. Je sais par expérience ce que c'est que de ne rencontrer personne dont on soit compris et quel ennui, quand on rentre chez soi plein de choses à dire, de ne pouvoir les confier qu'à la muraille. J'attends prochainement une lettre de vous, car voilà quinze jours que je n'ai rien reçu, et j'espère que vous n'êtes pas infidèle à votre promesse. Adieu, remontez-vous donc encore

1. Il s'agit sans doute de l'abbé Gridaine, français d'origine, préposé à la direction de la petite communauté catholique de Stockholm (Lecanuet, *Montalembert*, t. I, p. 56-57).

une fois, pensez à l'avenir, et voyez-le en beau. Voyez Paris, vos amis, vos études favorites, une belle carrière politique que vous saurez toujours rendre honorable, qu'elle soit orageuse ou tranquille; pensez souvent à ceux qui parlent de vous chaque jour et n'oubliez pas surtout votre bien affectionné,

Alph. D'HERBELOT.

VII.

Ce 13 décembre (1828).

Je commencerai par vous féliciter bien vivement, mon cher ami, du projet de vous occuper d'une histoire d'Irlande; c'est un magnifique sujet, admirablement adapté à la nature de votre esprit; vous ne pouviez mieux choisir, et je ne doute pas de votre succès. Mais je vous répéterai comme Cornudet : ne vous pressez pas trop; je crois que vous auriez tort de vouloir être prêt pour l'hiver prochain, et que vous risqueriez ainsi de ne livrer qu'un travail à demi fait [1]. D'ailleurs, si je pense comme Cornudet pour le temps, je ne suis pas du tout de son avis quant à la longueur de l'ouvrage; vous avez bien raison de vous renfermer dans la période que vous m'indiquez; remonter jusqu'aux antiquités irlandaises serait vous jeter dans des études interminables et qui paraissent fort peu de votre goût, à en juger par l'échantillon de colère contre les monuments runiques que vous me donnez dans votre dernière lettre. Courage donc; interrogez lord Grattan [2], Sheil [3], O'Connell [4], etc., tous

1. Cf. la lettre de Cornudet à Montalembert, du 6 décembre 1828 : *Lettres à un ami de collège*, 2e éd., p. 149-151.

2. Henri Grattan (1750-1820) avait été, quoique protestant, le premier champion de l'affranchissement des catholiques irlandais.

3. Richard Lalor Sheil (1791-1851), homme politique et auteur dramatique, l'un des principaux lieutenants d'O'Connell.

4. Daniel O'Connell (1775-1847), le grand agitateur irlandais.

les patriotes irlandais, et faites-nous connaître la verte Erin, la patrie des héros sans bas et sans chemises. Cette étude vous sera profitable dans l'avenir et le présent; elle vous distraira de vos ennuis présents, vous jettera dans un monde intellectuel étranger aux coteries et aux caprices du jour; en un mot, je ne puis vraiment appeler ce projet autrement qu'une vraie inspiration céleste.

Je vous remercie mille et mille fois de l'intéressante lettre que vous m'avez écrite; continuez sur ce pied-là et je saurai bientôt la Suède par cœur, comme si j'avais battu le pavé de Stockholm. Vous me parlez de l'opposition suédoise; dites-moi ce que c'est que cette opposition : est-elle doctrinaire et philosophique? Veut-elle autre chose qu'une amélioration partielle dans une loi ou une petite économie sur le budget? A-t-elle une tendance fixe, une marche arrêtée? A-t-elle l'esprit démocratique ou absolutiste? Cache-t-elle quelques projets favorables à l'ancienne dynastie? Voilà, j'espère, une enquête dans les formes, mais j'use de votre présence momentanée en Suède, qui, j'espère, ne se renouvellera plus, pour couler à fond tout ce que je puis espérer de savoir jamais de bien sûr relativement à ce pays.

L'opposition suédoise me conduit naturellement à vous parler de l'opposition française; vous me semblez traiter un peu durement celle du *Courrier*. Vous l'accusez d'industrialisme, je crois à tort : c'est un journal de doctrines dont les patrons ne sont pas des industriels, et dont la tendance est plutôt un républicanisme spiritualiste. Quant à son manque de sensibilité, rappelez-vous donc que c'est par ce mobile qu'à la mort du duc de Berry on nous infligea et la censure, et la suppression de la liberté individuelle, et une effroyable loi électorale qu'on fut obligé de retirer deux mois plus tard; vous concevrez alors que les amis de la liberté puissent se défier parfois de la politique *sentimentale;* c'est un tort que je n'excuse pas, mais que je conçois et que j'explique. Je ne sais d'ailleurs si mes liaisons personnelles me rendent trop indulgent, mais il me semble que la presse est beaucoup plus modérée aujourd'hui qu'elle ne l'était sous le ministère de M. Decazes, assez semblable à celui qui nous régit aujourd'hui. Alors on ramenait perpétuellement sur la scène les noms de Bonaparte et de son fils ; on menaçait les Suisses, par un effroyable calembour, d'un *Suisside.* Aujourd'hui, toutes ces vieilles querelles sont à peu près oubliées; Béranger, quand il veut les raviver, se fait condamner à 10,000 fr. d'amende et neuf mois de prison, et cette condamnation un peu sévère n'arrache que quelques plaintes assez anodines à la véhémence du *Courrier.* Vous voyez donc qu'à tout prendre il y a progrès dans nos mœurs politiques, même à l'extrême gauche. Il faut attendre encore plus des années, et de notre génération, qui n'ayant des bannières impériales ou républicaines qu'une glorieuse souvenance, se les rappellera sans les regretter.

Toujours stagnation dans les affaires; la vieille cour se remue à force pour composer un sien ministère; elle a beau tourner et retourner les noms, les dés n'amènent rien qui puisse convenir, car la Chambre est là, et quoique peu prononcée, elle est du moins, sans contredit, antivillèliste. Quant à une dissolution, on n'y pense guère; car une réélection donnerait probablement pour produit une Chambre encore plus décidément constitutionnelle ; on s'épuise donc en combinaisons tendant à former une majorité avec la droite et une fraction du centre gauche ; on présume même qu'un voyage que fait actuellement le roi à Rosny [1] serait consacré à de semblables arrangements; ils échoueront probablement, comme tout ce que l'on a déjà tenté; il est triste cependant de voir toujours les mêmes hommes s'agiter pour confisquer à leur profit nos institutions, chercher toujours à nous surprendre en défaut, et trouver toujours un appui dans les plus hautes régions du pouvoir. Cela doit nous engager à serrer les rangs de plus en plus, à ne pas regarder aux petites nuances d'opinion qui nous divisent, afin de pouvoir faire face à l'ennemi. Je suis, comme vous voyez, un éclectique politique dans toute la force du terme; je prêche l'union à tout le monde, car je crois qu'elle seule nous sauvera, et je vois avec peine des hommes, d'ailleurs pleins de bonnes intentions et d'amour de la liberté, prendre en mécontentement et en colère les démarches d'hommes qui ont même intérêt qu'eux, parce qu'ils n'ont pas sur tout point une opinion parfaitement identique. C'est le cas, et Cornudet vous en a déjà, je crois, parlé [2], où se trouve notre ami commun, M. Rio. Il y a chez lui, depuis quelque temps, et surtout depuis la publication de son livre, tendance manifeste à se rapprocher davantage chaque jour des opinions *royalistes pures*. Je crois que certaines parties de son livre, ses doctrines philosophiques, lui auront attiré des éloges exagérés de la part des hommes de l'ancien régime; d'autre part, quelques critiques, et plusieurs, je crois, bien fondées de la part des libéraux; je sais même de bonne source qu'on prépare dans le *Globe* un article où, tout en rendant justice à son talent, on élèvera contre lui une assez vive con-

1. Le château de Rosny, près de Mantes, était la résidence d'automne de la duchesse de Berry.

2. Il n'est point question de cette tendance de Rio dans les lettres publiées de Cornudet à Montalembert.

troverse; je crains que cela ne le fasse tourner à droite; à tout prendre, l'influence exclusive du faubourg Saint-Germain lui a été funeste; avec son enthousiasme et son âme ardente, je crains que s'il se jette une fois dans un parti dont le catholicisme est intolérant, et le royalisme menaçant pour tout notre avenir, il devienne un fervent prôneur des anciennes institutions et de ce moyen âge pour lequel il a peut-être un peu trop de partialité. En tout cas, cela est dit entre nous : si vous lui écrivez, pas de reproches; car vous savez qu'il est un peu susceptible, et je serais désolé qu'il pût croire que Cornudet ou moi nous vous eussions prévenu contre lui.

Il paraît que les Russes n'ont pas terminé brillamment leur campagne contre Mahmoud. On dit ici que leur armée a été bien mal commandée; que Nicolas, ne voulant pas employer les généraux du parti russe, qu'il regarde comme Constantiniens [1], a été obligé d'employer exclusivement les étrangers qui ne se souciaient pas de la guerre, et qui, n'ayant pas d'ailleurs la confiance des officiers inférieurs, n'ont rien fait de bon ; on ajoute qu'il est parvenu depuis quelques jours à l'ambassade russe des nouvelles tellement désastreuses sur le sort de la division qui assiégeait Silistrie, qu'on est déterminé à ne pas les laisser transpirer dans le public. Le vieil esprit de Soliman et de Mahomet II s'est donc réveillé sur le Bosphore; et si l'empire ottoman succombe, ce sera du moins les armes à la main; il s'en ira fier et tout sanglant comme il était venu. Je vous avoue que je m'inté-

1. On sait qu'à la mort du tsar Alexandre Ier (1825), l'aîné de ses frères, le grand-duc Constantin, renouvela sa renonciation au trône en faveur du cadet, Nicolas. Cette renonciation était contestée par certains éléments de l'armée et de la noblesse, et Constantin eut quelque temps des partisans malgré lui.

resse vivement à l'armée turque : d'abord, il y a quelque chose de noble et de grand à voir un peuple entier s'enrégimentant pour défendre son sol et les tombeaux de ses pères, et se battant, non pas au couteau, comme les Espagnols de la guerre de l'Indépendance, mais au cimeterre, comme ses aïeux du temps des Croisades. Et puis, je suis de ceux qui redoutent la Russie et ses 800,000 baïonnettes qui, un beau matin de quelque printemps, peuvent luire à la face des royaumes du sud, et combattre en bataille rangée la vraie civilisation; car vous savez combien est factice, boueuse et peu progressive celle dont se targue la Russie. En un mot, je suis Turc pour le moment, quitte à redevenir Russe si les Turcs, ce qui est tout à fait improbable, passaient jamais le Danube. J'aime peu la domination des Cosaques, et j'ai vu de trop près les Kalmouks et les Baskirs pour ne pas trembler à la seule apparence de leur retour.

Je ne vous réitérerai pas dans cette lettre les invitations à prendre courage, que je vous donnais dans la dernière. Je vous suppose tout à fait remonté par votre beau projet; en regardant de près à la misère des Irlandais, vous ne songerez guère plus, je pense, à vous plaindre de l'année d'ennui qui pèse sur vous, quand après cela tout vous annonce un si bel avenir; car, ne craignez rien, le ministère actuel ne terminera pas nos longues querelles ; il ne sera pas le Philippe de nous autres Alexandre, et n'aura pas conquis la Grèce; ce n'est pas M. de Martignac qui est destiné à mettre la dernière pierre à l'édifice; on aura encore besoin de nos secours ; de l'union, de l'amitié entre la jeune France, et tout ira bien; nous y préluderons par la nôtre ; elle ne nous manquera pas au besoin.

A vous pour la vie.

Alph. d'Herbelot.

VIII.

Samedi 20 décembre (1828).

Mon cher ami,

Je vous écris en toute hâte une lettre pour vous demander quelques renseignements que vous pourrez peut-être me procurer : du moins Cornudet me l'a fait espérer. Voici l'affaire. Vous savez, et je crois même que nous en avons parlé ensemble, qu'en Russie le parti étranger, opposé au parti moscovite pur, a, depuis Pierre le Grand, exercé une grande influence; que ce parti, aussi favorable à Nicolas que le parti moscovite l'est à Constantin [1], était opposé à la guerre actuelle; on dit qu'en conséquence, il a mal servi; que Nicolas, pour regagner la confiance des troupes, va être obligé d'appeler des Moscovites au commandement, et entre autres Paskévitch [2]. Ces renseignements et d'autres fort précis m'ont été donnés par quelqu'un fort au courant des affaires de l'Europe; plusieurs amis à qui j'en ai parlé m'ont conseillé de publier d'ici à peu de temps quelque chose sur ce sujet, et de commencer ainsi ma carrière politique. Ce projet m'a fort souri, mais vous sentez que pour le mettre en œuvre, j'ai besoin

1. Constantin Paulovitch (1779-1831), second fils du tsar Paul Ier, avait renoncé à ses droits de succession, du vivant même de son frère Alexandre Ier, au profit de son cadet, le grand-duc Nicolas.

2. Ivan-Fédorovitch Paskévitch (1782-1856) se distingua pendant la guerre de 1812-1814, où il devint lieutenant général; il venait en 1827 de conquérir Tauris et Erivan sur la Perse. Ses succès contre les Turcs allaient lui valoir la dignité de feld-maréchal (1829). Il devait en 1831 écraser l'insurrection polonaise, et être fait prince de Varsovie.

de m'entourer de tous les renseignements possibles. Je m'adresse donc à vous en toute hâte, vous priant de me transmettre *avec toute la célérité possible* ce que vous sauriez de positif sur ce sujet; voici les principaux points sur lesquels je ne suis pas encore fixé.

Quelle est la puissance et l'influence respective des deux partis étranger et moscovite? Quels sont leurs principaux chefs? Quel est le degré de capacité ou de popularité de Constantin? Savez-vous quelque chose des motifs qui l'ont empêché de monter sur le trône? Ne serait-ce pas l'accord unanime des puissances de l'Europe qui craignaient son moscovitisme? Les étrangers ont-ils réellement mal servi dans la guerre? Nicolas a-t-il à craindre de voir les Moscovites se tourner contre lui et proclamer Constantin, s'il les emploie exclusivement dans la guerre de Turquie? L'établissement des colonies militaires se rattachait-il à l'existence de quelqu'un de ces partis? Qu'est-ce que Paskévitch? Un Moscovite ou un tenant du parti étranger? Qu'était-ce que cet Yermolow [1] qui commandait l'armée du Caucase, a été privé de ce poste et paraît avoir été un Moscovite prononcé? Avez-vous quelques détails sur la conspiration de la place d'Isaac?

Vous voyez, mon ami, que voilà une fameuse série de questions! Répondez-moi sur tout cela, et en général sur la position des Russes, tout ce que vous saurez et ce qui ne vous aura pas été absolument confié sous le sceau du secret; car je ne voudrais pas abuser de votre bonne foi, et je vous préviens d'avance que ces détails seront pro-

1. Alexis-Petrovitch Ermolov ou Yermolow (1772-1861) se distingua dans la campagne de 1812, commanda l'artillerie russe en 1813, fut nommé gouverneur de Géorgie en 1817, démissionna en 1827 et vécut depuis lors dans la retraite.

bablement publiés. Je compte sur votre complaisance et votre activité.

Je vous écris aujourd'hui tout à fait une lettre d'égoïste : courte et dans mon pur intérêt; j'ai presque l'air d'un industriel. Mais mon excuse, c'est que je passe un examen de droit dans deux jours, et que j'ai encore quelques titres à repasser ; je n'ai donc pas le temps de causer avec vous comme je le désirerais. D'ailleurs, en fait de nouvelles, il n'y a pas grand'chose; le voyage de Rosny, comme je vous le mandais, n'a pas eu de résultat; on sent l'impossibilité de construire un ministère qui ne soit pas national, et on est libéral comme les Italiens sont esclaves, d'après Alfieri, en frémissant. Aussi les évêques obéissent insensiblement aux ordonnances; on parle même d'un nouveau ministère plus à gauche. Mais pas de certitude dans tout cela ; l'attitude des Chambres décidera la question.

L'ouvrage de Rio rencontre des critiques : un article dans la *Revue française* lui est peu favorable ; on lui reproche de n'avoir pas assez approfondi son sujet, d'être trop frivole, d'avoir décrit un progrès de l'esprit humain qui n'est pas progressif, d'être en un mot au-dessous de son sujet. Ne sachant pas si vous connaissez l'ouvrage, je ne puis vous en parler qu'en l'air ; je serai bien content d'avoir votre avis quand vous l'aurez lu. Je suis fâché de ces critiques partant du parti libéral, car je crains qu'elles ne détournent de plus en plus de nos opinions l'ami Rio qui, je crois, a été passablement adulé par l'aristocratie. Je compte, pour y remédier, sur la rectitude de son esprit et la noblesse de ses sentiments ; mais il faut que nous le prêchions, et je compte m'y mettre dès demain.

Adieu, mon cher ami ; pardon si je suis si laconique et

surtout si intéressé dans ma correspondance; mais pressé entre le Code civil et les Institutes, je n'ai que le temps de vous renouveler l'assurance de mon inébranlable attachement.

Alph. D'HERBELOT.

IX.

Ce 7 janvier (1829).

Je suis bien en retard dans notre correspondance, mon cher ami, car je compte à peine pour un quart de lettre l'épître intéressée que je vous ai adressée à la fin du mois dernier. Mes excuses sont d'abord un examen de droit dont je me suis heureusement débarrassé, il y a quelques jours, et puis ces maudites visites du jour de l'an qui sont pour moi une source de colère toujours renaissante. Ainsi, donnez-moi l'absolution, j'espère ne plus pécher à l'avenir.

Je vous mandais, dans mes dernières lettres, qu'il n'y avait en politique rien de nouveau ; j'ai à peu près aujourd'hui la même chose à vous dire ; cependant la maladie de M. de la Ferronnays [1], qui va l'obliger probablement à se retirer du ministère, pourra compliquer nos affaires ; on parle sérieusement, pour le remplacer, de M. de Chateaubriand, et cela ne m'étonnerait guère, car je sais de science certaine que ce dernier a écrit derniè-

1. Auguste-Pierre-Marie Ferron, comte de la Ferronnays (1777-1842), émigré, aide de camp du duc de Berry, maréchal de camp (1814), pair de France (1815), ambassadeur à Copenhague (1817), à Saint-Pétersbourg (1819), ministre des affaires étrangères (janvier 1828), lieutenant général (novembre 1828). Très en faveur auprès du parti libéral modéré, il avait été pris, le 1er janvier 1829, dans le cabinet même du roi, d'une défaillance qui était le prélude d'une grave maladie ; il dut démissionner en avril 1829, fut nommé ambassadeur à Rome en février 1830, et abandonna ce poste après la révolution de juillet. C'est le chef de la famille décrite dans les *Récits d'une sœur*.

rement à un de ses amis : « Je m'ennuie à Rome à la mort; à soixante ans, on ne quitte pas impunément le coin de son feu; dans un mois je reviens à Paris, et je descends soit aux affaires étrangères, soit au bureau du *Journal des Débats*, pour recommencer l'opposition. » Ce fait, peu honorable pour l'écrivain ministre, est certain, et probablement le ministère, qui va de concessions en concessions, accordera celle-ci comme tant d'autres. Nous verrons ce qu'il en adviendra. En attendant, on nous élabore une loi municipale sur laquelle il transpire peu de renseignements, attendu qu'elle a été faite en différents sens, déjà deux ou trois fois, et qu'il n'est pas encore bien prouvé qu'elle soit à sa dernière édition. Cependant M. Le Peletier d'Aunay [1], un des commissaires, a dit à quelqu'un de ma connaissance que les libéraux seraient contents. Je crois, comme vous, qu'elle sera incomplète; mais si elle donne quelque peu de vie politique à nos provinces, elle sera déjà un grand bienfait dont il faudra savoir gré à ses auteurs.

Il est encore un autre besoin national que je crois aussi impérieux que les autres, et qu'il n'est pas encore question de satisfaire : c'est l'établissement légal d'une garde nationale dans tout le royaume; ce sera le sceau de notre liberté. L'existence d'une nombreuse armée permanente me semble incompatible avec notre gouvernement constitutionnel; il y aurait là trop de chances pour un prince conquérant; et d'autre part, nous ne pouvons pas rester désarmés en face de l'Europe en armes : il faut donc un moyen qui puisse apaiser l'une et l'autre inquiétude.

1. Louis-Honoré-Félix, baron Le Peletier d'Aunay (1782-1855), auditeur (1806), préfet de Tarn-et-Garonne lors de la création de ce département (1808), d'Eure-et-Loir, puis de la Stura (1813), député (1827-1848), conseiller d'État, membre de la Législative (1849).

D'ailleurs, les habitudes militaires se perdent chaque jour; il ne faut pas qu'elles disparaissent complètement, car il peut revenir des jours d'orage et le souvenir de nos anciennes victoires ne suffirait pas à nous protéger. Je sais qu'il pourra paraître ridicule de sortir du cours de M. Cousin pour aller prendre un fusil et faire l'exercice; mais il faut être patriote jusqu'au bout, et savoir donner autre chose à son pays que des déclamations plus ou moins spirituelles, qui ont besoin d'être appuyées sur des faits. Du jour où il y aura en France 400,000 jeunes gens en état de paraître un beau matin en ligne de bataille, nous n'aurons plus à craindre ni les fusillades de la rue Saint-Denis, ni les mépris de l'Autriche; cela vaut la peine d'y songer, et, pour ma part, aussitôt la loi municipale obtenue, je me promets bien de crier sur les toits : « Garde nationale, ou pas de liberté intérieure ni d'indépendance extérieure qu'on ne puisse nous ravir. »

Vous voyez qu'il me prend des velléités belliqueuses de temps en temps; c'est que, par cela même que je redoute l'influence militaire, je ne vois d'autre moyen de la prévenir que de rendre une armée permanente inutile. Je crois qu'un grand malheur pour la France serait de perdre totalement son esprit guerrier; quand on est franchement dévoué à une cause, qu'on y a foi, il faut pouvoir, au besoin, tirer l'épée pour elle; car je crois, comme Cousin, que les grandes révolutions ne se font que par l'épée. Je ne veux pas que la France, Don Quichotte de la liberté, envoie par toute l'Europe ses enfants importer ses doctrines; mais je veux qu'elle puisse héroïquement les défendre, si on vient les attaquer chez elle, et qu'au besoin, elle rappelle à ses adversaires Jemmapes et Valmy, et les volontaires de 1792.

Au moment où je reprends cette lettre, que j'avais été

contraint d'interrompre, on m'apporte une lettre de vous. Les détails que vous me donnez sur le baron d'Anskarsward [1] m'intéressent vivement ; continuez à m'entretenir de cet homme, car dans mon libéralisme cosmopolite, je prends une vive part à toutes les querelles, à toutes les généreuses résistances que la liberté soulève dans le monde. Quant à votre état moral, remontez-le et ayez bonne espérance. Riez de ceux qui vous appellent globiste et idéologue, en songeant que dans un an vous pourrez professer hardiment ces doctrines, et que, globistes et idéologues comme vous, vos amis seront là pour vous soutenir. Non, vous n'avez pas monté la machine de votre vie sur un ton trop élevé. Ce mot qui m'a vivement frappé ne peut avoir d'application à votre égard [2]. Jeune, placé dans la situation la plus heureuse pour arriver à tout, doué au plus haut point (je ne cherche point à vous flatter) de talent et de vertu, à quoi ne pouvez-vous pas parvenir ? Vous êtes de ceux qui sont prédestinés à marcher en tête d'une civilisation, et, dans les honneurs ou dans la disgrâce, vous serez toujours un étendard pour vos amis et un des espoirs de la France. Sans doute, le moyen âge doit avoir pour vous de vifs attraits ; alors il y avait place dans le monde pour ces existences isolées qui, debout au milieu des médiocrités environnantes comme la tour du châtelain parmi les cabanes des vassaux, ralliaient à elles les masses, et subsistaient par elles-mêmes, par leur propre puissance, sans appui extérieur.

1. Charles-Henri, baron, puis comte d'Anskarsward (?-1865), membre héréditaire de la Chambre de la noblesse de Suède, chef du parti libéral. Ce qui subsiste de la correspondance échangée entre lui et Montalembert a été publié dans la *Revue d'histoire diplomatique* de janvier 1906.

2. Ici Montalembert a crayonné en marge : « Voyons en 1839 et 1849 ! » C'est bien une réflexion d'adolescent, impatient d'être plus vieux de dix ou vingt ans.

Ces jours sont passés, le règne des grandes individualités est passé ; c'est aux associations qu'est aujourd'hui livrée la terre. Il y a là, sans doute, moins de gloire et d'enchantement, mais il y a plus de chances d'être utile aux hommes et de leur faire du bien ; c'est encore une belle puissance que celle de servir son pays et d'augmenter le bien-être de ses frères, chose dont, par parenthèse, ces héros de fer du moyen âge s'occupaient bien peu. Ne vous laissez donc pas trop aller à la mélancolie ; elle vous conduirait à l'ennui de vous-même, et à une molle et permanente tristesse qui aurait pour vous des charmes, que vous caresseriez, qui éteindrait la sève de votre âme, et ferait de vous un être inutile, quand un si grand avenir est devant vous. Secouez ces dispositions, raidissez-vous contre les contrariétés et les ennuis de votre position ; ne vous fatiguez pas à causer avec des gens qui ne vous comprennent pas ; parlez-leur des Belts qui sont gelés, et du dernier spectacle de la cour : ils ne vous contrediront pas, ne vous traiteront pas de globiste ; vous garderez pour nous les secrets de votre avenir et les confidences intimes de votre cœur ; vivez dans le futur et comptez-y, cela ne vous manquera pas.

Quand vous recevrez cette lettre, j'aurai sans doute reçu votre réponse à mes questions sur la Russie ; continuez à me mander ce que vous pourriez savoir sur les royaumes du Nord ; je m'occupe en ce moment de regarder un peu de près à la position de la France, relativement aux diverses puissances européennes, et je cherche à m'entourer des renseignements les plus exacts sur ce sujet ; votre correspondance me sera bien utile, et je me recommande à vous pour cela.

J'ai un grand projet : je ne sais si je l'exécuterai, je crains qu'il ne m'écrase ; j'aurais dessein de m'occuper d'une histoire complète du protestantisme en France, depuis Calvin jusqu'à la prise de La Rochelle. C'est une époque mal connue, mal appréciée, une révolution dont tous les résultats sont aujourd'hui accomplis ; je pourrai dire en finissant : le torrent s'est arrêté là, et ses eaux ont définitivement tari ; c'est cela qui m'a séduit, et puis l'éclat, l'importance, l'immensité du sujet, cette lutte religieuse, un peu féodale, où point même, ce me semble, une aurore de républicanisme, et ces grands caractères bons ou mauvais, et ces dévouements qui, dans l'un ou l'autre parti, ennoblissaient jusqu'aux crimes et aux fureurs. Mandez-moi ce que vous pensez à ce sujet, bien franchement, car ce n'est encore chez moi qu'un projet qui peut être combattu par tous les arguments possibles. Si vous croyez qu'il vaille la peine d'être suivi, indiquez-moi les livres allemands, anglais ou français peu connus, que je pourrais consulter pour la partie morale et politique du sujet ; quant aux mémoires et aux récits de faits, ils ne me manqueront pas, et je les consulterai longuement et, j'espère, avec impartialité et conscience. Quant à vous, pensez toujours à l'Irlande, c'est une idée magnifique, et conservez toujours bonne place dans votre cœur à votre tout dévoué, Alph. D'HERBELOT.

J'apprends à l'instant même que M. de Chateaubriand n'est pas, à ce qu'il paraît, appelé au ministère ; on hésite entre M. Pasquier [1] et M. de Mortemart [2], homme loyal,

1. Étienne-Denis, baron, puis duc Pasquier (1767-1862), conseiller au parlement de Paris (1787), incarcéré sous la Terreur, maître des requêtes (1806), conseiller d'État (1810), préfet de police (1810), directeur général des ponts et chaussées (1814), garde des sceaux et ministre de l'intérieur par intérim (1815), président de la Chambre des députés (1816), garde des sceaux (1817), ministre des affaires étrangères (1819), pair de France (1821), président de la Chambre des pairs (août 1830), chancelier de France (1837), membre de l'Académie française (1842).

2. Casimir-Louis-Victurnien de Rochechouart, prince de Tonnay-Cha-

dit-on, et qui a l'avantage de n'être engagé avec aucun parti; mais si, comme on l'assure, il est disposé à refuser le portefeuille, le gâteau sera pour M. Pasquier, qui n'en fait pas fi; ce sera sa cinquième [1] restauration au ministère; nous verrons si, de ce corps froid et sec, il sortira pour la première fois quelque chose d'un peu noble et énergique.

rente, duc de Mortemart (1787-1875), émigré, entré au service sous l'Empire, officier d'ordonnance de Napoléon (1810), baron de l'Empire (1813), pair de France et colonel des Suisses (1814), maréchal de camp (1815), ambassadeur à Saint-Pétersbourg et lieutenant général (1828). A la fin de juillet 1830, Charles X, déterminé trop tard à faire des concessions, le chargea à son corps défendant de constituer un ministère qui n'aboutit pas. Il continua de siéger à la Chambre des pairs sous Louis-Philippe, et fut fait sénateur en 1852.

1. D'Herbelot exagérait, car Pasquier n'avait été que trois fois ministre: il est vrai qu'en 1815 il avait géré deux ministères ensemble. Mais en dehors de ses amis des centres, qui rendaient justice à ses remarquables qualités, on accusait volontiers l'insistance de son ambition, et on le surnommait l'*Inévitable*.

X.

Ce 24 janvier (1829).

Je commence, mon cher ami, par vous remercier des détails que vous me donnez sur les questions que je vous avais soumises, ou plutôt du résultat de vos observations personnelles. Je suis fâché que vous n'ayez rien de plus positif à me dire sur la question principale, et je vous avoue que je ne sais si je continuerai mon petit travail à ce sujet; je reçois de part et d'autre des nouvelles si discordantes, les uns me disent avec tant d'assurance que je n'ai pas le sens commun, les autres que j'ai raison, que je ne sais vraiment qu'en penser, et crois que le plus sage est de rester tranquille jusqu'à nouveaux renseignements.

Avant de commencer mon bulletin politique qui sera long aujourd'hui, je vous dirai franchement qu'une phrase de votre dernière lettre m'a fait de la peine. Vous me dites que vous connaissiez la tendance de M. Rio au royalisme pur, et vous ajoutez : « J'éprouve pour lui une vive sympathie, car je sens très bien que le même malheur pourrait m'arriver. » Quoi! vous, esprit ferme et grave, des dégoûts, de petites répugnances pourraient un jour vous éloigner des amis du pays, de la cause que je regarde comme seule nationale! Vous admettez la possibilité d'une défection! Mais en supposant que le parti constitutionnel puisse avoir des torts, entraîner à des fautes, en supposant qu'il ne soit pas la vérité (vous voyez que je vais loin), que gagner à s'en séparer? Ce parti est celui de la France, celui qu'elle aime ; si des circonstances passagères ou une influence extérieure quelconque écrasaient un jour la liberté, où irions-nous, que ferions-nous après la bataille ? Car il y en aurait une, soyez-en sûr, et la charte ne tomberait pas sans qu'il fût donné pour elle un coup d'épée. Croyez-vous que ces royalistes si fervents soient plus religieux en général que les libéraux ? qu'ils soient de taille à raviver ces vives et sublimes croyances, tout cet enthousiasme du moyen âge qui, à vous comme à moi, fait souvent battre le cœur ? Non, mon ami, avec les doctrines absolutistes, nous aurions l'engourdissement que sait si bien infuser M. de Metternich [1], et voilà tout. Nous aurions pour les âmes molles la dégoûtante immoralité de Rome ou de Naples, pour les âmes fières et indépendantes Vincennes ou Sainte-Pélagie, ou bien pour asile quelque brèche en quelque coin du monde où nous puissions trouver un tombeau, comme Santa-Rosa [2] à Navarin, Pacchiarotti [3] dans les montagnes de Figuières. Quant à moi, je l'avoue, mon parti est pris ; mes souvenirs de famille, mes liaisons, ma conscience me rivent inébranlablement à la cause constitutionnelle ; c'est là ma vie, mon avenir ; c'est la route d'où rien ne me détournera, ni les sottises possibles de nos prétendus défenseurs, ni les menaces de nos éternels adversaires ; je crois que nous sommes perdus si nous n'avons pas la liberté ; qu'il n'y a plus pour nous ni bonheur, ni mora-

1. Clément-Wenceslas-Népomucène-Lothaire, comte, puis prince de Metternich (1773-1859), alors ministre dirigeant de l'empire d'Autriche.

2. Santorre, comte de Santa-Rosa (1783-1825), l'un des chefs de la révolution militaire piémontaise de 1821, quelque temps ministre de la guerre, s'expatria après la défaite de Novare, se mit au service des Grecs insurgés et périt non pas à Navarin, mais dans l'île de Sphactérie.

3. Joseph Pacchiarotti (1790-1823) participa, lui aussi, au mouvement piémontais de 1821, puis alla combattre avec les insurgés espagnols, et mourut des suites de ses blessures.

lité, ni perfectionnement possible; le jour où la liberté tomberait, je ne vois d'autre alternative que de me faire tuer sur le champ de bataille, ou bien d'aller vivre en Amérique, peut-être dans votre Irlande, que sais-je? à Florence ou à Rome, car, s'il faut vivre en sigisbée ou en lazzarone, mieux vaut aller mener cette vie là où la liberté est depuis longtemps une plante desséchée, que là où elle fut naguère un peuplier superbe, maintenant cassé en deux par l'orage, mais dont il reste encore des traces, et des traces poignantes pour qui a compté pouvoir se reposer sous son ombre. Pardon, mon cher ami, pardon de cette boutade patriotique; si je me suis ainsi déboutonné devant vous, j'espère que vous ne m'en saurez pas plus mauvais gré que je ne vous en veux de votre vilaine petite allusion à un demi-tour à droite, incompatible avec la rectitude de votre esprit et de votre amour pour la France.

Je passe maintenant à la partie politique qui aura aujourd'hui quelque importance, vu l'approche des Chambres. Je vous dirai, d'abord, ce que vous savez sans doute, que nous quittons la Morée; il semble que depuis dix ans nous ne mettions le pied dans un pays que pour en retirer promptement nos bannières, à un signe de l'Angleterre; car on dit que nous quittons la Morée sur la sommation de l'Angleterre et sur menace d'une guerre dans trois mois, faite de concert avec cette infernale Autriche; nous avons obtenu à grand'peine la promesse du ministère anglais qu'il protégerait ce qui reste de la Grèce, et ne permettrait pas aux Turcs de passer l'isthme de Corinthe. M. de la Ferronnays est, dit-on, en partie malade de cette concession forcée. Car, que ferions-nous contre l'Angleterre, avec une marine encore incomplète et un seul point sur la Méditerranée, éloigné du théâtre de la guerre, Toulon, tandis qu'elle a une armée de vaisseaux, Malte, Gibraltar, et sur les lieux mêmes, Corfou et les Ioniennes ! En attendant, il faut remplacer M. de la Ferronnays, et cela doit, dit-on, être décidé avant le 29; le ministère est dans une grande perplexité et probablement à l'agonie; on pense cependant qu'il pourrait se replâtrer encore, en s'adjoignant M. de Rayneval [1]; mais M. de Chateaubriand a déclaré ne pas vouloir correspondre avec ce ministre, et on craint l'auteur des *Martyrs*, qui a sous sa main M. Hyde de Neuville, la cabale des importants ou Club Agier [2], et le *Journal des Débats*. On ne sait que faire, on louvoie, on donne l'intérim à ce pauvre M. Portalis [3] qui n'en peut mais, et doit trouver singulier que les affaires étrangères et tout le mouvement de l'Europe ne puissent, comme les affaires de la justice, se passer dans la chambre de madame son épouse, qui a la grande main, au moins quant aux nominations, dans le département de son mari. Ces hésitations du ministère, et surtout le retour précipité du prince de Polignac [4] à

1. François-Joseph-Maximilien Gérard, comte de Rayneval (1778-1836), diplomate de carrière, sous-secrétaire d'État aux affaires étrangères en 1821, ambassadeur à Madrid et pair de France en 1832.

2. François-Marie Agier (1780-1848), fils d'un constituant, substitut à la Cour impériale de Paris (1810), député (1824-1831), siégea d'abord parmi les *ultras*, puis fut un des chefs de la *défection* contre le ministère Villèle, ce qui lui valut d'être en 1828 vice-président de la Chambre et conseiller d'État. Il fut élu de nouveau député en 1834.

3. Joseph-Marie, comte Portalis (1778-1858), fils du premier ministre des cultes de Napoléon, conseiller d'État et directeur de la librairie (1810), destitué et exilé à la suite de l'affaire d'Astros (1811), premier président à Angers (1813), conseiller d'État et conseiller (1815), puis président de chambre (1824), à la Cour de cassation, garde des sceaux (janvier 1828), ministre des affaires étrangères (mai 1829), premier président de la Cour de cassation (août 1829), membre de l'Académie des sciences morales (1832), sénateur (1852).

4. Jules-Auguste-Armand-Marie, prince de Polignac (1780-1874), second fils de l'amie de Marie-Antoinette, émigra tout enfant, fut impliqué en 1804 dans le complot de Cadoudal et détenu jusqu'en 1814, pair de France (1816),

Paris, ont donné quelque consistance au bruit que ce favori du roi serait mis à la tête du gouvernement. Cette nouvelle paraît bien improbable, quand on songe aux opinions bien connues du prince, à l'effroi qu'il a toujours inspiré aux constitutionnels, et d'autre part à l'état de la nation et à la composition de la Chambre, où la gauche vient encore de se recruter de plusieurs voix. Aussi, quelques gens pensent que ce bruit est semé à dessein par les libéraux, pour inquiéter les esprits à l'ouverture de la session, et rendre plus ferme et plus circonspecte l'attitude de la gauche. Cependant, j'ai vu ces jours-ci quelques constitutionnels bien informés qui paraissent ajouter foi à cette nouvelle, et un jeune homme d'une opinion bien différente, le fils de M. de Bois-Bertrand [1], m'a dit qu'il n'était pas question de donner les affaires étrangères à M. de Polignac, mais de recréer en sa faveur la place de ministre de la maison du roi, ce qui lui donnerait entrée au conseil. Tout cela, comme vous voyez, est bien peu certain, bien problématique ; je ne sais moi-même qu'en penser.

Au moment où je continue ma lettre, on m'assure que l'intrigue qui voulait porter au pouvoir M. de Polignac a manqué ; on donne pour certaine la nomination de M. de Mortemart. M. Pasquier a été écarté par l'influence du parti doctrinaire et des libéraux en général, qui lui gardent rancune depuis 1820 [2], et espèrent d'ailleurs arriver plus

ambassadeur à Londres (1823), ministre des affaires étrangères (août 1829) et bientôt président du conseil, condamné à la prison perpétuelle comme signataire des ordonnances de juillet, gracié en 1836.

1. Étienne Tessière de Bois-Bertrand (1780-1858), chef de division au ministère de l'intérieur, député (1824-1831), partisan déterminé du ministère Villèle, conseiller d'État et directeur des établissements d'utilité publique.

2. Lors de l'assassinat du duc de Berry, Pasquier, ministre des affaires étrangères dans le cabinet Decazes, avait accepté de rester dans le second

vite aux affaires en laissant le ministère faible et sans consistance; on paraît croire cette année que le budget sera vivement attaqué par la gauche; ses membres, qui se sont déjà réunis une ou deux fois, sont extrêmement mécontents de la conduite des agents inférieurs du gouvernement dans les départements; les discussions seront probablement orageuses. Quant à la loi municipale, elle sera fort libérale : élection directe des conseils de préfecture et de communes, vote des centimes additionnels, etc., et c'est, dit-on, un calcul d'une partie du ministère. Car on a la certitude presque absolue que cette loi sera rejetée à la Chambre des pairs. Ainsi le ministère se sera donné les gants de faire une loi nationale, et il aura occupé toute une session de la Chambre des députés pour aucun résultat; c'est une escobarderie assez adroite; nous verrons si elle réussira.

Vous savez peut-être que M. de Peyronnet [1] vient de faire paraître une brochure, intitulée *Esquisses politiques*. Il y tranche en même temps du Montesquieu et du Lamennais : ouvrage où je trouve quelques pages écrites de verve, mais qui d'ailleurs n'apprend rien de plus que les éternelles lamentations de la *Gazette*, est hérissé de gasconnades et plein de cette suffisance qui n'a jamais quitté le très peu honorable pair.

Vous me demandez des détails sur ce projet de journal dont Cornudet vous avait parlé; la *Jeune France* [2] est

cabinet Richelieu, qui avait fait de la politique de conservation et éliminé les doctrinaires du conseil d'État.

1. Pierre-Denis, comte de Peyronnet (1778-1854), avocat à Bordeaux, président du tribunal de cette ville (1815), procureur général à Bourges (1816), puis à Rouen (1820), député (1820-1827), garde des sceaux (1821), pair de France (1828), ministre de l'intérieur (mai 1830) et signataire des ordonnances, condamné à la prison perpétuelle (décembre 1830), gracié (1836).

2. La Bibliographie de Hatin indique parmi les journaux de 1829 « *La Jeune France*, journal de philosophie, littérature, sciences, arts, spectacles, etc. »

morte avant d'avoir vu le jour. Vous savez combien un journal politique est chose difficile à fonder; le nôtre a échoué, faute d'argent; il est donc absolument inutile que je vous entretienne de ses doctrines arrêtées, de sa destination; ce serait renouveler mes regrets, à moi qui ai célébré ses funérailles, et vous en donner à vous, qui n'étiez pas à l'enterrement.

J'ai à peine quelques lignes à consacrer à votre chère Irlande; je présume que vous vous en occupez sérieusement. Rio me disait hier qu'il vous aurait conseillé d'écrire une monographie, la vie de Grattan, par exemple, avec un essai préliminaire sur l'histoire d'Irlande. Je ne vous le conseille pas; une vie, cela a trop l'air d'un extrait de la Biographie universelle; il vaut mieux aborder la difficulté de front. Peut-être ne feriez-vous pas mal de chercher à vous mettre en relation avec M. de Hauranne fils [1], qui, comme vous le savez, s'est beaucoup occupé des affaires de ce pays. Si vous le désiriez et que vous n'ayez pas en votre pouvoir de prompts moyens de communications avec ce jeune homme, écrivez-moi ce que vous voudriez savoir de lui. Je tâcherais d'être mis en relation avec M. de Hauranne par M. Dubois [2], connu intimement de plusieurs de mes amis, et auquel je vais

1. Prosper-Léon Duvergier de Hauranne (1798-1881), fils en effet d'un député de la Restauration, siégea lui-même à la Chambre de 1831 à 1848 et aux deux Assemblées de la seconde république. D'abord doctrinaire, il devint après 1840 un des plus violents adversaires de Guizot et prit une part importante à la campagne réformiste. Il publia sous le second empire une *Histoire du gouvernement parlementaire*, qui lui valut en 1871 un fauteuil à l'Académie française.

2. Paul-François Dubois (1793-1874), professeur de rhétorique au collège Charlemagne (1820), destitué en 1821 pour sa collaboration aux journaux d'opposition, fondateur du *Globe* (1824), inspecteur général de l'Université (1830), député (1831-1848), membre du conseil de l'Université (1839-1857), directeur de l'École normale (1840-1850), membre de l'Académie des sciences morales (1870).

me faire présenter. Cette affaire est un peu chanceuse, car je ne connais ni par moi, ni par les miens M. de Hauranne; mais avec de la persévérance, cela pourrait peut-être réussir; répondez-moi à ce sujet, je ferai tout ce que je pourrai.

Adieu, mon cher ami, courage, résignation, songez à la fin de votre exil.

Votre tout dévoué,

Alph. d'Herbelot.

XI.

5 février (1829).

Tandis que votre diète suédoise, ou plutôt quelques-uns de ses membres se débattent assez inutilement, à ce qu'il paraît, contre les prétentions du pouvoir, notre Chambre à nous est ouverte et paraît peu disposée à fléchir à tout vent. Je vous regrette aujourd'hui plus que jamais, mon cher Montalembert, maintenant que les événements sont dignes d'intérêt; nous deviserions à loisir sur les choses qui se passeraient sous nos yeux, au lieu de nous lancer, à des semaines de distance, des lambeaux de lettres qui ne retracent qu'à demi nos impressions. Tout fait présumer une session animée; la Chambre se dessine avec une fermeté inattendue; la droite, tout étourdie du discours du roi [1] et de la fuite de M. de Polignac devant la puissance de l'opinion publique, tarde à se rendre au combat; ses bancs sont dégarnis, et dans toutes les commissions, même celle de l'adresse, elle parvient à peine à fourrer un ou deux membres. La gauche paraît unie et compacte; on sait que M. Royer-Collard a puissamment contribué à faire élever à la vice-présidence M. Dupont de l'Eure [2],

1. Le 27 janvier 1829, à l'ouverture de la session, Charles X avait prononcé un discours très constitutionnel, dont, disait-on, Martignac était l'auteur.

2. Jacques-Charles Dupont, dit Dupont de l'Eure (1767-1855), avocat au parlement de Normandie avant la Révolution, accusateur public près le tribunal criminel de l'Eure, membre du conseil des Cinq-Cents (1798), président à la Cour de Rouen (1812), membre du Corps législatif (1813), repré-

dont la nuance est pourtant bien différente de la sienne ; les députés de province ont été retrempés par leurs commettants : mécontents de l'influence encore énorme du parti Villèle, effrayés par cette ombre de ministère Polignac que l'imprudence de la cour a évoquée, on ne sait trop pourquoi, ils paraissent décidés à demander au ministère autre chose que des promesses. Ce pauvre ministère, tout clopin-clopant, est bien embarrassé de sa personne et sera probablement traîné à la remorque par la Chambre ; et c'est un malheur, car on dit que le budget sera violemment attaqué, que des dépenses peut-être utiles seront censurées ; le ministère fera des concessions et on ne lui en saura aucun gré, comme de tout ce qu'il a fait jusqu'à présent.

Toutes les prévisions dont je vous faisais part dans ma dernière lettre, sur le choix d'un ministre des affaires étrangères, ont été trompées ; nous sommes dans le système des intérims [1]. Deux jours avant l'ordonnance royale, quelqu'un de ma connaissance causant avec M. Bourdeau [2], aujourd'hui sous-secrétaire d'État à la justice, lui parlait de la possibilité d'une recomposition du ministère avec les éléments déjà subsistants : « Mais, » dit M. Bourdeau, « ce ne serait qu'un mauvais replâtrage. » Il paraît qu'il n'était pas encore dans le secret quand il se jugeait ainsi lui-même.

sentant aux Cent-Jours, député (1817-1848), garde des sceaux (août-octobre 1830), membre du gouvernement provisoire (1848) et de l'Assemblée constituante (1848).

1. L'intérim des affaires étrangères avait été confié au garde des sceaux Portalis, qui était suppléé par un sous-secrétaire d'État à la justice.

2. Pierre-Alpinien-Bertrand Bourdeau (1770-1845), avocat à Limoges, procureur général (1815), député (1815-1831 et 1834-1837), procureur général à Rennes (1816), destitué pour son opposition au cabinet Villèle (1824), directeur général de l'enregistrement (1828), sous-secrétaire d'État à la justice (janvier 1829), garde des sceaux (mai), premier président à Limoges (août), pair de France (1837).

Cependant les partisans du ministère défendent assez bien cette singulière mesure. Nous étions, disent-ils, menacés d'un ministre des affaires étrangères nommé sous l'influence anglaise ou sous l'influence russe; il valait mieux avoir un cabinet faible qu'un cabinet dépendant d'une politique étrangère quelconque; il fallait attendre pour se composer définitivement l'impulsion des Chambres. Vous le voyez : toujours des Chambres; M. Royer-Collard a eu bien raison de dire dans son discours d'ouverture que les progrès du régime constitutionnel augmentaient chaque jour l'influence de la Chambre.

Il paraît que la commission de l'adresse est assez embarrassée : vous savez l'affreuse conduite du ministère Wellington [1] envers les réfugiés portugais [2], et l'accueil qu'ils ont reçu à Brest; on ne sait comment parler de cet événement dans l'adresse au Roi et on voudrait bien cependant en toucher quelques mots, car on craint de choquer trop vivement l'Angleterre, surtout au moment où nous avons quelques troupes exposées en Morée; ce contretemps retardera de quelques jours peut-être la présentation de l'adresse.

Vous savez probablement que notre expédition de Morée revient dans un état désastreux; j'ai rencontré il y a deux ou trois jours, dans le monde, le comte Maison [3], que j'avais vu s'embarquer frais et bien portant : il est hâve, défait, maudissant la Grèce et les Grecs; d'après

1. Arthur Colley Wellesley, duc de Wellington (1769-1852), le vainqueur de Waterloo, était depuis 1828 chef du ministère anglais.

2. Il s'agit des Portugais qui s'étaient expatriés pour fuir le régime autocratique de dom Miguel.

3. Nicolas-Joseph, marquis Maison (1771-1840), volontaire de 1792, général de brigade après Austerlitz, divisionnaire en 1812, pair de France (1814), commandant l'expédition de Morée (1828), maréchal de France (1829), ministre des affaires étrangères (novembre 1830), de la guerre (1835).

lui, nous aurions perdu plus du tiers de nos soldats ; pendant la traversée du retour, on aurait jeté à la mer les malades par vingtaine; et, en effet, on dit que celui de nos régiments qui a le plus souffert a perdu la moitié de ses hommes. Nous sommes décidément chanceux en expéditions depuis 1814, et tout cela ne devrait guère nous engager à partir pour Alger; on en parle cependant pour cet été; j'espère que cela n'aura pas lieu; je crois que ce serait encore une armée sacrifiée.

A propos, on reparle décidément de M. de Chateaubriand pour remplacer M. de la Ferronnays ; ses amis le poussent de toutes leurs forces, et comme ils ont de l'influence, ils finiront peut-être par réussir ; je crains que ce ne soit pas un bien habile homme d'affaires ; l'avenir nous l'apprendra, si tant est qu'il saisisse jamais le portefeuille.

Parlons maintenant de vous : je ne vous demanderai pas si vous vous amusez là-bas, si vous y menez une vie confortable, comme disent les Anglais [1] ; je suis d'avance sûr de votre réponse. J'ai appris qu'entre autres contrariétés, votre curateur à Londres ne voulait pas vous envoyer de documents sur l'Irlande. Quel trembleur ! nous n'avons certes pas en France de pires ventrus que ce tory; ce retard est vraiment malencontreux, car le moment est bien choisi pour s'occuper de l'Irlande, et s'il vous fallait attendre jusqu'à vingt-cinq ou vingt-six ans, vous seriez très probablement prévenu. Je vous offre toujours mes services, si vous persistez dans votre projet; je ferai des pieds et des mains pour vous avoir des renseignements de M. de Hauranne.

1. L'adjectif *confortable* était encore en effet un néologisme et un anglicisme à cette époque, comme l'atteste une remarque de Nodier, reproduite dans le *Dictionnaire* de Littré.

Vous vous rappelez sans doute que dans une de mes dernières lettres je vous parlais d'un projet bien vague encore de m'occuper de l'histoire du protestantisme. Ce projet prenait chaque jour plus de consistance, quand on est venu me dire que Mignet allait publier un grand ouvrage, non pas sur le seul règne de Henri IV, comme je le croyais, mais sur le même sujet que moi [1]; cela m'a désorienté, car Mignet est un rude athlète, et après lui je n'oserais guère paraître dans la lice, bien que je n'eusse dessein de publier que dans six ou sept ans. Cette spécialité me souriait pourtant bien, et je serai vexé d'être obligé d'y renoncer. Donnez-moi votre avis à ce sujet, et s'il vous venait quelque bonne idée sur cette matière, faites-m'en toujours part.

Je vous dirai que l'ouvrage de Rio n'a décidément pas eu grand succès; il est chanceux cette année; il n'a pu faire son cours aux Bonnes Lettres [2], faute d'un assez grand nombre de souscripteurs. Son livre n'a pas paru assez fort; on a trouvé que son histoire progressive de l'esprit humain ne marchait pas; il n'y a pas de temps d'arrêt; on ne voit pas où en était arrivé l'esprit humain à telle ou telle époque de l'antiquité; c'est plutôt un bon cours de littérature sur des sujets d'ailleurs bien rebattus, qu'un ouvrage savant et original; il manque surtout de connaissances approfondies sur l'Orient et la philosophie indienne; j'espère que son second volume le relèvera; il s'en occupe avec zèle, et, dès que viendront les beaux jours, il ira se réfugier à Margency et continuer vivement

1. Ce grand ouvrage de Mignet demeura toujours à l'état de projet.

2. La *Société des Bonnes Lettres*, fondée en 1821 dans le but « d'entretenir le goût des sciences et des saines doctrines littéraires », avait ouvert des cours et installé un cercle d'études. Son organe était : *Les Annales de la littérature et des arts*, qui disparurent en 1829 en même temps que la Société.

ses travaux. Dans ce moment, la veine de nos écrivains s'est bien ralentie ; à l'exception des *Orientales* de Victor Hugo [1], qui ont fait effet dans le monde poétique, il n'a paru aucun ouvrage d'importance qui mérite l'attention. Nous manquons bien d'études fortes, et le vice de l'éducation première que nous recevons tous, le défaut de haut enseignement bien combiné, se fait vivement sentir. A Paris, les chaires de la Sorbonne rendent sans doute des services ; mais ces leçons disséminées, qui ne sont suivies d'aucune relation entre les professeurs et les élèves, et dont nos institutions universitaires ne rendent pas la nécessité bien évidente, sont insuffisantes. On avait parlé d'établir des chaires dans quelques villes du royaume : on semble y avoir renoncé ; les autorités, toutes villélistes, s'y refusent, et il paraît que la tentative de ce genre faite à Besançon par Amédée Thierry [2] n'a pas eu de succès. Je crois que le seul remède à cette plaie d'ignorance qui ronge notre jeunesse serait des cotisations personnelles des citoyens de nos grandes villes pour établir à leurs frais des chaires municipales ; alors on s'y intéresserait davantage, car on n'estime bien que la science que l'on paie ; malheureusement, il y a encore bien peu en France d'intelligence des intérêts et nulle disposition à y faire des sacrifices ; on est patriote jusqu'à la bourse, et on n'encourage de son argent aucune entreprise nationale. Croiriez-vous, par exemple, que le duc Decazes prend tous les jours ses journaux à location dans

1. Victor-Marie, comte Hugo (1802-1885).

2. Amédée-Simon-Dominique Thierry (1797-1873), frère de l'historien Augustin Thierry, lui-même auteur d'une *Histoire des Gaulois*, nommé par Vatimesnil professeur à la Faculté des lettres de Besançon, suspendu par le ministère Polignac (1829), préfet de la Haute-Saône (1830), maître des requêtes (1838), membre de l'Académie des sciences morales (1841), conseiller d'État (1853), sénateur (1860).

un cabinet de lecture en plein vent sous l'Odéon! Il y a vraiment là de quoi concevoir des inquiétudes sur le sort de la liberté en France, tant le dévouement est chose rare! Il n'existe guère que dans quelques vieux impérialistes ou républicains endurcis dans une opposition obstinée, et puis dans quelques têtes chaudes de jeunes gens qui, dans leurs soirées confidentielles, rêvent les institutions de l'Amérique et les gouvernements à bon marché. Mais parmi les gens modérés, il y a bien de la froideur; fasse le ciel qu'il nous tombe un peu de feu sacré pour nous réchauffer les entrailles! je crois que nous en avons besoin.

Voilà ce que nous nous dirions, mon cher ami, et ce que vous réfuteriez peut-être, s'il nous était permis de rêver assis l'un et l'autre près du feu et de faire nos utopies; je hâte bien de mes vœux l'arrivée de ce temps-là; écrivez-moi donc en attendant, car voilà près de trois semaines que je n'ai reçu de vos nouvelles, et si les Belts ne sont pas gelés, je vous adresserai les reproches que je m'adressais à moi-même il y a quelque temps.

Votre tout dévoué,

Alph. D'HERBELOT.

Un singulier fait sur les gens qui nous gouvernent : dans le conseil du dimanche 1er, la nomination du président de la Chambre a été signée par le roi, comme une pension de retraite ou une lettre de naturalité, sans qu'il y fît presque attention. « Et le président de la Chambre », dit à la fin de la séance le dauphin qui ne savait pas ce qui s'était passé, « quand le nommez-vous? » — « C'est fait », dit M. de Martignac. — « Ah! c'est autre chose », dit le dauphin, « c'est que je voulais vous rappeler qu'on ne pouvait plus longtemps tarder ». Voilà comment ces braves gens s'occupent de nos affaires ; il paraît qu'ils ont jeté le manche après la cognée.

XII.

Ce 20 février 1829.

Je vous écris, mon cher Montalembert, sous l'influence de nouvelles politiques bien sérieuses et dont vous serez sans doute informé quand arrivera ma lettre. On assure que la guerre d'au delà du Danube aura son contre-coup dans notre Europe méridionale, et que va se défaire enfin cette Sainte-Alliance qui, comme une vraie tour de Babel du despotisme, menaçait, si Dieu lui avait prêté vie, d'écraser le monde. La France prend part à la lutte et envoie, dit-on, 40,000 hommes en Morée; elle a pour alliées la Prusse et la Russie; la Russie s'engage à nous faire obtenir, lors de la lutte générale si elle a lieu, nos limites naturelles, le Rhin. Sous l'autre bannière se tiendraient, avec la Turquie, l'Autriche, l'Angleterre et le Piémont. Ainsi se trouverait expliquée la précipitation qu'a mise le duc de Wellington à présenter la mesure de l'émancipation des catholiques, malgré les résistances d'une grande partie du clergé et de l'aristocratie anglaise; ainsi s'évanouit en même temps le mystère des armements de l'Autriche et du roi de Sardaigne. Je ne vous donne pas ces nouvelles comme positives, mais comme probables et fort répandues dans les cercles politiques; quant à moi, je les tiens de bonne source, et j'y ajoute assez pleine confiance. Cette combinaison nous replacerait au premier rang dans les affaires de l'Europe, et je vous avoue que ma vanité nationale est flattée de l'idée que nous pourrions nous relever de Waterloo. Car, quelque avantage réel qu'ait pu avoir cette dernière journée pour le repos de l'Europe et le nôtre, il y a quelque chose de douloureux dans son souvenir, et je ne puis me soustraire à un vif sentiment de peine, en songeant qu'un seul jour a vu mourir sur le seuil de leur patrie les débris de ces bataillons qui avaient conquis le monde. C'est là, il est vrai, du patriotisme un peu rétréci et comme renouvelé du *Constitutionnel* : mais tel je suis, tel je me montre à mes amis, et il y a chez moi une sympathie encore bien vive pour les vainqueurs de 92 et 93, et les morts de Waterloo.

Après le drame vient la comédie : nous avons eu la nôtre hier à la Chambre des députés. M. Salverte [1], par suite d'engagements particuliers pris, dit-on, avec ses commettants, a renouvelé la proposition Labbey de Pompierre [2] contre le ministère Villèle. Vous aurez vu par le récit des journaux combien il a été commun, mauvais, ennuyeux ; tout le monde à la Chambre bâillait et songeait à s'en aller ; c'est un vrai coup d'épée dans l'eau qui fait un assez mauvais effet au commencement de la session ; on craignait de graves résultats à cette échauffourée ; on disait que l'extrême droite et l'extrême gauche réunies feraient passer la proposition, la droite pour amener des questions de personne et reculer les lois municipales, la gauche par un reste de vieille colère et de

1. Anne-Joseph-Eusèbe Baconnière de Salverte (1771-1839), avocat au Châtelet, condamné à mort par contumace après le 13 vendémiaire, député de Paris (1828-1839), siégeant à l'extrême gauche.

2. Guillaume-Xavier Labbey de Pompierre (1751-1831), capitaine retraité en 1789, membre du Corps législatif (1813), député (1819-1831), grand-père de Mme Odilon Barrot. Il avait déposé, le 30 mai 1828, une proposition de mise en accusation contre le ministère Villèle.

haine violente contre le Triumvirat [1]. On répète aussi partout dans les cercles royalistes que cet événement va jeter la désunion dans les deux fractions du parti national; je ne le crois pas; l'extrême gauche est assez disposée à de grandes concessions pour vivre en paix avec le centre gauche; M. Benjamin-Constant [2], qui la dirige en grande partie, emploie aujourd'hui toute son habileté à cimenter de plus en plus cette union; tous ses articles insérés au *Courrier français* tendent vers ce but, et j'espère qu'il y réussira, car vous savez comme j'aime l'union; en attendant, la *Gazette* espère, mais je crois qu'on pourra finir pour (*sic*) lui répéter ces vers dans je ne sais quelle comédie de Molière :

Belle Philis, on désespère,
Alors qu'on espère toujours [3].

L'opposition royaliste est faible et désunie; pas un homme ne se présente pour en prendre le commandement, pour être son *leader*. M. de la Bourdonnaye [4] est vieux et déconsidéré, M. Ravez [5] toujours malade de sa

1. Villèle-Corbière-Peyronnet.

2. Benjamin Constant de Rébecque (1767-1830), le célèbre publiciste, descendant de protestants français expatriés en Suisse, revendiqua la nationalité française en 1796, fut nommé au Tribunat après brumaire et en fut bientôt éliminé pour son attitude opposante. Il s'exila ou fut exilé, rentra en 1814, se rallia bruyamment au début des Cent-Jours à Napoléon, qui le fit conseiller d'État, fut exilé pour quelques mois au début de la seconde Restauration, devint député en 1819, et président du conseil d'État après la révolution de 1830.

3. Il est assez singulier qu'un lettré comme Alphonse d'Herbelot n'ait pas identifié le sonnet d'Oronte, dans le *Misanthrope*.

4. François-Régis, comte de la Bretèche de la Bourdonnaye (1767-1839), officier en 1789, émigré, membre du conseil général de Maine-et-Loire sous Napoléon, député (1815-1830) et chef de l'extrême droite, ministre de l'intérieur (août-novembre 1829), pair de France (janvier 1830).

5. Simon, comte Ravez (1770-1849), avocat à Lyon (1791) puis à Bordeaux (1793), député (1816-1829), président de la Chambre de 1819 à 1827, premier président à Bordeaux, pair de France (1829), membre de l'Assemblée législative (1849).

présidence rentrée et évitant le plus possible la tribune; M. de Montbel [1], dont l'honneur et la haute probité sont estimés de tous les partis, s'est trop compromis pour M. de Villèle, et n'est d'ailleurs qu'une vertueuse médiocrité. Aussi le parti chancelle, est incomplet à la Chambre; on dit qu'il nourrit quelque espérance dans ce M. Gautier [2], qu'on aura ainsi vu tour à tour l'idole de tous les partis, et qui paraît avoir récemment repassé à droite. Mais il n'a pas confiance en sa force, il sait qu'il n'a pas de nation derrière lui, que le temps dégarnit ses cadres chaque jour, et qu'il n'est bon qu'à faire une opposition de cour et de salon. Il n'a pas besoin de parler par les fenêtres, lui, comme il le reprochait naguère à l'opposition de gauche, car il ne se place sous les fenêtres personne qui veuille l'écouter.

Cornudet vous aura sans doute écrit combien notre ami Rio est mécontent de Vatimesnil, du *Globe*, du parti libéral en général, combien il est ennuyé, découragé, rêvant parfois pour asile une justice de paix dans le Morbihan. Il dit qu'il a été mal servi par les constitutionnels qui l'ont mal récompensé du refus de la censure; d'autre part, les absolutistes voudraient bien l'attirer à eux sous le prétexte du danger du catholicisme; il est balançant entre ces deux extrêmes, ses opinions politiques et ses opinions religieuses, dont il fait, à tort je crois, deux

1. Guillaume-Isidore Baron, comte de Montbel (1787-1861), maire de Toulouse en remplacement de son ami particulier Villèle (1820), député (1827-1830), dans le cabinet Polignac (successivement ministre de l'instruction publique, de l'intérieur et des finances, condamné par contumace à la prison perpétuelle en décembre 1830.

2. Jean-Élie Gautier (1781-1858), riche armateur de Bordeaux, député (1824-1831), l'un des chefs de la *défection* contre le cabinet Villèle, pair de France (1832), sous-gouverneur de la Banque (1833), ministre des finances (mars-mai 1839), sénateur (1852), président du conseil central des églises réformées.

choses séparées qui ne peuvent marcher ensemble. Voilà le malheur d'avoir eu opinions et société diverses, d'avoir pensé avec le côté gauche et vécu avec le faubourg Saint-Germain; on a des engagements avec l'un et l'autre parti et on se trouve à chaque instant dans l'embarras. Nous autres jeunes gens, qui grandissons les uns près des autres en union intime de croyances politiques, nous ne serons pas, j'espère, exposés à de tels combats; et s'il vient des jours difficiles dans notre carrière politique, au moins nous resterons serrés les uns près des autres, et n'aurons point à longuement délibérer pour quelle bannière nous voulons vivre et mourir.

Votre dernière lettre m'a suggéré une observation que je m'empresse de vous faire : vous dites que la corruption du peuple suédois serait, pour un partisan de l'ignorantisme, un puissant argument contre la diffusion des lumières. Mais connaissez-vous bien les mœurs des paysans suédois? Ne les jugez-vous pas un peu d'après le dégoût que vous inspire la haute société de Stockholm, dont vous n'êtes guère sorti? Un jeune homme de beaucoup de talent et de finesse d'observation, M. Ampère fils [1], qui a parcouru, il y a peu de temps, les campagnes de la Suède et de la Norwège, m'a donné sur la moralité des campagnards suédois des notions bien différentes des vôtres; il m'a cité plusieurs traits de vertu et de délicatesse arrivés, m'a-t-il dit, en sa présence, et qui entraîneraient une bien autre conclusion que la vôtre. Faites-y attention; ne confondez pas Stockholm et les paysans, et vous trouverez peut-être que la Suède, comme l'Écosse et une

1. Jean-Jacques-Antoine Ampère (1800-1864), fils du grand physicien, lui-même épris de voyages, d'histoire et de littérature comparée, suppléant de Fauriel et de Villemain à la Sorbonne après 1830, professeur au Collège de France (1838), membre de l'Académie des inscriptions (1842) et de l'Académie française (1847).

grande partie de l'Allemagne, donne un nouvel exemple de l'influence de l'instruction sur la moralité d'un peuple.

J'aborde maintenant la grande question de votre dernière lettre, le protestantisme, et je vous avoue que mes réponses seront celles d'un homme qui est bien pris au dépourvu, car mes idées ne sont pas encore arrêtées sur la matière; je suis préoccupé de la grandeur du sujet, et voilà tout; j'en suis encore aux études préliminaires. Vous me demandez si je serai catholique, protestant ou rationaliste. Je voudrais savoir d'abord au juste ce que vous entendez par rationaliste; en attendant, je m'en vais vous exposer franchement quelques-unes de mes opinions du moment, bien vagues, bien peu coordonnées; vous leur donnerez tel nom que vous jugerez à propos.

Je suis croyant, du moins jusqu'à preuve contraire ; je suis surtout parfaitement convaincu de la nécessité d'un culte et d'une religion, non seulement pour le peuple, mais encore pour les grands et les petits, et comme je ne vois rien qui me semble meilleur que le catholicisme, et que je suis né dans cette religion, je m'y tiens. Mais je ne suis pas exclusif : je ne crois pas que hors l'Église romaine il n'y ait pas de salut, et je pense que le luthérien et le quaker de bonne foi peuvent se sauver comme le solitaire de Port-Royal. Dès lors, vous pouvez juger que mon point de vue ne sera pas celui du catholique absolu; le protestantisme ne m'apparaîtra pas comme une doctrine vicieuse et pernicieuse. Aussi, je ne gémirai pas sur ses triomphes; je les regarderai comme une des dispositions de Dieu sur le monde, non comme une punition pour le relâchement des Églises catholiques, mais comme une combinaison qui rentre dans l'harmonie nécessaire et universelle. Je vais plus loin : je le regarde comme une combinaison profondément heureuse pour notre Europe.

A l'époque où le protestantisme a paru, l'esprit d'examen (car ce n'est certes pas la Réforme qui en a gratifié le monde), l'esprit d'examen impie, audacieux jusqu'à la licence, remettant en question jusqu'à l'âme et Dieu, se propageait rapidement en Europe. Pour vous en convaincre, vous n'avez qu'à lire Machiavel, Bembo, Politien, Érasme et surtout Rabelais, les représentants de cette école mythologico-philosophique à laquelle avait donné naissance l'arrivée en Occident des savants de Constantinople. Ces hommes aux locutions élégantes et attiques (à l'exception de Rabelais, qui, de tous les Grecs, n'avait eu en vue que Diogène), nous préparaient une réforme assez semblable à celle que méditèrent plus tard Grimm, Voltaire, d'Holbach ou Diderot, et cela, je vous l'avoue, me fait lever le cœur. Notez que dans les pays où la Réforme protestante n'a pas eu lieu, par exemple en Espagne et spécialement en Italie, ce mouvement de libertinage et d'athéisme donné par le siècle de Léon X s'est continué, et que la haute société de Rome ou de Naples de nos jours ressemble considérablement pour les mœurs et les croyances à celle dont Bembo et Boccace nous retracent si crûment les aventures. Au milieu de cette révolution intellectuelle s'est jeté le protestantisme, avec ses croyances ferventes et son spiritualisme allemand, ce spiritualisme qui a passé de mains en mains, depuis les luthériens jusqu'aux amis de la vertu [1], depuis Mélanchthon jusqu'à Sand [2]. Le protestantisme a pris la

1. Le *Tugendbund* ou ligue de la vertu était une association politico-religieuse, formée en 1813 parmi les étudiants allemands pour secouer le joug de la France ; ses tendances révolutionnaires la firent dissoudre après la victoire de la coalition.

2. Charles-Louis Sand (1795-1820), étudiant allemand, poignarda l'écrivain Kotzebue, considéré comme vendu à la Sainte-Alliance, et fut condamné à mort.

liberté d'examen, telle et moindre encore que la lui donnait son siècle ; il y a ajouté une forte dose de foi et de courage allant jusqu'au martyre. Il a fait une réforme religieuse et morale, alors que les beaux esprits semblaient en préparer une scandaleuse et boueuse comme le Bas-Empire. Le protestantisme a fait plus : il a réveillé le monde qui s'endormait, bercé par les chants de cette Italie redevenue païenne ; il a remué le catholicisme qui, surpris dans la langueur et la débauche, comme un amant aux bras de sa maîtresse, a fini par retrouver d'abord ses armes, puis sa foi. Car voyez où en était le catholicisme en France par exemple, sous François Ier et Henri III, au temps de la duchesse d'Étampes, de Quéluz et de Saint-Mégrin. Eh bien ! le frottement du protestantisme a réchauffé la foi rivale ; le catholicisme a été forcé de croire à lui-même comme foi religieuse pour arriver à se défendre comme intérêt politique ; et de cette lutte qui a développé à un si haut point les bonnes et les mauvaises parties de l'âme humaine, est née, ce me semble, la régénération de l'Église sous Louis XIV, Bossuet et le grand Arnauld, comme l'appelaient ses contemporains. Voilà en quoi le protestantisme a rempli un beau et noble rôle dans l'histoire du monde, voilà comment, à mon avis, il n'a pas été une punition de Dieu sur les hommes, non plus qu'une déviation de son omniprudence. Maintenant, eût-il été avantageux qu'il triomphât en France ? Je ne vois pas trop pourquoi, à moins qu'il n'eût prévenu les turpitudes de la Régence et les bacchanales de la France de Louis XV, comme il l'a fait en Allemagne et en Angleterre [1] ! Mais sur cette question, qui me semble

1. Sans entrer dans une controverse encombrante et déplacée, il faut pourtant noter que d'Herbelot se faisait d'étranges illusions sur la vertu de l'Angleterre sous Charles II ou de l'Allemagne au XVIIIe siècle.

bien supérieure à la première, je n'ai point encore d'opinion fixe; je vous en parlerai dans une prochaine lettre, ainsi que de bien d'autres choses, si j'ai quelque chose de plus certain à vous en dire. Je vous ai dit sincèrement mon opinion ; je compte avoir de même la vôtre, vos observations, vos critiques; mon projet n'est que dans ma tête, n'en sortira peut-être jamais, surtout si M. Mignet m'en ôte toute la fleur, et il peut être battu en brèche de toutes parts.

Quant à vous, j'espère que l'Irlande marche toujours; comme nous parlerons de tout cela à votre retour! De grands événements se préparent de ce côté; j'espère que vous pourrez terminer votre travail à l'émancipation de ces pauvres catholiques. Je vous offre toujours mon faible crédit auprès du *Globe* et, par suite, de M. de Hauranne, si cela pouvait vous être bon à quelque chose.

Je suis pour la vie votre bien dévoué,

Alph. D'HERBELOT.

Je vous remercie toujours de vos notices sur la Suède; je vous demanderai dans une de vos prochaines quelques détails sur la cause de la haine profonde qui sépare la Norwège de la Suède. Je vous recommande en même temps le recueil de Sagas, dont Rio vous a dernièrement écrit; il paraît y tenir beaucoup, et, sachant bien que vous n'êtes pas antiquaire,.... votre complaisance. Ne devenez donc pas tant absolu en philosophie; je ne conçois guère les théories de votre Zimmer [1]; ses doctrines me paraissent, comme à Cornudet, être purement conventionnelles et à l'usage des initiés, comme les mystères d'Eleusis, manquer d'ailleurs de base certaine et ne rien concilier du tout; vous nous expliquerez cela après votre exil. Adieu.

1. Patrice-Benoît Zimmer (1752-1820), théologien catholique et philosophe allemand.

XIII.

7 mars (1829).

Les nouvelles politiques que je vous donnais dans ma dernière lettre étaient fort prématurées; nous n'en sommes pas encore à croiser l'épée avec l'Europe; cependant, tout est un peu à la guerre; il est bien constant qu'on a dessein de laisser des troupes en Morée, que l'on a d'assez vives inquiétudes de la part de l'Autriche et du Piémont, et que la mésintelligence entre la Russie d'une part, l'Angleterre et l'Autriche de l'autre, prend chaque jour un caractère plus menaçant. Vous savez que tous les beaux projets d'émanciper les catholiques sont à vau-l'eau en Angleterre. L'effervescence des vieux tories et l'obstination du roi, appuyé des conseils du duc de Cumberland [1], triompheront facilement de la demi-bonne volonté du duc de Wellington; on parle d'une dissolution de son ministère; comment tout cela sera-t-il pris dans votre chère Irlande? *that is the question;* l'avenir nous l'apprendra, et bien d'autres choses encore, car il est gros d'événements. — A l'intérieur, les affaires prennent une teinte un peu plus rembrunie; aucune rupture sérieuse n'a eu lieu encore, mais on ne peut se dissimuler qu'elle couve en ce moment. Des modifications assez importantes, et que

1. Ernest-Auguste (1771-1851), cinquième fils de Georges III et frère de Georges IV alors régnant, porta d'abord le titre de duc de Cumberland et manifesta son opposition aux réformes libérales; à la mort de son frère Guillaume IV (1837), il devait devenir roi de Hanovre (tandis que sa nièce Victoria montait sur le trône d'Angleterre).

vous avez lues sans doute dans les journaux, ont été apportées au double projet de loi départemental et municipal; les commissions ont mandé M. de Martignac dans leur sein; il a été, dit-on, irrité de ce qu'on voulait porter la main sur son chef-d'œuvre, et a déclaré qu'il retirerait sa loi plutôt que de souscrire à l'amendement qui faisait choisir les maires parmi les membres du conseil municipal. Il a été vivement rembarré par le vieux Dupont de l'Eure, président de la commission départementale, dont l'intégrité égale seule le courage. Son Excellence gasconne n'a pas été fort contente; on parlait déjà de rompre avec la gauche; celle-ci préparait déjà ses moyens d'opposition; quelques défections inévitables la refaisaient nécessairement minorité, mais si nombreuse et si puissante qu'elle pouvait facilement balancer la victoire. Depuis, tout paraît s'être un peu remis; on disait mercredi chez M. Guizot [1] que le ministère et la commission se faisaient des concessions mutuelles, mais on a répété ce matin qu'aucun arrangement n'avait été possible, et qu'on s'était séparé avec une bonne dose de mécontentement mutuel. La pétition que l'on discute en ce moment même à la Chambre des députés contre l'existence des missionnaires contribuera peut-être à brouiller les cartes. Au fait, ce Martignac est d'une arrogance et d'une mauvaise foi insupportables. Vous avez vu comme il a traité, dans la discussion imprévue sur la peine de mort, ce pauvre M. de Tracy [2], qui s'est défendu comme un enfant. Ce-

1. François-Pierre-Guillaume Guizot (1787-1874) était alors remonté dans sa chaire de Sorbonne, et ne devait entrer à la Chambre que l'année suivante.

2. Alexandre-César-Victor-Charles Destutt, marquis de Tracy (1781-1864), fils de l'*idéologue*, officier sous l'Empire, colonel en 1814, député de l'extrême gauche (1822-1824; 1827-1837; 1838-1848), membre des deux Assemblées de la seconde république, ministre de la marine en décembre 1848, dans

pendant les libéraux le ménagent encore, car je sais qu'on a refusé hier au *Courrier* un article dans lequel on lui disait de rudes vérités ; tout est donc encore *in statu quo*, bien que le temps soit à la brouille. En vérité, je me demande quelquefois s'il ne vaudrait pas mieux que quelque impertinence du ministère rejetât la gauche dans l'opposition, donnât une majorité momentanée à la droite, et l'entraînât à quelqu'une de ces grosses inepties politiques qui lui ont déjà fait perdre deux fois le pouvoir. Nous avons une Chambre bien incertaine et bien faible ; la nécessité de redevenir opposition séparerait l'ivraie du bon grain, et montrerait à la France quels sont ses vrais et purs mandataires. Aux prochaines élections, pour lesquelles on n'attendrait probablement pas sept ans [1], la chance tournerait, et nous aurions une Chambre qui nous obtiendrait des institutions bien franches et bien complètes, non plus des lois de pièces et de morceaux, rapetassées avec des débris de la législation impériale. La cause de la liberté est, je crois, décidément gagnée en France, et comme me disait l'autre jour Sainte-Beuve [2], du *Globe*, à qui je faisais part de mes craintes sur l'issue d'une scission entre la gauche et le ministère, qu'importe qu'on pousse le char de la liberté par devant ou par derrière : il avancera toujours. Et au fait, il n'est peut-être pas mauvais que nous gagnions la liberté au prix de quelques luttes encore ; le repos arrivant trop vite nous abâtardirait, et le trop profond sommeil ne vaut rien pour les jeunes gens, pas plus que pour les

le premier cabinet formé par Louis-Napoléon. Le débat où Martignac l'avait malmené avait été provoqué par une pétition.

1. En vertu de la loi qu'avait fait voter le ministère Villèle, le mandat législatif était alors de sept ans, avec renouvellement intégral ; mais une dissolution pouvait toujours être prononcée par ordonnance.

2. Charles-Augustin de Sainte-Beuve (1804-1869), le célèbre critique.

peuples jeunes encore dans la vie constitutionnelle. Vous qui habitez la Suède, vous devez avoir un peu en pitié les nations qui ne savent que croiser les bras et regarder l'eau couler.

Savez-vous, à propos, que vous êtes un fameux démocrate! Vous voulez la majorité politique à vingt et un ans, la publicité des assemblées départementales, le droit de voter avec 50 fr. d'impôts. De ces trois prétentions, la seconde seule me paraît bien fondée. Je crains le droit de voter à vingt et un ans : on est trop jeune à cet âge, et on n'a, en général, que des opinions incertaines ou exagérées, par cela même qu'elles n'ont ni base ni but bien sûrs [1]; quant aux élections à 50 fr., cela rappellerait trop la constitution de 1791. La démocratie a déjà une bien forte impulsion en France avec les journaux, le morcellement des terres, les élections à 300 fr., et sans la crainte d'une aristocratie puissante qui n'existe pas : elle peut déjà paraître menacer dans l'avenir et cette aristocratie et la couronne; car, ne nous y trompons pas, ni l'une ni l'autre de ces dernières ne sont populaires en France; la démocratie seule est ancrée dans les esprits, et nul doute, je crois, qu'une Chambre des députés, échancrée dans ses privilèges par les autres pouvoirs, ne trouvât beaucoup plus de bras prêts à se lever pour sa défense qu'une Chambre des pairs bousculée par les communes. Ne donnons donc pas trop à la démocratie, qui marche bien toute seule et sans qu'on la pousse; dans quelque dix ans, nous verrons bien s'il y a encore quelque chose de sérieux à faire pour elle.

Je vous remercie bien des encouragements que vous

1. Rappelons qu'au moment où il énonçait cette appréciation, d'Herbelot avait lui-même à peine *vingt* ans.

me donnez pour mon projet sur la Réforme; je suis bien curieux de connaître votre opinion sur les idées que j'ai énoncées à ce sujet dans ma dernière lettre; je suis toujours dans la même incertitude; je ne sais même pas encore quel est le plan et l'étendue de l'ouvrage de Mignet, et je ne penserai sérieusement à ma grande entreprise que quand j'aurai des renseignements positifs sur celle de ce rude concurrent, ce qui ne peut tarder. En attendant, je lis les écrivains du XVIe siècle, pour me faire l'idée la plus nette possible du mouvement philosophique qui.... dans les esprits. Je viens de terminer et d'annoter Rabelais : furieux contre ses commentateurs et ces gens prétendus fins qui n'ont vu dans cette boutade, irréligieuse et philosophique à la manière de Voltaire et de Diderot, qu'une longue allusion politique. Je crois que le besoin de liberté légale n'était pas du tout ce qui préoccupait Rabelais et son temps; c'était uniquement la haine du despotisme papal et monacal, et le dégoût de l'autorité philosophique et religieuse qui blessait les penseurs beaucoup plus que l'autorité politique, dans laquelle ils espéraient au contraire trouver de temps en temps un appui. D'ailleurs, plus je me livre à cette étude, plus je compare le XVIe et le XVIIe siècle, plus je me persuade, malgré l'anathème lancé contre moi par Cornudet jusqu'à Stockholm, que le XVIIe n'a pas continué le XVIe, qu'il a été un mouvement de recul pour l'esprit de liberté dans tout le septentrion de l'Europe, comme plus tard le règne de Napoléon. Pour moi, Louis XIV personnifie l'autorité, fruit du moyen âge, comme Luther et Calvin la liberté, enfant encore en maillot des temps modernes. Or, le XVIIe siècle est pour moi tout entier dans Louis, qui me paraît le régler, le représenter parfaitement. Louis est le héros du temps, le

Dieu de la France, le modèle de l'Europe; or, Louis avec toute sa cour, depuis Louvois jusqu'à Bossuet, c'est le despotisme. La liberté s'est réfugiée à Port-Royal et dans les livres de quelques philosophes qui prennent bien des précautions. Elle est chassée de Port-Royal, et elle ne sort pas des livres de ses solitaires adorateurs; elle est sans influence sur le siècle qui n'en sent pas le besoin. Enfin, le XVIIe siècle me paraît une réaction de l'esprit d'autorité contre l'esprit d'examen hautain, violent et un peu inconsidéré du XVIe siècle. C'est le despotisme qui réagit sur la liberté comme au XVIIIe la liberté à son tour réagira sur le despotisme. Ce sont là, mon cher ami, quelques idées bien incohérentes que je jette sur le papier; elles pourront du moins vous faire pressentir les bases de mon opinion à ce sujet; nous discuterons cela à fond plus tard, quand nous pourrons le faire de vive voix, et que les temps et les mers ne nous sépareront plus. Je ne me justifierai pas pour les éloges à vous adressés, qui vous ont paru porter l'empreinte de l'exagération ; ils étaient, je vous assure, bien sincères, aussi sincères que mon amitié, et dût votre modestie se révolter encore, je ne les désavouerai pas, et je vous répéterai seulement ce vieux dicton, souvenir de rhétorique : *Macte animo, generose.*

Tout à vous. Alph. D'HERBELOT.

J'espérais pouvoir vous donner quelques détails sur la discussion à la Chambre, relativement aux missionnaires; j'oubliais que les lettres pour Stockholm partent le samedi, et que la séance des pétitions a lieu le même jour. Je vous dirai seulement que la discussion paraît devoir être orageuse; la droite et la gauche ont convoqué leur ban et arrière-ban. La pétition est de l'avocat Isambert; on craint sérieusement que cet engagement ne presse le schisme de la gauche avec le ministère.

Vous savez sans doute mieux que moi que tout est replâtré en Angleterre, et qu'il va y avoir une espèce d'émancipation catholique; les craintes d'une guerre européenne très prochaine paraissent avoir décidé cette détermination. M. Wellington est comme notre Martignac : il présente des lois auxquelles il ne croit pas, et fait du libéralisme par peur à défaut de conviction.

XIV.

20 mars (1829).

En vous écrivant, mon cher ami, et en voyant le soleil resplendir devant ma fenêtre, je songe avec bien du plaisir que l'arrivée de l'été nous annonce, quoique d'un peu loin, votre retour, et qu'une grande moitié de votre exil est déjà écoulée; ainsi, du courage et de la patience; on peut en parler à son aise, aujourd'hui qu'on voit le terme où il n'y en aura plus besoin. Vous ne perdez pas grand'chose dans ce moment, quant aux affaires publiques, j'entends, à être confiné au delà de la Baltique, car nous en sommes encore aux préliminaires de conciliation ou de discorde; on se fait la petite guerre, en attendant mieux; ne craignez rien, vous serez là quand on aura jeté bas les armes courtoises, et que la partie tragique du tournoi politique aura commencé.

L'histoire de M. de Bully [1] a été un épisode assez amusant dans la pièce qu'on représente à notre face à nous, bon public payant et parfois sifflant. On s'est vengé sur cet homme de tous les méfaits des députés villélistes, et comme entre beaucoup d'autres coupables, on l'a pris seul en flagrant délit, on en a fait un vrai bouc émissaire sur lequel on a déchargé tout le feu de la colère constitutionnelle; le mieux partagé dans cette affaire, c'est son

1. Charles-Joseph-Augustin de Bully (1767-1831), inspecteur général du Trésor à Lille, député (1822-1830). La Chambre renvoya au garde des sceaux une pétition qui l'accusait d'avoir établi frauduleusement son éligibilité.

beau-frère, M. de Villiers [1], qui, pour s'être prêté aux intrigues de M. de Bully, a reçu de M. de Villèle la croix de la Légion d'honneur, quoiqu'il n'eût de sa vie exercé fonction ou place aucune; qu'on aille donc maintenant porter ce chiffon rouge à sa boutonnière pour être traité de confrère par un faussaire ou un mouchard! Après le faux député, nous verrons le faux électeur, M. Amy [2], qui comparaîtra d'ici à quinze jours devant la Chambre, et ainsi sera complet le tableau des moyens électoraux de la dernière administration. La grande querelle est toujours la loi municipale. La loi communale modifiée par les Chambres paraît ne pas devoir éprouver une grande difficulté; c'est de la liberté presque sans conséquence, qui n'échancre pas gravement les rouages de la machine administrative. Mais la loi départementale a bien une autre portée; telle qu'elle est dans le projet ministériel, c'est une déception, un attrape-niais pour faire croire aux bonnes gens qu'ils sont libres quand on leur garrotte les mains. Il y a des départements où le droit d'élire les membres du conseil général appartiendra à peine à tous les électeurs du double vote [3]; aussi M. Augustin Périer [4]

1. Les renseignements font défaut sur ce personnage.

2. Louis-Thomas-Antoine Amy (1760-1832), député d'Eure-et-Loir à la Législative (1791), juge au tribunal de la Seine, puis à la cour d'appel de Paris (1805), était en 1829 doyen des présidents de chambre à la cour royale de Paris et conseiller d'État. Une pétition l'accusait d'avoir pris part aux élections de 1827, alors qu'une décision du 9 décembre 1827 allait le rayer de la liste électorale pour insuffisance de cens. Il s'ensuivit à la Chambre, le 11 avril 1829, une très vive discussion, à la suite de laquelle Dupin se sépara de ses amis de la gauche pour voter l'ordre du jour.

3. Aux termes de la loi électorale de 1820, après la réunion des collèges d'arrondissement, formés de tous les citoyens payant 300 francs d'impôts, le quart plus imposé se réunissait au chef-lieu en collège de département ou grand collège, pour nommer un certain nombre de députés; c'étaient ces privilégiés, votant deux fois, qu'on appelait « électeurs du double vote ».

4. Augustin-Charles Périer (1773-1833), frère aîné de Casimir Périer, négociant, représentant aux Cent-Jours, député (1827-1831), pair de France (1832).

disait-il dernièrement qu'avec la loi nouvelle, il était sûr de ne pas être conservé au conseil général, parce que l'aristocratie de l'Isère, qui serait en masse au collège électoral, le repousserait. M. de Barante [1] est furieux et a dit qu'il regardait comme un crime de la part du ministère d'avoir proposé semblable loi. Enfin, tout le monde est mécontent, excepté le *Journal des Débats*, qui fait de la reconnaissance à 6,000 fr. par mois, vrai journal d'hommes d'affaires et sans conscience politique, vrai courtier marron en affaires publiques, trafiquant avec le ministère pour avoir une subvention [2], avec l'opinion libérale pour avoir des abonnés.

La première question que l'on va débattre au sujet de ces deux lois, c'est la priorité; le ministère a, dit-on, promis au roi qu'il retarderait autant que possible la discussion de la loi départementale, qui tend à devenir la charte constitutionnelle de nos provinces; il espère, en la laissant dormir jusqu'à la prochaine session, trouver alors un nouveau moyen de la reculer encore et déposséder finalement les provinces du bénéfice de l'affranchissement; au moins, il voudrait qu'on la conservât telle qu'elle est, sans extension du droit électoral, sans élection cantonale, sans extension des attributions des conseils généraux. Ce qui l'effraie surtout, c'est l'élection par

1. Amable-Guillaume-Prosper Brugière, baron de Barante (1782-1866), auditeur (1806), sous-préfet de Bressuire (1807), préfet de la Vendée (1809) puis de la Loire-Inférieure (1813), conseiller d'État et secrétaire général du ministère de l'intérieur après les Cent-Jours, directeur général des contributions indirectes (1816), député (1815-1816), pair de France (1819), refusa la légation de Danemark (1820), membre de l'Académie française (1828), ambassadeur à Turin (1830), à Saint-Pétersbourg (1835).

2. Pour les détails de cette histoire, que Charles X conta plus tard aux membres du ministère Polignac, cf. des extraits du journal inédit de Guernon-Ranville, cités par Nettement, *Histoire de la Restauration*, t. VIII, p. 5, note 1 (le chiffre est ici de 12,000 fr. par mois).

cantons, qui l'empêche de se faire une majorité au moyen de son bataillon de fonctionnaires qui viendrait en masse voter à l'arrondissement, et se trouvera bien dispersé dans les cantons. Or, il est menacé d'un double danger : 1° la priorité, qui, aux yeux du roi, le mettrait en contradiction avec ses promesses, et détruirait immédiatement le despotisme des préfets; 2° les modifications de la commission, qui changeraient en bienfait réel pour la France la petite escobarderie ministérielle. Malheureusement, c'est Dupin [1] qui est rapporteur de la loi municipale; or, Dupin, comme dit le *Globe*, ne hait pas être d'accord avec le ministère; pétri d'ailleurs d'une forte couche de vanité, il voudra peut-être faire passer au premier rang la loi dont il est rapporteur, et comme il a de l'influence sur une portion du centre gauche, il pourra réussir; ce serait une petite victoire pour le ministère, et un grand sujet d'espoir pour les ennemis de nos libertés, qui, vivant au jour le jour, se verraient encore pour une année maîtres de nos départements.

Ce ministère est décidément d'une absurdité révoltante. Pendant que toute l'Europe s'émeut autour de nous, M. Portalis traite par-dessous la jambe les affaires étrangères, ou plutôt ne les traite même pas, car c'est la chose dont on s'occupe le moins au conseil des ministres. M. de Martignac gasconne et nous retire d'une main ce qu'il semble offrir de l'autre; quant à M. Roy, il est décidément passé au centre droit, et il a le front de venir nous dire que si la consommation a baissé pendant les premiers

1. André-Marie-Jean-Jacques Dupin, dit Dupin aîné (1783-1865), avocat à Paris, bâtonnier, représentant aux Cent-Jours, député (1827-1848), président de la Chambre (1832-1840), procureur général à la Cour de cassation (1830-1852 et 1857-1865), membre de l'Académie française et de l'Académie des sciences morales (1832), membre des deux Assemblées de la seconde République, président de la Législative (1849-1851), sénateur (1857).

mois de cette année, c'est parce que les libéraux réclament contre les impôts et les monopoles. Tout en gérant tant bien que mal les affaires du pays, M. Roy n'oublie pas les siennes. Vous savez que le droit de pêche, dans les rivières navigables, ne peut s'établir que par autorisation du gouvernement ; cependant M. Roy a fait mettre dans le Code fluvial un petit article en faveur des propriétaires qui tiennent, par achat ou autrement, des concessions semblables d'autres propriétaires. M. Roy s'est levé et a soutenu cet article, sous prétexte qu'il rendait possibles des transactions légales et confirmait des droits acquis. Le mot de l'énigme, c'est que M. Roy, seul en France, est propriétaire par transaction avec particuliers de quatorze lieues de pêcheries sur la Marne, fruit de la liquidation des ducs de Bouillon, qui a si fort avancé la fortune du présent ministre [1]; c'est ce qui avait fait dire au *Courrier*, à la grande fureur du *Messager des Chambres*, qu'en faisant si habilement ses affaires, M. Roy devrait songer un peu à celles de la France qui en valent bien la peine.

Vous voyez que tout n'est pas encore fini chez nous ; en attendant, l'Angleterre prend une grande et noble mesure, qui doit réhabiliter un peu son Wellington aux yeux de l'Europe. Vous qui, je crois, connaissez assez bien l'Angleterre, écrivez-moi donc ce que vous pensez de son état intérieur, de son aristocratie territoriale, de la position où sa dette et sa singulière constitution la placeraient aujourd'hui à l'égard de l'Europe, dans le cas très probable où une lutte générale ne tarderait pas à s'engager.

1. Un membre du parti ultra, le baron de Frénilly, a encore plus durement traité le comte Roy dans ses *Souvenirs* (p. 538).

J'ai fait directement demander à M. de Hauranne, par un de ses amis, quelles étaient ses intentions relativement à l'Irlande ; dès que j'aurai une réponse positive, je vous la ferai passer, et je verrai de mon côté si l'on pourrait s'aboucher utilement avec M. de Hauranne ; malheureusement M. Dubois, à qui on m'avait présenté, est maintenant en Allemagne à étudier le régime universitaire de ce pays ; je ne désespère pas cependant de parvenir à voir M. de Hauranne utilement pour vous, et j'y ferai tous mes efforts.

La question de la priorité de la loi départementale a été décidée hier ; vous saurez par quel moyen, quand cette lettre vous parviendra : au grand désappointement de l'Assemblée, l'extrême droite s'est levée avec la gauche et ainsi s'est formée la majorité. Le matin même de cette étrange séance, personne ne soupçonnait les intentions de la droite ; M. Dupont de l'Eure, qui avait longtemps causé des affaires présentes avec un de mes amis, avant de se rendre à la séance, n'y pensait même pas, et était persuadé que l'adjonction du club Agier au côté droit sur cette question ferait pencher la balance en faveur de la loi communale. D'ailleurs, cette combinaison tenue si secrète est facile à expliquer : l'extrême droite veut faire tomber le ministère, parce que de deux choses l'une, ou il sera remplacé par un ministère pris dans ses rangs, et elle espère alors, au moyen de la dissolution de la Chambre actuelle, gouverner encore un peu la France, ou bien le ministère serait choisi à gauche, ce qui est peu vraisemblable, vu les opinions connues du Roi ; alors la droite chercherait à l'entraîner dans des voies exagérées, à le compromettre aux yeux de la partie modérée et un peu tremblotante de la nation, et elle pourrait ainsi reconquérir l'influence qui lui échappe chaque jour. Ce plan tout antinational n'est pas maladroit, et la gauche fera bien de se défier de ses faux alliés et de repousser leur appui. Car une fois qu'ils l'auraient fourvoyée, ils la laisseraient dans l'ornière sans lui tendre la main. Du reste, cela complique encore la situation des affaires et précipitera nécessairement une crise ministérielle. Elle approche, car, quand le congé de M. de la Ferronnays sera expiré, il faudra bien sortir des intérims et lui choisir un successeur. Toutes les chances sont en ce moment entre M. de Chateaubriand, qu'une grande partie du ministère redoute, et M. de Rayneval.

Cornudet vous aura sans doute rendu compte du nouveau livre de M. de Lamennais [1]. Décidément, le clergé catholique a lâché pied. Non seulement il a renié M. de Lamennais, mais M. de Quélen l'a presque anathématisé dans son dernier mandement [2]. Il est effrayant de voir comme le clergé s'abandonne lui-même au moment où tant de dangers l'environnent; on dirait vraiment qu'il n'a plus de foi, qu'il a donné sa démission. Tous les écrits tant soit peu hardis et relevés de ses membres, il les désavoue. Son enseignement est pitoyable; pas une chaire philosophique; de sottes dissertations sur le dogme, si faibles qu'elles prouvent moins que rien; de la morale, pas un mot; de la haute philosophie du christianisme, personne ne s'en doute; il n'y a d'autre différence entre les prédicateurs que celle du plus ou moins de déclamations contre la Révolution et la liberté de la presse; et puis, les uns parlent français, les autres non, et voilà tout. Je ne sais

1. *Du Progrès de la Révolution.* Très violent dans la forme, très théocratique encore d'inspiration, ce livre n'en marquait pas moins une évolution dans les idées de l'auteur.

2. L'archevêque de Paris, dans une lettre pastorale au sujet de la mort du pape Léon XII, avait sévèrement qualifié le nouveau livre de Lamennais, qui riposta par deux brochures en forme de lettres.

vraiment où tout cela nous conduira, et je crois que tous ces bons prélats qui s'en vont dire l'office dans leurs beaux carrosses et nous traitent de Sodomistes et de Gomorrhéens, comme l'évêque de Meaux [1], n'en savent pas davantage, M. de Lamennais doit bien regretter d'avoir compromis son beau talent pour ces gens-là; ils l'appellent hétérodoxe, parce qu'ils ne le comprennent pas, et lui jettent la pierre parce qu'ils ne savent d'autre réponse. Je ne crois pas cependant, quoi que vous puissiez en penser, que l'union entre la philosophie ou la liberté et la religion soit dans ce mysticisme de Schelling [2] que vous nous faites connaître par extraits; faites donc bien attention que ce système, sauf erreur, part d'une base essentiellement fausse, et présuppose la création impossible d'une faculté pure et sans tache dans une nature dégénérée. J'aurais peut-être aussi bien des choses à vous dire sur votre opinion quant à la résurrection des corps, que nous avons assez longuement discutée avec Rourbon [3] et Cornudet; mais je m'arrête, parce que je n'ai plus de place, que ce n'est pas moi qui suis chargé de la partie philosophique, et que dans une correspondance, de même que dans un gouvernement bien établi, il ne faut pas empiéter sur les pouvoirs les uns des autres. Je remets tout cela à votre retour.

Votre bien dévoué, A. D'HERBELOT.

1. Jean-Joseph-Marie-Victoire de Cosnac (1764-1843), grand vicaire de Beauvais avant la Révolution, émigré, curé de Brive-la-Gaillarde après le Concordat, évêque de Meaux en 1819, transféré à l'archevêché de Sens le 19 avril 1830. Il s'agit sans doute d'un mandement contre l'impiété de la jeunesse.

2. Frédéric-Guillaume-Joseph de Schelling (1775-1854), célèbre philosophe allemand.

3. Ce nom peut se lire aussi *Bourbon* : il désigne évidemment un condisciple ou un ami de jeunesse, sur lequel nous n'avons pu nous procurer aucun renseignement.

XV.

6 avril (1829).

Mon cher ami,

Votre longue lettre du 20 mars m'a fait pleinement excuser votre silence dont vous me donnez d'ailleurs un excellent motif. Je ne prétends pas m'inscrire en faux contre vos observations sur le moral des Suédois; je vous avais fait les objections d'Ampère; maintenant j'hésite sur ce point entre ces deux autorités également imposantes et je remets mon jugement définitif à mon premier voyage en Suède, qui ne se fera probablement jamais.

Vous paraissez furieux contre la Chambre des députés et, au fait, elle est bien maigre et a bien petites vues. Mais je ne me sens pas la force de me fâcher autant que vous contre elle. Songez donc que les hommes qui la composent sont la génération de l'empire, des gens qui ont tremblé devant la république ou ont été frappés par elle, puis ont plié douze ans la tête sous le grand empereur; que voulez-vous attendre d'eux, sinon des demi-résolutions, des concessions perpétuelles et de petites colères dans lesquelles les principes et les théories, qu'ils abhorrent, ne jouent que le second rang? La discussion sur la loi départementale est jusqu'à présent mauvaise, faible; elle devrait leur apprendre ce que c'est que les concessions irraisonnées; la commission [1], au lieu de

1. Le rapport sur la loi départementale avait été déposé par le général Sébastiani, mais tout le monde savait qu'il était dû à la plume de Guizot, non encore député.

poser en principe que plus les intérêts à débattre sont de mince importance, plus le cens électoral doit être bas, a été s'écrier qu'il était juste que les hommes qui nomment les députés fussent appelés à nommer leurs conseils de départements ; mais, a-t-on répondu, qu'a de commun la nomination des conseils avec celle des députés? argument qui n'est certes pas bien fort, mais qui eût été absolument impossible à faire si la commission eût déclaré simplement qu'il fallait appeler le plus grand nombre de citoyens possible à l'élection des assemblées provinciales, et en conséquence substitué un cens peu élevé au système des plus imposés ; mais elle a voulu trancher le différend par la moitié, et, comme il arrive toujours en pareil cas, n'a fait le bien qu'à demi, encore à grand'peine. Malgré tout, on pense que la position du côté gauche sur ce point est bonne, car on ne doute guère qu'il fasse passer les amendements de la commission; alors le ministère retirera probablement sa loi et on sera en droit de lui en demander une autre le lendemain matin. Enfin, dans le cas où les amendements ne passeraient pas par la conversion à droite du club Agier, resterait encore la ressource de s'unir avec l'extrême droite pour rejeter la loi, car mieux vaut ne pas en avoir du tout qu'en recevoir une incomplète.

On dit que la majorité du ministère ne serait pas éloignée de faire quelques modifications à son absurde projet; mais la cour s'y oppose de toute sa puissance. Elle craint que si on admet en principe que tous les électeurs à 300 fr. nomment de droit les conseils de départements, on ne soit obligé d'appliquer à Paris cette mesure. Or, elle voit de suite, à cette seule crainte, se relever à ses yeux la farouche Commune, car elle sent bien qu'avec cette admissibilité de tous les patentés à l'élection, son influence serait nulle et que les Schonen [1], les Benjamin Constant et autres viendraient probablement remplacer tous ces bons conseillers actuels, qui épurent les comptes de M. le préfet tout en savourant avec lui le vin de Champagne et la dinde truffée [2]. Le roi est, dit-on, vivement irrité de l'élection du général Clausel [3] dans les Ardennes, pays qu'il n'habite pas et où il n'est connu que par les souvenirs de 1815 [4]. Et au fait, je crois bien qu'il y a aujourd'hui en France une violente tendance démocratique. Ce dernier principe est le seul qui ait de la force et de la vie; la royauté n'est pas populaire, parce qu'on se rappelle toujours le sang de Waterloo et les manquements de foi faits à la France; que d'ailleurs les princes ont le double vice, aux yeux du peuple, de la morgue et de la nullité. La Chambre des pairs n'a ni l'influence de la richesse territoriale, ni celle d'un talent immensément supérieur, ni celle du petit nombre; elle n'est qu'un contrepoids qui ne mettrait que des morceaux de papier et pas d'épée dans la balance. Reste donc la démocratie, avec ses journaux, instruments qui travaillent sans cesse, et le morcel-

1. Augustin-Jean-Marie, baron de Schonen (1782-1849), conseiller-auditeur à Paris (1811), avocat général aux Cent-Jours, conseiller à la cour royale (1819), mêlé aux complots de la charbonnerie, député (1827-1837), procureur général à la Cour des comptes (1830), pair de France (1837).

2. D'après la législation de l'an VIII, qui était encore en vigueur, les membres des conseils municipaux et des conseils généraux étaient nommés par le pouvoir exécutif. C'était d'ailleurs le conseil général de la Seine qui faisait fonctions de conseil municipal de Paris.

3. Bertrand, comte Clausel (1772-1842), neveu d'un conventionnel, sous-lieutenant en 1791, général en 1799, commanda l'armée d'Espagne après la blessure de Marmont aux Arapiles (1812); aux Cent-Jours, il marcha sur Bordeaux qu'occupait la duchesse d'Angoulême, et fut fait pair par Napoléon ; condamné à mort par contumace (1816), amnistié (1820); député (1829-1842); commandant de l'armée d'Afrique (1830), maréchal de France (1831), gouverneur général de l'Algérie (1835-1837).

4. On prétendait que Charles X s'était écrié : « C'est un coup de canon tiré contre les Tuileries ! »

lement des terres allant dans une proportion exorbitante, comme l'attestent des tableaux comparatifs publiés par M. de Rambuteau [1], député de Saône-et-Loire, à propos de la nouvelle loi. Il ne lui manque que la garde nationale pour être maîtresse du pays, et elle l'aura. Toutes ces craintes que je vous exprime sont bien peu arrêtées dans mon esprit, bien incertaines et je puis dire désintéressées, car, placé par ma naissance dans la partie démocratique de la nation, lié d'amitié avec plusieurs de ses membres, j'ai tout à gagner et rien à perdre.... depuis quelques mois, en regardant.... intérieur de la nation, il m'est venu.... je n'avais pas jusqu'alors soupçonnées.... qu'il n'y a guère de dévouement et de foi.... dans notre France; on est bien calculateur, bien.... intérêts matériels et la portion vraiment intelligente de la nation est peu nombreuse, et encore moins [2].... Depuis Lafayette jusqu'à l'abbé de Lamennais, il y a un vide immense, occupé par des gens qui ont peu de foi à la cause qu'ils défendent par habitude ou par calcul. D'ailleurs, comme je vous l'ai dit cent fois, toutes ces choses ne sont que pour moi et mes amis ; au dehors, je suis un vrai patriote, uni de corps et de cœur avec les gens qui vont en avant et sans trop regarder en arrière; cette opinion me semble encore la meilleure; tout m'y rattache, et *je maintiendrai*, comme disent les vieilles devises.

L'assimilation que vous faites encore de votre position à celle de Rio ne vous attirera pas de ma part une nouvelle boutade patriotique. Quand vous serez de retour à

1. Claude-Philibert Barthelot, baron de Rambuteau (1781-1869), chambellan (1809), préfet du Simplon (1811), puis de la Loire (1814), représentant aux Cent-Jours, député (1827-1834), préfet de la Seine (1833-1848), pair de France (1835), membre de l'Académie des beaux-arts (1843).

2. Une large déchirure du papier a occasionné ici une succession de lacunes, à travers lesquelles le sens général se reconstitue aisément.

Paris, nous échangerons l'un avec l'autre ce que nous aurons mutuellement de trop, vous d'aristocratie du noble faubourg, et peut-être de sentimentalité politique, moi de démocratisme et de colère plébéienne ; nous nous replacerons ainsi dans le vrai médium, non timide et flottant, mais ferme et philosophique.

A propos de philosophie, vous vous enfoncez diablement dans le mysticisme, pour un homme qui va rentrer dans les affaires pratiques à l'hiver prochain. Je ne prétends pas réfuter votre système, car vous nous l'envoyez par fragments, sur lesquels nous restons longtemps haletants, sans y comprendre grand'chose. Mais il me semble que cette philosophie allemande élève si fort l'âme, et la détourne si brusquement des intérêts sensibles, qu'elle pourrait trop vous éloigner des idées positives auxquelles il faudra vous arrêter, si vous voulez être quelque chose en France. Prenez garde de vous faire un monde d'idées et d'illusions tellement à part que vous ne puissiez en descendre sur terre sans serrement de cœur. D'ailleurs, je ne crois guère à la vérité d'une philosophie si fière, si peu communicative, et qui est le patrimoine d'un si petit nombre d'individus. Vous m'y convertirez peut-être à votre retour, mais en attendant, je me borne à l'éclectisme, dont je doute encore quelquefois, en cela différent de Cornudet, qui est l'homme des rapports dans toute la force du terme, et traite l'unité simple avec un mépris et une indifférence tout à fait superbes.

J'ai vu avec plaisir que ma profession de foi sur le protestantisme vous avait plu ; oui, j'ai de la foi, pas autant que je voudrais en avoir, mais assez pour comprendre celle des autres et l'admirer, et je me sens un tendre penchant pour les gens qui meurent pour leur cause, bonne ou mauvaise, folle ou raisonnable, depuis les martyrs jusqu'aux quatre sergents de La Rochelle [1]. D'ailleurs, mes idées sont encore bien vagues sur ce sujet, et je n'ai pas encore écrit une ligne. Je compte lire d'abord avec l'attention la plus scrupuleuse tous les écrivains de la fin du xve et du xvie siècle, spécialement en France et en Italie. Puis, quand j'aurai bien étudié l'état moral et intellectuel de la société, j'aborderai les chroniques, les mémoires, les anas, et je verrai la France par le dehors. Peut-être serai-je ainsi préservé de la contagion des faits livrés à eux-mêmes, privés des hautes considérations qui leur donnent la vie, vice si commun de notre temps où l'on fait des histoires dont les habits, les barbes, les bons ou méchants mots des gens que l'on veut peindre sont le principal sujet. Après ces études préparatoires, si [je] m'en sens le talent, le courage et le temps, je verrai à habiller de mon mieux les idées que m'aura suggérées cette grande époque. Il me semble que la Ligue, par exemple, a été bien mal jugée; M. de Lamennais est, à mon avis, le seul qui l'ait entrevue dans son dernier ouvrage. On est généralement parti pour la juger de cette idée mesquine et exclusive qu'elle avait combattu Henri IV, et que, comme Henri est le type des rois, ses adversaires devaient nécessairement être de méchantes gens. Mais que pouvaient augurer des bourgeois de Paris ou de Picardie du caractère de Henri IV, eux qui, depuis François Ier, n'avaient vu que les vices couronnés? Ils étaient las de l'influence courtisanesque, qui depuis le vaincu de Pavie allait grandissant chaque jour, et

1. Raoulx, Bories, Goubin et Pomiers, sergents au 45e de ligne, en garnison à La Rochelle, avaient été en 1822 condamnés à mort et exécutés à Paris pour participation à un complot carbonariste : les *sergents de La Rochelle* furent longtemps vénérés comme des martyrs par le parti libéral, et leur tombe au cimetière Montparnasse recevait encore des couronnes il y a quelques années.

comme le catholicisme était leur seul recours contre les empiétements de la couronne, et à vrai dire la seule sécurité des citoyens, ils l'embrassaient comme leur dernière ancre de salut. D'ailleurs, c'est un beau spectacle que de voir le catholicisme, si longtemps roi du pays, prêt à rentrer dans la condition privée, se débattre et défendre son trône, l'épée à la main, repousser de toute sa force un prince protestant, un jeune homme nourri par les vaincus de Jarnac et de Moncontour. D'ailleurs, on pourrait soutenir peut-être qu'il était alors aussi impopulaire et presque inconstitutionnel d'appeler un protestant au trône qu'il le serait aujourd'hui de faire venir aux Tuileries Mahmoud [1] ou Rechid-Pacha [2]. Tout cela me mènera peut-être à dire bien des choses du jésuitisme et autres matières un peu brûlantes de nos jours ; mais je ne suis pas encore bien sûr de ce que je penserai et dirai sur tout cela : nous en parlerons plus tard.

Je ne veux pas terminer cette lettre sans vous féliciter d'avoir déjà souffert quelque chose pour notre bonne cause ; avoir encouru les reproches de la reine [3], ce n'est pas mal pour un commençant. Je vous dirai cependant que pour le fils d'un ambassadeur, vous agissez un peu en indépendant : vous acceptez des dîners d'opposition comme un déjeuner d'amis. Prenez garde à cela, le faubourg Saint-Germain n'aime pas les banquets, surtout les banquets constitutionnels, et si vous alliez continuer

1. Mahmoud II (1785-1839), sultan des Turcs depuis 1808.

2. Mustapha-Méhémet Rechid-Pacha (1802-1858), homme d'État turc, à plusieurs reprises ambassadeur à Paris, ministre des affaires étrangères et grand-vizir.

3. Bernardine-Eugénie-Désirée Clary (1777-1860), était sœur cadette de Mme Joseph Bonaparte (la reine Julie) : après l'abandon d'un projet de mariage avec Napoléon, elle avait épousé Bernadotte le 30 thermidor an VI (17 août 1798).

à Paris vos débuts de Stockholm, on pourrait bien faire une croix noire sur votre maison et vous appareiller à tous ces coquins de sans-culottes que Dieu punisse.

Sur ce, je vous souhaite le moins d'ennui et le plus prompt retour possible et vais aller me coucher, consolé maintenant pour avoir causé avec vous de n'avoir pu entendre ce soir Mme Malibran [1], dont, pour vous le dire en passant, le talent admirable et presque le génie font les délices de notre grande ville.

Tout à vous.

Alph. D'HERBELOT.

1. Marie-Félicité Garcia (1808-1836), célèbre cantatrice, mariée au banquier Malibran, dont elle continuait à porter le nom après l'annulation de son mariage.

XVI.

Ce 17 avril (1829).

Je vous écris en toute hâte, mon cher Montalembert, et beaucoup plus brièvement que je n'aurais voulu le faire, pour vous soumettre une proposition qui ne souffre pas de délais.

Il se forme dans ce moment à Paris, sous le titre d'*Annales judiciaires et législatives* [1], un journal qui se propose de traiter toutes les grandes questions de législation et d'organisation judiciaire, tant en France qu'à l'étranger, et de donner un résumé philosophique des travaux des assemblées délibérantes dans toute l'Europe. Il sera rédigé par le duc de Broglie [2], MM. Guizot, Decazes, Comte [3], Dunoyer [4], Berville [5], Odilon Barrot [6]

1. Le titre exact de cette publication, qui parut du 16 mai au 28 novembre 1829, était *Annales de législation et de jurisprudence*.

2. Achille-Charles-Léonce-Victor, duc de Broglie (1785-1870), fils du constituant guillotiné sous la Terreur, auditeur (1807), pair de France (1814), l'un des chefs du parti doctrinaire, ministre de l'instruction publique (1830) et des affaires étrangères (1832-1836), membre de l'Assemblée législative (1849), de l'Académie française (1855) et de l'Académie des sciences morales (1866).

3. François-Charles-Louis Comte (1782-1837), avocat, principal rédacteur du *Censeur*, député (1831-1837), membre et premier secrétaire perpétuel (1832) de l'Académie des sciences morales.

4. Charles-Barthélemy-Pierre-Joseph Dunoyer (1786-1862), fondateur du *Censeur*, préfet après 1830, membre de l'Académie des sciences morales (1832), conseiller d'État (1838), administrateur de la Bibliothèque royale (1839).

5. Albin Berville (1788-1868), fils d'un représentant des Cent-Jours, avocat, défenseur de Paul-Louis Courier et de Béranger, avocat général à Paris (1830), député (1838-1848), membre de l'Assemblée constituante (1848), président de chambre à la Cour impériale de Paris sous Napoléon III.

6. Hyacinthe-Camille-Odilon Barrot (1791-1873), fils d'un conventionnel,

et plusieurs autres avocats célèbres. Le rédacteur en chef étant de ma connaissance, je lui ai parlé de vous, de votre position spéciale en Suède ; je lui ai offert, en votre nom et sans vous consulter, votre collaboration. Il a accepté de suite, et je m'empresse de vous transmettre sa demande. Il désirerait avoir un article d'une quinzaine de pages au moins sur la diète suédoise, son mode d'élection, les formalités qui y sont en usage, ses travaux pendant cette session et les principales idées qui l'occupent ; des notions précises sur l'ordre judiciaire en Suède, la hiérarchie de la magistrature, une sorte de statistique du genre d'affaires qui s'y présentent le plus habituellement, en un mot ce que vous aurez de plus complet sur cette matière. Vous pourrez vous étendre comme bon vous semblera. Vous signerez vos articles si cela vous convient ; toutes les notabilités du journal le feront, et il pourrait vous être agréable d'être accolé à M. Guizot et au duc de Broglie. Je n'ai pas besoin de vous dire dans quel esprit sera rédigé le journal, les noms seuls sont une garantie. Je vous prierai seulement de vous mettre le plus tôt possible à la besogne ; vous allez bientôt partir pour l'Irlande, et il serait à désirer que vous fussiez prêt avant de quitter Stockholm. Je serais votre entremetteur, vous m'adresseriez vos articles, et je garderais les numéros du journal, qui vous seront remis dès qu'on sera sûr de votre collaboration, vu que je ne saurais où les envoyer courir après vous en Irlande.

Mandez-moi le plus tôt possible si vous acceptez cette proposition, ce que vous pourriez faire sur la Suède et

avocat à la Cour de cassation, député (1830-1848), préfet de la Seine (1830-1831), membre des deux Assemblées de la seconde république, premier ministre (1848-1849), membre de l'Académie des sciences morales (1855), vice-président du conseil d'État (1872).

peut-être plus tard sur l'administration judiciaire en Irlande, et dites-moi à peu près pour quelle époque on pourrait compter sur votre article.

Je comptais vous parler au long de la position où nous met le retrait des lois municipales [1], et vous dire en même temps quelques mots de mes travaux actuels. Mais, étant fort pressé dans ce moment, je réserverai des détails plus complets pour la semaine prochaine. Je vous dirai, quant à la loi départementale, que la droite a manœuvré bien habilement, et a évidemment remporté la victoire, car c'est elle seule qui a obtenu le véritable prix du combat. Le ministère serait tombé, si l'on savait qui mettre à sa place; mais faute de mieux, on le garde. Quant à la gauche, je crois qu'elle n'a pas agi adroitement; d'ailleurs, sa majorité immuable de cent soixante membres a été assez prudente et énergique tout à la fois. Le tort est, ce me semble, de n'avoir pas laissé au ministère ses conseils d'arrondissement auxquels il tenait tant, et de n'avoir pas réservé toutes ses forces pour l'extension de la franchise électorale. C'était là le seul point important de la loi, celui qui excitait au suprême degré les inquiétudes du ministère et de la cour. La fraction du centre gauche qui s'est séparée de ses collègues sur la question des arrondissements s'y serait réunie sur celle du droit électoral, et le côté gauche aurait pu ainsi effrayer le ministère, en lui présentant une masse compacte capable à elle seule d'admettre ou de rejeter la loi. La fraction

1. Le 8 avril 1829, à la suite du vote par la Chambre d'un article additionnel supprimant les conseils d'arrondissement, Martignac et Portalis avaient, séance tenante, fait signer par le roi une ordonnance retirant les deux projets de loi sur l'organisation communale et départementale. Le vote était dû à l'abstention de la droite, qui avait mis le centre en minorité.

Humann [1], Oberkampf [2] et autres est composée d'hommes honnêtes, un peu timides mais franchement constitutionnels; la preuve en est que malgré les attaques dont elle a été l'objet de la part des hommes et des journaux de l'extrême gauche, elle a fait cause commune avec elle depuis, sur une foule de questions secondaires. Cependant je n'approuve pas, en général, la conduite de ces hommes : ils sont trop prompts à se désunir devant un ennemi qui est compact comme un seul homme, et ne ressent jamais le froissement de ces petites notabilités individuelles qui peuplent la gauche. Je ne vous parlerai guère politique aujourd'hui, car que vous dire? rien à l'intérieur depuis le retrait des lois, rien à l'extérieur; nous sommes comme un vaisseau désemparé au milieu des tempêtes qui menacent d'agiter l'Europe; nous n'avons seulement pas un pauvre pilote; je ne sais s'il en viendra un; on parle toujours de M. de Rayneval.

Je m'occupe beaucoup en ce moment d'études sur le XVIe siècle; je veux connaître à fond l'école italienne philosophique de Machiavel à Paolo Sarpi, et l'école française de Rabelais à Charron, avant de mettre la main au protestantisme. Je vous ai déjà exposé quelques-unes de mes idées sur une tentative de réforme philosophique, dans le mauvais sens du mot, au XVIe siècle. C'est étonnant comme Rabelais me semble ressembler à Voltaire! égale indécision dans les systèmes philosophiques, égale haine pour le catholicisme, même genre d'argumentation : la raillerie. Si l'opinion que j'ai recueillie de la

1. Jean-Georges Humann (1780-1842), négociant à Strasbourg, député (1820-1827 et 1828-1837), ministre des finances (1832-1836 et 1840-1842), pair de France (1837).

2. Emile, baron Oberkampf (1787-1837), fils et successeur du fondateur des manufactures de Jouy, député (1827-1831).

lecture de Rabelais se trouve vérifiée par l'examen attentif des autres écrits du temps, il pourra être curieux de suivre la marche de cette tentative irréligieuse agissant parallèlement à la réforme protestante, et s'en riant, comme l'ont fait Rabelais, Érasme et Montaigne, parce que ces hommes érudits et universitaires étaient effarouchés de l'austérité du jargon barbare des réformateurs. Une autre nuance d'opinion est aussi bien intéressante à suivre dans ses développements : c'est l'opinion politique libérale enfantée par la Réforme, germant spécialement dans le Midi et aux environs de La Rochelle, la Genève de la France. Dans cette école se placent Bodin, je crois, Montaigne, Pasquier, et surtout le déclamateur La Boétie, l'ami cher de Montaigne. Cette école politique s'est dispersée plus tard devant la hache de Richelieu; quant à l'école philosophique, elle me semble s'être scindée en deux parts, l'une qui se réunit au calvinisme (de Bèze, le cardinal de Chatillon, Marot, Érasme jusqu'à un certain point); l'autre, trouvant le calvinisme trop sévère, séparée de lui par les idées morales et politiques, et n'ayant d'ailleurs aucune influence sur les masses populaires, se rejeta dans le catholicisme, au moins par un bout (Charron, Montaigne lui-même). Je m'occupe beaucoup d'Érasme pour le moment; il est plus philosophe et par conséquent moins aigre que Rabelais; je ne le connais pas encore assez pour en porter un jugement définitif.

Pardon de tous ces détails incohérents; faute de temps, je termine ici mon épître que je continuerai la semaine prochaine; prompte réponse pour le journal.

Tout à vous.

Alph. D'HERBELOT.

XVII.

24 avril (1829).

Au moment où cette lettre vous parviendra, vous serez, j'espère, occupé, mon cher ami, à ramasser les documents nécessaires à votre travail. Je songe avec plaisir que cela vous donnera l'occasion de consacrer quelques lignes à ce baron d'Anskarsward qui paraît vous avoir inspiré une si vive estime. Je vous recommande pour la seconde fois des détails sur les formes judiciaires usitées en Suède, si vous pouvez en recueillir de positifs. Tous les détails venus de votre ennuyeux Stockholm et rentrant dans le cadre du journal seront bien accueillis à Paris.

Que vous dirai-je en politique? Rien que des lamentations; je m'indigne comme vous de la conduite de la Chambre, seulement je me l'explique peut-être plus facilement. La gauche proprement dite, à qui l'on a violemment reproché son opposition quelquefois intempestive en 1820, 1821, etc., a tremblé devant ce reproche, et a voulu avant tout ménager le centre gauche pour le réunir à elle. Or, s'il se trouve au centre gauche quelques hommes qui joignent les lumières à la modération, il y en a aussi beaucoup dont l'ignorance ne le cède qu'à la timidité, hommes sans idées arrêtées, gobe-mouches au frac galonné baisant les mains de tout ministre qui leur jette de belles paroles. C'est cette fraction nombreuse qui rend si vacillante la conduite du parti national et lui ôte tout caractère. La question se réduit pour le côté gauche à savoir s'il rompra avec la majorité du centre ou s'il cherchera par mille concessions à obtenir de l'aide de ses alliés quelque bienfait pour le pays. Quand je dis le côté gauche, j'entends cette portion de la Chambre qui, composée, il est vrai, d'éléments hétérogènes et inégalement purs, n'a cessé depuis quinze ans de rompre des lances en faveur de la cause sacrée. Si ces membres se taisent aujourd'hui, c'est qu'ils craignent de compromettre par leur aigreur involontaire le sort des améliorations possibles. Voilà ce qui explique la retraite de M. de Pradt [1], le silence habituel de d'Argenson [2], Devaux [3], Lafayette, Dupont de l'Eure, tous ces vétérans de nos batailles législatives. Quant à Casimir Périer [4], on dit qu'un mal de poitrine l'oblige à renoncer à la tribune. Benjamin Constant ne fait pas, ce me semble, de faibles efforts; mais partisan de l'union avec le centre, il travaille sans cesse à apaiser son parti et ses collègues. Vous êtes, ce me semble, bien sévère avec Dupin : c'est un grand talent auquel il ne manque que de la conscience.

Vous me paraissez aussi avoir bien de l'indulgence pour

1. Dominique-Georges-Frédéric de Fourt de Pradt (1759-1837), grand vicaire de Rouen (1785), député du clergé de Caudebec aux États généraux (1789), émigré, aumônier de Napoléon (1804), évêque de Poitiers (1805), transféré à l'archevêché de Malines sans l'institution du pape (1808), démissionnaire (1815), mêlé au mouvement libéral, élu député en 1827, donna sa démission en 1829 par dépit de ne point jouer un plus grand rôle à la Chambre.

2. Marc-René-Marie, comte de Voyer de Paulmy d'Argenson (1771-1842), marié à Sophie-Rose de Rosen, veuve du prince Charles-Louis-Victor de Broglie, fut préfet des Deux-Nèthes (1809-1813), représentant aux Cent-Jours, député de l'extrême gauche (1815-1824, 1828-1829, 1830-1834).

3. Augustin-Marie, baron Devaux (1769-1838), procureur syndic du district de Châteauroux, député aux Cinq-Cents (1796), avocat à Bourges, député (1819-1837), conseiller d'État (1830).

4. Casimir-Pierre Périer (1777-1832), banquier à Paris, député (1817-1832), président de la Chambre (1831), président du conseil (1831-1832). Sa réserve pendant les sessions de 1828 et 1829 frappa en effet les contemporains.

l'extrême droite, les Conny [1], les La Boulaye [2]. Sans doute, je conçois ce qu'il y a de noble et de généreux dans leur attachement routinier pour le trône et l'autel, dont ils comprennent si mal la position ; mais que signifient leurs doctrines ? où diable nous mèneraient-elles ? En supposant qu'elles ne soient pas aussi fausses que je le pense, elles n'en sont pas moins contraires à l'opinion publique ; elles ne pourraient triompher qu'en froissant la majorité des Français, en remplaçant l'ordre légal, cette expression si chère au *Messager des Chambres*, par cette administration à la Miguel [3], que souhaite si fort la *Quotidienne*. Ces hommes sont d'un autre temps que nous ; laissons-les mourir, quitte à voir après ce qu'il conviendra de faire.

Je dévoue le ministère aux dieux infernaux ; il est cent fois plus niais et tend à devenir plus malfaisant encore que Villèle et ses laquais à portefeuille. Ce Martignac passe les bornes ; depuis sa dernière équipée, il est devenu de *melliflu* insolent ; on devrait le huer, un beau jour, avec son éloquence gasconne. M. Roy, vrai homme d'argent, demande des impôts, toujours des impôts, sans savoir si on peut les payer ; tout ce qui sort de ses mains, monopole, loi sur les boissons, loi des comptes, est entaché d'une fiscalité odieuse. Quant à Portalis, pour vous donner une idée de la célérité avec laquelle nos affaires

1. Jean-Louis-Eléonor-Félix, vicomte de Conny de la Fay (1776-1850), sous-préfet de la Palisse en 1815, avait tenté de s'opposer à la marche de Napoléon ; maître des requêtes (1816), député (1827-1830).

2. Jean-Baptiste-Antoine-Georgette Dubuisson, vicomte de la Boulaye, député (1827-1830), secrétaire général de la maison du roi.

3. Dom Marie-Évariste-Miguel (1802-1866), troisième fils du roi Jean VI de Portugal, chef du parti absolutiste, après avoir trois fois conspiré contre son père, venait de détrôner sa nièce dona Maria, dont il était le tuteur et le fiancé ; il devait être vaincu et chassé du Portugal en 1834. Il était alors exalté en France par la presse ultra, et honni dans les milieux libéraux.

étrangères doivent être menées, je vous dirai que depuis deux mois un projet sur les juges-auditeurs a été rédigé par M. Bourdeau et que M. Portalis n'a pu trouver encore le temps d'y apposer sa signature. Ces pygmées tremblent toujours devant l'idée de s'adjoindre un ministre des affaires étrangères un peu plus haut qu'eux; ils font comme ces gens qui, ayant des crevasses à leur maison, n'osent pas la réparer, dans la crainte qu'au premier coup de marteau tout l'édifice ne tombe en ruines. Je ne sais qui nous en débarrassera, mais vraiment ils nous donnent bien l'air du royaume de Lilliput. On dit qu'ils trouvent obstacle de la part de toute la famille royale; ils devraient bien lui apprendre à comprendre quelque chose à nos affaires et la distraire un peu des souvenirs à la Louis XIV.

Un député, M. Énouf, de la Manche [1], me citait, il y a quelques jours, un fait assez curieux; je ne sais si vous le jugerez possible. Le roi, dit-il, a une sorte de livre noir où sont consignés les noms des individus qui, soit avant, soit depuis la Restauration, ont manifesté des sentiments suspects de démocratisme et d'impérialisme. Toute place demandée par ces individus ou en leur nom est refusée par le roi sans autre motif. Au nombre de ces proscrits figurent Lafayette, Dupont de l'Eure, etc., etc., et beaucoup d'obscurs provinciaux qui ne se doutent [pas] que le roi leur fait l'honneur de les haïr. Plusieurs faits, que l'on m'a cités, viennent à l'appui de ce dire; on dit même que les ministres n'en font pas mystère à leurs affidés. Cela prouverait que Charles X n'oublie pas les injures du comte d'Artois.

Je laisse là la politique qui jusqu'au budget ne nous

1. Paul-Marie-Victor Énouf (1783-1845), député (1827-1842).

offrira, je présume, rien d'intéressant. Du moins, la mauvaise discussion sur la dotation des pairs nous a révélé un intrépide et savant défenseur, M. de Cormenin [1], bien que je ne sois pas de son avis sur l'hérédité, car je ne vois pas de milieu entre la pairie héréditaire et la pairie confiée à l'élection des citoyens. Il y aurait trop d'inconvénients à permettre au roi de nommer des pairs à temps; et remettre leur choix à l'élection populaire, serait presser encore le cours du torrent démocratique; je crois qu'il vaut encore mieux nous en tenir à ce que nous avons.

Vous me querellez d'attaquer aussi votre mysticisme; je crains, il est vrai, qu'il ne vous entraîne trop loin, car je n'en vois que bien confusément la portée, et ne l'entrevoyant que par fragments dans les lettres que vous écrivez à Cornudet et à Bonnier [2], il m'est assez difficile de le saisir dans son ensemble. Vous me paraissez cependant avoir de temps en temps de furieux élans sensualistes; mais j'attends, pour vous juger, le moment de votre retour; je vous engage d'ailleurs à vous occuper un peu plus de Grattan et un peu moins de Schelling. Quant à la résurrection des corps, sur laquelle vous me demandez des objections, je vous dirai d'abord que si elle n'est pas nettement exprimée dans l'Évangile, ce que je ne me rappelle pas pour le moment, c'est déjà une première raison pour ne pas y croire, car tout ce qui est hors de l'Évangile et peut-être quelques passages de ce

1. Louis-Marie de Lahaye, vicomte de Cormenin (1788-1868), auditeur (1810), maître des requêtes (1815), député (1828-1848), membre de la Constituante de 1848 et principal auteur de la Constitution, conseiller d'État (1849), membre de l'Académie des sciences morales (1855).

2. Édouard-Louis-Joseph Bonnier (1808-?), professeur suppléant à la Faculté de droit de Paris (1839), titulaire (1844), gendre du célèbre professeur Ortolan.

livre lui-même ont été remaniés par l'Église et les conciles, de telle sorte que je n'y ajoute qu'une demi-confiance. En second lieu, ce dogme me paraît : 1° inutile, car à quoi bon récompenser le corps, la béatitude de l'âme ne suffit-elle pas ? 2° impossible, car comment me figurer Dieu s'occupant après tant de siècles de retrouver et de réunir ces fragments de poussière qui ont concouru à la reproduction de tant d'êtres divers, et se sont dissous tant de fois? Ce ne sont pas nos corps que nous reprendrons, mais des corps *ad libitum* qu'on nous donnera, et alors ce ne seront plus nos corps qui seront rémunérés. D'ailleurs que ferons-nous là-haut de ces corps? Quelle jouissance donner à la matière, quelque épurée qu'elle soit, sinon des jouissances matérielles, et alors nous rentrons un peu dans le paradis de Mahomet. Enfin cette distribution solennelle de corps me semble rabaisser la grandeur de notre foi, et y mêler des idées grossières et matérielles à la sublimité du dogme de l'immortalité de l'âme. Je sais que je combats ici un point de foi, bien arrêté par l'Église ; mais d'où vient-il, a-t-il une date certaine, et comme quelques autres croyances dont je vous parlerai peut-être quelque jour, n'est-il pas originaire des écoles d'Alexandrie, où je crois, à vous parler franchement, que le christianisme primitif a été repris en sous-œuvre, organisé et peut-être altéré? Je voudrais bien savoir ce que disaient de quelques-uns de ces dogmes qui nous occupent aujourd'hui Jamblique, Porphyre et autres qui les avaient vus prendre naissance à Alexandrie, et dont on a brûlé les ouvrages ; je regrette aussi les lumières qu'auraient pu apporter sur quelques points ces évangiles apocryphes que l'on a eu grand soin de faire disparaître, et dont on trouve encore des fragments dans les Pères d'Orient, surtout cet évangile de saint Thomas qui fut, dit-on, longtemps prêché dans l'Éthiopie, devenue chrétienne.

La place me manque, je coupe court à la discussion et réserve pour une autre fois quelques idées sur Érasme, dont je voulais vous faire part. Je ne vous renouvelle pas l'assurance de ma bien sincère affection.

Tout à vous.

Alph. D'HERBELOT.

XVIII.

8 mai (1829).

Je vais encore vous donner des commissions et vous poser des questions, mon cher Montalembert, mais je compte sur votre complaisance pour excuser mon importunité. Je m'occupe de faire pour les *Annales législatives* quelques articles sur l'enseignement du droit en France, et pour cela je m'entoure de documents empruntés à la pratique des universités étrangères. Si vous savez quelque chose sur l'enseignement de cette science en Suède, le mode d'examen (est-ce par thèses ou simples interrogations comme en France), la nature familière ou non des rapports qui unissent les maîtres aux élèves, vous m'obligeriez de me transmettre ces détails ; de même pour les faits relatifs aux universités anglaises qui pourraient vous être connus.

Je vous recommande en même temps de prendre quelques informations sur l'état de la mendicité en Suède, les moyens choisis pour obvier à cette plaie, qui va grandissant chaque jour en France, grâce à l'incurie de nos administrateurs. Je ferai assez probablement un travail sur ce sujet pour la Société de morale chrétienne [1], et,

1. Cette association, beaucoup plus philanthropique que religieuse, avec une nuance marquée de libéralisme, groupait, sous la direction des ducs de Liancourt et de Broglie, « ce qu'il y avait dans la haute bourgeoisie parisienne de plus actif et de plus distingué » (Cf. Montalivet, *Fragments et Souvenirs*, t. I, p. 32-36).

quand vous passerez par l'Angleterre, je vous demanderai des documents sur la taxe des pauvres et le mode, que l'on dit abusif, de perception et de distribution de cet impôt. On compte toujours sur votre collaboration pour les *Annales législatives;* j'ajouterai à la liste des questions déjà contenues dans mes lettres, qu'on serait assez curieux de connaître les débats et la procédure dans une affaire grave à une cour criminelle de Suède. Je me hâte de vous faire mes demandes, car quand cette lettre vous parviendra, vous n'aurez probablement guère plus d'un mois à passer à Stockholm.

Vous paraissez bien furieux contre notre Chambre, et vous avez raison ; seulement, vous devriez remonter plus haut et adresser vos plaintes aux électeurs; ils auraient dû prévoir ce qui est arrivé, car que vouliez-vous faire d'une Chambre dont la majorité a servi alternativement les gouvernements les plus contraires, et, de toute cette fantasmagorie politique, n'a rapporté qu'un invincible dégoût pour les principes et les théories? Cependant les électeurs persistent dans leur rage à ne donner leur voix qu'à des généraux ou à des préfets de l'Empire, Clausel ou Charles Lameth [1]; il est vrai que ce dernier a été constituant, mais il est bien vieux, bien usé, et il avait un bien honorable concurrent, Dunoyer, l'ancien rédacteur du *Censeur*, qui, avec son ami Comte, eut la gloire de défendre les principes d'une sage liberté, quand tout en France ne songeait qu'à Napoléon Ier ou II, ou bien à la

1. Charles-Malo-François, comte de Lameth (1757-1832), neveu du maréchal de Broglie, colonel des cuirassiers du roi en 1789, député de la noblesse d'Artois aux États généraux, émigré après le 10 août, reprit du service en 1809. Il venait d'être élu député de Pontoise après le décès de son frère Alexandre, mais c'est ce dernier qui avait été préfet de Napoléon, et non Charles de Lameth ; d'Herbelot commet ici une confusion.

réaction imitée de Trestaillons [1]. Dans une réunion préparatoire à Pontoise, Dunoyer n'a eu que trois voix, ce qui peut vous laisser juger des dispositions des électeurs. Dans ce moment-ci, on applaudit beaucoup à la mesure prise par la Chambre contre M. de Peyronnet [2]; mardi dernier on en battait des mains chez M. de Lafayette. Mais d'abord je ne sais si cet amendement est bien légal, si l'on peut ainsi, par délibérations législatives, saisir les tribunaux d'une accusation et d'une poursuite que nos lois semblent réserver exclusivement à la Chambre des pairs; cela ressemble un peu à ces décrets de la Convention qui renvoyaient au tribunal révolutionnaire les fournisseurs auxquels elle voulait faire rendre gorge; ce n'est pas que j'assimile notre bonasse et bourgeoise représentation au terrible et tout sanglant colosse de 1792 : mais je veux seulement dire que nos représentants dans cette affaire, comme à leur ordinaire, n'ont pas vu bien au juste où ils nous conduisaient avec cette boutade d'énergie. Remarquez d'ailleurs que toutes les fois qu'il s'agit du dernier ministère ou des jésuites, la Chambre se prononce machinalement dans un sens assez vigoureux; c'est instinct chez elle et habitude de s'adresser toujours aux hommes plutôt qu'aux choses; mais quand il faut établir une doctrine pour l'avenir, prendre une résolution

1. Jacques Dupont, surnommé *Trestaillons*, avait été en 1815 le plus sinistre chef de la Terreur blanche à Nîmes; la justice royale l'avait arrêté, mais personne n'avait osé déposer contre lui (H. Houssaye, *1815*, t. III, p. 472).

2. Il s'agissait de la fameuse « salle à manger de M. de Peyronnet », que l'ancien garde des sceaux avait fait aménager à la chancellerie sans demander préalablement des crédits; la Chambre, en mai 1829, enjoignit au ministre des finances d'intenter une action judiciaire en indemnité contre Peyronnet, et ne vota le crédit supplémentaire qu'à cette condition. Il n'y avait là au fond qu'une très petite irrégularité, grossie par la passion politique.

propre à servir de précédent, combattre l'impôt autrement que par de mesquines et partielles économies, alors, adieu tout espoir d'amélioration, la majorité se brise; M. Agier suit de l'œil, avec son régiment, les mouvements de M. de Neuville, M. Humann se rapproche de M. Roy, et on obtient soixante-sept voix indépendantes, comme le jour du monopole [1].

Quant au ministère, on ne peut rien imaginer de plus misérable; le voilà qui se recrute de M. de Laval [2], bègue, sourd, myope et de plus bête à ravir; ce sont du moins les bruits publics; on ajoute que le premier portefeuille vacant sera donné à un pensionnaire des Quinze-Vingts. Vraiment, c'est se moquer de la nation et s'exposer aux huées de l'Europe. Et avec tout cela, notre situation financière devient réellement inquiétante. Les manufactures sont dans un état de décadence effrayant, faute de débouchés, d'encouragement du gouvernement qui ne s'occupe de rien; le pain est très cher, sans qu'on songe à y remédier, et cependant cet état de choses donne lieu à des troubles du caractère le plus grave qui éclatent à la fois dans l'Indre, la Sarthe, l'Ille-et-Vilaine et la Nièvre. Si une fois des inquiétudes sérieuses se répandent parmi

1. Un vif débat s'était engagé dans les séances des 17 et 20 mars (1829) sur le projet de loi du gouvernement prorogeant le monopole des tabacs du 1er janvier 1831 au 1er janvier 1837. De nombreux amendements proposèrent, les uns le remplacement du monopole par une taxe sur le tabac, les autres une durée moins longue de la prorogation. Le ministère réunit 253 voix contre 67 boules noires.

2. Anne-Pierre-Adrien de Montmorency, duc de Laval (1768-1837), émigré, pair de France par droit héréditaire (1820), ambassadeur à Madrid (1820), à Rome (1822), à Vienne (1828), à Londres (1829), refusa le serment après la révolution de 1830. C'était, quoi qu'en dise d'Herbelot, un des hommes les plus spirituels de son temps, et il le prouva alors en refusant le ministère des affaires étrangères, quoique l'ordonnance fût signée; mais bègue et presque aveugle, il ne se révélait que dans l'intimité et surtout dans la correspondance; ses lettres à Mme Récamier sont charmantes.

le peuple, si d'autre part le gouvernement se séparait violemment de la gauche, tout cela pourrait brouiller un peu les cartes et compromettre notre repos. En attendant, le ministère agit comme s'il avait retrouvé en France les mines d'or du Potosi, demande chaque année de nouveaux impôts, sans songer si on pourra les payer, et, ne se trouvant pas encore suffisamment défrayé, contracte des engagements et vient quêter un bill d'indemnité pour ses crédits supplémentaires. Il est effrayant de penser qu'avec plus d'un milliard d'impôts, nous sommes dans une incapacité absolue de faire tête seulement à la Prusse, si venait un orage; nous n'avons pas 200,000 hommes présents sous les drapeaux; notre cavalerie a un tiers de chevaux de moins que ne le veulent les règlements, et notre matériel d'artillerie aurait besoin de nombreux suppléments ; nous n'avons ni réserve, ni gardes nationales, aucune institution qui puisse nous fournir cinquante recrues instantanément, en cas de guerre. Aussi n'est-il pas étonnant que nous tirions la révérence à toute l'Europe, et que nous quittions la Morée d'après les avertissements aigres-doux de l'Angleterre, quoi qu'en dise ce bon M. de Neuville, vrai paladin de la gloire française, qui s'amuse chaque séance à mettre en mauvaise prose les couplets de vaudevilles sur nos guerriers et nos lauriers. Il n'y manque que la rime pour en faire une ronde finale à Franconi [1].

Martignac vient de faire fermer les prisons aux membres du Comité de morale chrétienne dans les provinces; les demandes d'amélioration l'ennuient, et c'est un bon moyen de faire taire les gens que de les mettre à la porte. Il se rejette sur ce que ce soin est, dit-il, confié à la Société

1. Antoine Franconi (1738-1836), d'abord saltimbanque et prestidigitateur, fondateur du *Cirque Olympique*, théâtre équestre célèbre pour ses scènes patriotiques.

royale des prisons; celle-là convient beaucoup mieux au ministre, car ses membres, hauts et puissants personnages, craindraient de se salir en passant par un guichet, et ne remplissent leurs fonctions qu'une fois l'an, quand le dauphin tient séance pour recevoir les rapports officiels. Il y a encore forte trace de Corbière [1] dans ce ministère de l'intérieur, qui, avec un si beau rôle à jouer en temps de paix, se réduit à.... d'une misérable machine à règlements et à ordonnances. Dieu nous envoie un administrateur véritable! ce serait le premier depuis la Restauration.

Vous verrez dans les journaux les détails de la séance d'hier, dans laquelle Benjamin Constant me semble s'être lavé avec talent du reproche d'avoir servi les Cent-Jours. Voilà plusieurs jours de suite qu'il fait merveille contre le côté droit, et ce dernier ne sera peut-être plus tenté de ressasser perpétuellement ses accusations ridicules contre des hommes qui, à tout prendre et quelles qu'aient pu être leurs erreurs momentanées, ont toujours été dévoués à la cause du pays. Accuser Lafayette d'avoir voulu pour roi un prince étranger, cela est par trop absurde; ce sont de ces choses qu'on ne devrait dire que les pièces en main; le noble vieillard a bravement et spirituellement répondu : « Ma foi, entre tous ces étrangers, j'aurais été bien embarrassé de choisir. » Vous voyez que j'ai un certain penchant pour le général Lafayette, non que je le regarde comme un grand et profond politique, mais c'est un beau nom, qui nous rappelle le printemps de notre liberté, et ces premiers jours de la Constituante où notre ciel était

1. Jacques-Joseph-Guillaume-François-Pierre, comte de Corbière (1766-1853), avocat à Rennes, député aux Cinq-Cents (1797), marié à la veuve du constituant Le Chapelier, député (1815-1827), doyen de la Faculté de droit de Rennes (1817), ministre de l'intérieur (1821-1827), pair de France (1827).

d'azur et sans nuages; et puis cet homme n'a jamais reculé d'un pas dans la défense de la cause; il l'a soutenue en Amérique comme à la barre de la Convention, à Olmutz et à Paris; c'est un monument vénérable, seul reste de tant d'illustration et de vertus qui se produisirent comme par enchantement en 1789 [1].

Il paraît que le séjour de Stockholm ne devient pas plus amusant avec la fin des gelées; quoi, vous vous endormez sur Grattan et Schelling? prenez bien garde, quand vous serez à Paris, que Ducauroy [2] et Rogron [3] n'aient sur vous une influence autrement soporifique. L'étude du droit, enseignée comme elle l'est en France, n'est nullement attrayante : pas un principe, pas une théorie sérieuse dans les ouvrages les plus estimés, Toullier [4] ou autres; ignorance complète des législations étrangères; notre Code regardé comme l'arche sainte, la loi des lois, devenu le fondement de toute discussion, sans qu'il soit permis de remonter plus haut. Vous serez dégoûté bien souvent des argumentations barbares ou des subtilités puériles qu'on vous donnera comme des explications fortes et ingénieuses, surtout de ce Code de procédure dont tant de dispositions ne servent qu'à rendre la justice lente et coûteuse. Quant à notre Code pénal, il est misérable,

1. La Fayette écarta en 1829, par une riposte spirituelle, une accusation embarrassante : mais il n'en est pas moins à peu près certain qu'après Waterloo, envoyé en mission auprès des alliés par la commission de gouvernement, il déclara qu'un prince étranger serait préférable aux Bourbons (Pasquier, *Mémoires*, t. III, p. 277).

2. Adolphe-Marie Ducauroy de la Croix (1788-1850), professeur de droit romain à la Faculté de Paris.

3. Joseph-Adrien Rogron (1793-1871), avocat au conseil d'État, puis secrétaire du parquet de la Cour de cassation.

4. Charles-Bonaventure-Marie Toullier (1752-1835), agrégé à la Faculté de droit de Rennes avant la Révolution, professeur et doyen à la Faculté de la même ville en 1809, destitué du décanat par la Restauration. Son *Droit civil français* a longtemps été classique.

digne d'aller de pair avec les sénatus-consultes de l'époque et ces décrets venus de Berlin ou de Madrid, qui confisquaient au profit du pouvoir les propriétés particulières et traitaient tout le monde en pays conquis. Il y a bien des choses à faire chez nous en législation ; mais la précipitation gâterait tout, et d'ailleurs, avec une Chambre aussi peu éclairée que la nôtre et un ministère qui n'a pas la confiance de la nation, il serait impossible d'obtenir des réformes vraiment utiles. La fondation d'un journal de droit, consacré à discuter toutes les grandes questions, pourra servir puissamment la réforme judiciaire ; pourvu toutefois qu'il obtienne quelque succès dans notre public, encore bien frivole et peu habitué aux études fortes, quoi qu'en dise le *Constitutionnel*.

A propos du *Constitutionnel*, vous avez vu son affaire avec la *Quotidienne ?* Les accusations de ce journal et de l'*Album*, au sujet de la souscription Foy [1], étaient bien fondées, quoique le *Constitutionnel* ait eu l'esprit de se mettre à couvert. D'ailleurs, ce Berryer [2] a été d'une insolence révoltante, il a exploité le scandale comme l'aurait fait Hébert ou Chaumette ; c'est un homme méprisable en tous points, honni au palais pour sa corruption et qui ne vaut pas mieux que ses clients, ce Janin [3] par

1. Après la mort du général Foy (1825), l'un des orateurs les plus populaires de l'opposition libérale, une souscription nationale, ouverte au profit de sa veuve et de ses enfants, avait produit plus d'un million : la presse royaliste avait dénoncé à ce propos certains faits d'indélicatesse, et il en était résulté un procès en diffamation.

2. Pierre-Antoine Berryer, dit d'abord Berryer fils (1790-1868), avocat à Paris, député (1830 et 1834-1848), membre des deux Assemblées de la seconde république, député au Corps législatif (1863-1868), bâtonnier (1852-1854), membre de l'Académie française (1852).

3. Jules-Gabriel Janin (1804-1874), après s'être en effet partagé entre le *Figaro* et la *Quotidienne*, passa au *Journal des Débats* à la fin de 1829 et y fit le feuilleton dramatique à partir de 1831. Membre de l'Académie française à la fin de sa vie (1873), ce critique aimable et superficiel ne devait guère justifier les anathèmes d'Alphonse d'Herbelot.

exemple, l'un des rédacteurs du journal Laurentie [1], qui alternativement et moyennant finances vante les libéraux dans le *Figaro* et les royalistes dans la *Quotidienne*.

Adieu, mon cher ami, mandez-moi donc un de ces jours le moment précis de votre départ de Stockholm et le moyen de correspondre ultérieurement avec vous, quand vous n'y serez plus.

Tout à vous. Alph. d'Herbelot.

1. Pierre-Sébastien Laurentie (1793-1876), inspecteur général de l'Université (1822), destitué en 1826 pour avoir combattu le cabinet Villèle dans son journal ultra-royaliste la *Quotidienne*, plus tard principal rédacteur de l'*Union*. Le « journal Laurentie » désigne ici la *Quotidienne*.

XIX.

18 mai (1829).

Je vous réponds immédiatement au reçu de votre lettre, mon cher Montalembert, un peu brièvement aussi, parce qu'étant fort pressé pour mon travail sur l'enseignement du droit, je suis obligé de m'en occuper presque exclusivement. Et moi aussi, j'aurais bien voulu pouvoir débuter dans une arène choisie et limitée pour nous, mais la chose est impossible; si vous saviez quelle peine, quels frais énormes il faut pour établir un journal de quelque importance, vous reculeriez d'effroi. C'est une chose à laquelle il ne faut pas penser, à moins qu'on ne rencontre quelque honnête capitaliste qui veuille prêter 2 ou 300,000 fr. à fonds perdus pendant au moins deux ans. En attendant, quand on veut commencer de bonne heure sa carrière politique, il faut prendre la nuance qui vous convient le mieux; voilà pourquoi je suis aujourd'hui élaborant des articles pour nos *Annales de législation*, et un résumé de la session pour le *Courrier français* [1].

Je réponds maintenant à vos questions. 1° Vous pouvez [donner] deux ou trois articles de bonne dimension sur la diète; on désirerait surtout un exposé de la manière de procéder, de discuter dans cette assemblée, quelle est l'influence du ministère, des commissions nommées par les Chambres, de l'opposition, et quels sont ses éléments;

1. Sans doute l'article *De la situation de la France*, publié dans le *Courrier français* du 29 mai 1829 sous les initiales A. D.

en quoi elle est différenciée des assemblées norwégiennes; peu ou point de fragments de discours; un aperçu des principales questions qui se sont présentées; quelque chose aussi des croyances politiques des différents partis. Quant au style, il est tout à fait à votre disposition.

Pour la partie judiciaire, si vous pouvez avoir des renseignements, on désirerait savoir comment s'administre la justice civile et criminelle, s'il y a plusieurs degrés de juridiction, quelle est leur importance relative, si la procédure est longue, coûteuse, si les crimes sont fréquents, s'ils sont plus nombreux contre les personnes ou contre les propriétés.

Le plus tôt que vous pourrez m'envoyer vos articles sera le meilleur, car vous savez que c'est surtout à sa naissance qu'un journal a besoin d'être vivement soutenu. Le nôtre a commencé à paraître le 15 de ce mois, et pour l'instant il n'y a pas grand'chose à espérer des pairs et des députés qui ont promis leur collaboration, car ces Messieurs sont au milieu des embarras de la session et ne s'occupent guère d'autre chose. Les rédacteurs ordinaires sont MM. Comte, Ch. Lucas [1], de Jussieu [2], Odilon Barrot, Barthe [3], Dupin, Berville et presque tout le barreau de cassation.

M. Rio est revenu de Bretagne où l'avaient appelé des

1. Charles-Jean-Marie Lucas (1808-1889), avocat, très adonné aux questions pénitentiaires, inspecteur général des prisons (1830), membre de l'Académie des sciences morales (1836).

2. Christophe-Alexis-Adrien de Jussieu (1802-1865), de la famille des célèbres naturalistes, avocat, rédacteur au *Courrier*, préfet après 1830, directeur de la police générale (1837), député (1837-1839), archiviste de la Charente sous le second Empire.

3. Félix Barthe (1795-1863), avocat, affilié à la charbonnerie, député (1830-1834), ministre de l'instruction publique (1830), de la justice (1831-1834 et 1837-1839), pair de France (1834), premier président de la Cour des comptes (1834-1837; 1839-1848; 1849-1863), sénateur (1852).

affaires de famille. Je l'ai vu hier et vais ce soir avec lui à l'Opéra allemand. Je l'ai trouvé persistant dans sa tendance vers la droite ; il paraît fortement effrayé des intentions du côté gauche ; il me semble cependant que ces libéraux si redoutables sont bien timides et bien anodins, et que, si on a un reproche à leur faire, ce n'est pas de casser les vitres ; que diraient donc la Cour et le faubourg Saint-Germain, si nos Chambres, comme celle des Pays-Bas, suppliaient Sa Majesté de prendre le budget en considération ultérieure ! c'est pour le coup qu'on crierait à la Révolution, à Danton et à Robespierre.

Je vous enverrai par le courrier de samedi, ou au plus tard de mercredi prochain, une lettre détaillée sur les affaires du moment ; elles sont toujours bien nulles et bien insignifiantes, précisément à la hauteur de M. Portalis [1].

Adieu, mon cher ami, je vous recommande toujours les renseignements que je vous avais demandés ; voilà d'ailleurs le moment qui approche où nous n'aurons plus besoin de recourir à la correspondance.

Je suis, de grand cœur, votre bien dévoué.

Alph. d'Herbelot.

1. A la suite du refus du duc de Laval, une ordonnance du 14 mai 1829 venait de transférer définitivement Portalis aux affaires étrangères et de nommer Bourdeau garde des sceaux.

XX.

24 mai (1829).

Immédiatement après le reçu de votre lettre, mon cher ami, je me mets en devoir de vous répondre, et dans une dimension convenable. On attend toujours avec empressement vos travaux aux *Annales de jurisprudence;* je les reverrai, comme vous me le dites, quoique je n'aie pas la prétention d'y rien retoucher; le style sera toujours convenable, d'autant plus qu'il régnera dans ce journal la plus grande liberté possible; il y aura des benthamistes à côté de gens de l'école de Kant, et la discussion sera probablement admise.

Le travail que je fais dans ce moment sur les universités, quant à l'enseignement du droit, m'a fait laisser de côté mes travaux sur le XVIe siècle; je les reprendrai dès que j'en aurai le temps. Je sais que Mignet traite le même sujet, mais beaucoup plus en grand que moi; il serait donc peut-être possible, dans quelques années, d'arriver avec une histoire complète et consciencieuse de la Réforme, en France seulement, histoire qui serait précédée d'un tableau détaillé de ce mouvement philosophique du XVIe siècle, parallèle à la Réforme, et qui ne s'est que partiellement résolu en elle, car si Érasme touche de bien près à Luther et semble, sur certains points, lui prêter main-forte, à l'abri toutefois de quelques restrictions de pure bienséance, il n'est rien qui s'écarte plus du grave et passionné mouvement de l'Allemagne que le sarcasme voltairien de Rabelais et le calme mou et épicurien de Montaigne. Je reviendrai plus tard là-dessus. Dans ce moment, l'enseignement de la jurisprudence en France et à l'étranger m'absorbe tout entier et me prend tous les moments que me laisse l'étude positive du droit. J'ai fait connaissance, ces jours-ci, avec un Danois bien distingué, le chevalier Broendsted [1], chargé d'affaires de Danemark à Rome, qui publie, dans ce moment, de magnifiques travaux sur la Grèce, qu'il a parcourue pendant quatre ans. Il m'a donné quelques renseignements sur les universités de Kiel et de Copenhague, et m'en a promis de beaucoup plus complets de la part d'un certain comte de Moltke [2], secrétaire de la légation à Vienne, qui est, dit-il, fort instruit de ces matières, et à qui il me présentera. Je me recommande toujours à vous pour l'université d'Upsal; si ma lettre arrive encore à temps et que vous ne soyez pas encore en route pour l'Irlande, je vous pose les questions suivantes : L'enseignement du droit romain est-il fort à Upsal? Y suit-on la méthode historique et archéologique de MM. Hugo [3] et de Savigny [4] en Allemagne? Y fait-on des cours de droit public, de droit *a priori*, c'est-à-dire de législation en général, indépendamment des formes qu'elle a pu recevoir en Angleterre, en France, etc., etc.? Y a-t-il un cours de méthodologie ou

1. Peter-Olaf, chevalier Broendsted (1780-1842), professeur de philologie à l'Université de Copenhague (1813), agent diplomatique à Rome (1819-1832). (Renseignements communiqués par M. Johannes Jörgensen.)

2. Adam-Gottlob, comte de Moltke-Hvitfeld (1798-1876), secrétaire de légation à Paris et à Vienne, maréchal de cour du prince Christian (1833-1842), ambassadeur à Naples (1846), membre de la première Chambre (1859-1866) (*Idem*).

3. Gustave Hugo (1764-1844), professeur de droit à l'Université de Gœttingue.

4. Frédéric-Charles de Savigny (1779-1861), jurisconsulte allemand, professeur à l'Université de Berlin, ministre de la justice de Prusse (1842-1848).

d'encyclopédie du droit, c'est-à-dire un cours systématique de la liaison qui unit les différentes branches de la science entre elles? On fait cette espèce de cours avec grand succès en Allemagne et dans les Pays-Bas, et ce serait une bien excellente amélioration à introduire en France. Enfin, l'enseignement du droit y est-il libre, c'est-à-dire les professeurs sont-ils assujettis, comme à Paris, à une chaire et à une matière spéciale qu'ils ressassent pendant quarante ans, ou bien peuvent-ils faire des cours sur telle branche de la science qu'il leur plairait? Je vous demande bien pardon de vous assommer de ces questions, mais je profite du court séjour qui vous reste à faire en Suède pour vous adresser mes dernières commissions. A propos, je vous recommande de faire droit à la demande d'un recueil de Sagas que Rio a dû vous adresser dans sa dernière lettre.

Je suis bien désolé de ne vous avoir rien mandé sur Duvergier de Hauranne, mais il vit maintenant à la campagne et Ampère n'a pu le rejoindre. Il ne pense pas d'ailleurs qu'il s'occupe d'une histoire d'Irlande. Il est riche, vise à la députation et pas à autre chose. D'ailleurs, quand vous serez à Paris, il sera plus facile de vous mettre en relation directe avec lui. En attendant, je ne vous conseille pas du tout de renoncer à vos travaux sur l'Irlande; seulement, comme la question n'est plus aujourd'hui à l'ordre du jour, prenez plus de temps, afin de donner un ouvrage complet; vous aurez toujours l'honneur d'avoir le premier fait connaître un pays bien curieux, sur lequel on n'a généralement que de vagues documents et des opinions ridicules. Que la Suède ne vous fasse pas oublier l'Irlande; il me semble que vous vous acoquinez graduellement en Suède et que vous finissez par ne pas vous y trouver si mal; je vous en fais bien mon compliment, car je ne crains pas d'ailleurs que votre patrie momentanée vous fasse oublier et la France et vos bons amis de Paris.

Quant à la partie politique, vous sentez que notre dignité à l'extérieur, confiée aux hautes lumières de M. Portalis, doit gagner considérablement, et que nous ne pouvons manquer avec cela d'arriver insensiblement à la haute influence du roi de Bavière. On parle de nommer encore ce misérable ministre premier président de la Cour de cassation [1]; il ne manquerait plus que de le faire évêque et maréchal de France, et de le présenter ainsi à l'Europe comme la plus haute capacité du pays. On dit aussi qu'on va bombarder Alger, je ne sais trop par où. Je ne le crois pas, d'ailleurs, car comment ferions-nous la guerre à qui que ce soit, nous qui n'avons pas 200,000 hommes et sommes chaque année obligés de recourir aux emprunts et aux expédients?

A l'intérieur, nous sommes toujours dans la même position : la Chambre des pairs a trouvé un bon moyen de ne pas faire de scandale avec la loi sur la dotation; elle l'a votée sans discussion. La Chambre des députés est toujours aussi niaise. Cependant Dupin fait vraiment merveilles; depuis un mois, il n'a pas fait une improvisation qui n'ait établi un bon principe ou corrigé une grave erreur; si cet homme-là n'était pas aussi insolent et aussi peu sûr, ce serait le meilleur chef que pût suivre le côté gauche; il grandit chaque jour dans l'opinion et justifie pleinement la prédiction de M. Royer-Collard, qui, dès l'année dernière, ne doutait pas que Dupin ne devînt l'oracle de la Chambre. Vous avez vu, à propos de la péti-

1. Cette première présidence, vacante par la mort de Henrion de Pensey, était en effet promise à Portalis, qui n'avait consenti qu'à cette condition à quitter les sceaux pour les affaires étrangères.

tion Lorière [1], le plaisant mode de discussion adopté par le côté droit : ne pouvant faire taire ses adversaires par de bonnes raisons, il les réduit au silence à force de crier lui-même. Vraiment la *Quotidienne* a bien droit de dire que notre Chambre donne la comédie; mais elle ne rirait pas tant, elle et ses amis, si cette Chambre, une fois fidèle à ses devoirs, rognait fortement le budget sur lequel vivent les trois quarts du côté droit, hommes, femmes, enfants, jusqu'aux cousins au douzième degré. Malheureusement, la commission ne paraît pas de cette humeur. Une singulière habitude s'est introduite parmi un assez grand nombre de membres du centre gauche, et M. Humann s'y est livré tout entier; c'est d'établir les maximes les plus saines, les plus raisonnables d'économie politique, prêcher les réformes, les améliorations dans le préambule du rapport, et puis, arrivé aux chiffres, les maintenir sans la plus légère réduction. Car, qu'est-ce que cinq millions d'économie sur un budget comme le nôtre? un véritable attrape-nigauds; d'autant plus qu'avec ce système on ne retranche pas une dépense inutile; seulement on rogne à droite et à gauche, et à tort et à travers, quelques milliers de francs; encore le ministère, ayant la ressource des crédits supplémentaires, peut ainsi rendre illusoires toutes les mesures de la Chambre. La plaie du pays, c'est la bureaucratie, c'est là où il faudrait trancher dans le vif, et on aurait ainsi de réelles économies, en obligeant le ministère à sonder lui-même ses plaies et à administrer au meilleur marché possible. Ce n'est pas, à vous dire le vrai, que je trouve que la France paie beaucoup trop d'impôts : seulement son argent est mal em-

1. Simon Lorière était un officier réformé qui demandait sa réintégration avec rappel de solde. La Chambre avait renvoyé la pétition au ministre, mais sans vouloir entendre le général Lamarque.

ployé, gaspillé d'une manière absurde, et cependant notre agriculture manque d'encouragements, nos routes sont mal entretenues, notre état de guerre est déplorable; il n'y a que notre marine qui ait un peu gagné depuis quelque temps. N'allons pas la compromettre à Alger [1]!

J'ai vu avec plaisir que vous aviez été content du discours de M. de Cormenin; mais vous employez à son égard une expression sur laquelle il faut que je vous fasse quelques observations. *Son courage*, dites-vous, *est admirable.* Franchement, est-ce que vous trouvez de notre temps un grand courage à faire de l'opposition, de l'opposition constitutionnelle à la tribune ou dans les journaux? Quelles chances court un opposant? aucune d'abord que celle d'arriver au pouvoir et à la popularité, s'il ne tient pas de place du gouvernement; et s'il est fonctionnaire, il est vrai qu'il peut être destitué, mais alors il fait des journaux et des brochures, gagne de l'argent, acquiert un nom plus ou moins cher au pays, selon qu'il a plus ou moins de talent, et puis, si sa cause triomphe, il rentre triomphant dans les affaires. Voyez Salvandy [2], ce qu'il a gagné à être indépendant. Que M. de Cormenin eût été destitué, c'eût peut-être été pour lui un coup de fortune. Je crois donc qu'il y a de nos jours peu de vrai courage à parler hardiment pour sa cause, précisément parce qu'on ne fait que parler, qu'il n'y a pas d'inquiétudes sérieuses

1. Autant par souvenir de l'échec de Charles-Quint que par suite de ce déplorable état d'esprit, qui chez nous pousse les oppositions à décrier systématiquement toutes les entreprises de politique extérieure, le parti libéral déconseillait fort l'expédition d'Alger et pronostiquait un désastre.

2. Narcisse-Achille, comte de Salvandy (1795-1856), garde d'honneur en 1813, publiciste, maître des requêtes (1818), destitué (1821), conseiller d'État (1828), démissionnaire à l'avènement du cabinet Polignac (1829), député (1830-1831 et 1833-1848), ministre de l'instruction publique (1837-1839 et 1845-1848), membre de l'Académie française (1835), ambassadeur à Madrid (1841) et à Turin (1843).

à avoir pour soi, sa fortune, son avenir, le tout sauf quelques glorieuses exceptions qui ne font que confirmer la règle. Je suis ennuyé, à vous dire vrai, d'entendre le *Constitutionnel* et la *Gazette* vanter à l'envi le courage de M. Étienne [1] et de M. de Conny, de M. Laffitte [2] et de M. de Mayrinhac [3]. Certes il fallait de l'énergie pour avoir une opinion à soi, et hautement la défendre, quand l'opposition se faisait par l'épée, quand un novateur avait en face de lui la proscription et les bûchers. Mais aujourd'hui où le bourreau est remplacé par le payeur chargé de vous rayer de la liste des salariés, aujourd'hui où l'on peut calculer ce que l'on gagnera à siéger au côté gauche, et faire de tout cela une affaire de commerce, l'opposant ne m'inspire pas une bien vive admiration ; si c'est un homme consciencieux, il a droit à mon estime; à mon enthousiasme, non. Depuis la Restauration, je ne me suis senti épris d'une sincère admiration que pour trois courages : La Bédoyère [4], Manuel (un seul jour) [5] et les

1. Charles-Guillaume Étienne (1777-1845), publiciste et auteur dramatique, rédacteur imposé au *Journal de l'Empire*, membre de l'Institut (1811), exclu (1816), réélu par l'Académie française (1828), député (1820-1824 et 1827-1839), pair de France (1839).

2. Jacques, chevalier Laffitte (1767-1844), fils d'un charpentier de Bayonne, employé, puis associé du banquier Perregaux, gouverneur de la Banque (1814), représentant aux Cent-Jours, député (1816-1824, 1827-1837, 1838-1844), président de la Chambre (août 1830), président du conseil (novembre 1830-mars 1831).

3. Jean-Jacques-Félix Sirieys de Mayrinhac (1775-1831), député (1815-1816 et 1820-1830), conseiller d'État et directeur des haras (1824), avait vu ses fonctions supprimées par un vote de la Chambre (1828); il devait être directeur du personnel au ministère de l'intérieur sous le ministère Polignac.

4. Charles-Angélique-François Huchet, comte de la Bédoyère (1786-1815), colonel en 1812, marié en 1813 à Mlle de Chastellux, conduisit en mars 1815 son régiment au-devant de Napoléon, qui le fit coup sur coup général, aide de camp, divisionnaire et pair; fusillé le 19 août 1815.

5. Il s'agit sans doute de cette séance de février 1823, où Manuel tint tête à la moitié de la Chambre qui voulait l'empêcher de parler.

quatre sergents de La Rochelle, que je confonds sous un titre unique, tant ils furent un de courage, de gravité, de silence tout romain ; ils ont pu se tromper, mais honneur à qui se trompe comme cela ! J'exciterais des clameurs si j'énonçais idée pareille dans bien des maisons, mais je vous le dis à vous, qui êtes susceptible de dévouement, chose inconnue dans l'an de grâce 1829, et qui faites peu de cas, je pense, de l'héroïsme qui se résout en harangues de tribune et en colonnes de journal. Je voudrais bien voir seulement par curiosité, par caprice d'artiste et d'observateur, comme on dit au *Globe*, un mouvement quelconque en France, politique ou religieux. Je ne sais pourquoi j'ai idée qu'il se ferait beaucoup de brochures, ce qui est fort bon sans doute, mais que les armuriers ne gagneraient pas grand'chose. Est-ce un mal, est-ce un bien? Est-ce un mal d'avoir un si haut respect pour sa vie et celle des autres ? Non, sans doute ; mais est-ce un bien d'en arriver à ce point d'éclectisme et de tolérance que toutes les opinions ne vous paraissent pas valoir un coup de sabre et une goutte de sang ? Je ne sais vraiment qu'en penser. Car j'avoue que la manie guerroyante et la discussion brutale et sanglante du moyen âge me fait souvent horreur et pitié ; et d'un autre côté, le calme plat d'Athènes, après Démosthène et Phocion, m'inspire peu d'amour. C'était d'ailleurs, sans doute, une belle vie : il y avait là de bons spectacles, meilleurs peut-être que ceux que nous avons maintenant à Paris, de grands dîners, de jolies femmes qui faisaient l'ornement de fort jolies fêtes; mais où a-t-on été avec tout cela, et où irons-nous avec notre civilisation un peu taillée à ce modèle? L'avenir le sait. Pardon de tout ce dévergondage d'idées qui n'est que bien incertain dans mon esprit; je ne l'avouerai pas devant tout le monde, devant Rio, par exemple, qui veut me soutenir que nous en sommes déjà au Bas-Empire, que la liberté de la presse use les peuples, et que sa sale et grossière Bretagne, où on ne lit pas de journaux ni rien que ce soit, a une immense valeur morale. Je le combats à outrance, tout en songeant parfois qu'il n'a pas complètement tort. Ce n'est ni la liberté de la presse, ni celle des cultes, ni rien qui soit la liberté qui me tourmente; c'est le défaut absolu de croyances politiques autant que religieuses, c'est cette incertitude qui m'obsède moi-même si souvent, quoique je me cuirasse contre elle, et ce vague éclectisme, cette rage d'atermoiements qui accommode tout, explique tout, unit ce qu'il y a de plus opposé. Je crois que là-dessus vous avez à peu près les mêmes opinions que moi; nous en causerons cet hiver ensemble avec Cornudet, qui d'ailleurs est éclectique déterminé. Et cependant nous crierons bien haut sur les toits, moi du moins, que tout est au mieux, que la raison humaine fait chaque jour des progrès, comme la fabrication à vapeur, enfin l'hymne de convention, le couplet de facture pour l'ordre légal. Et ainsi faisant, nous aurons d'ailleurs à peu près raison, car ce que nous avons de plus sûr à faire, c'est de nous trouver bien de ce que nous sommes, de la liberté pratique, de la vie monotone et aride, mais négativement heureuse, dont nous jouissons, et de nous fier à l'avenir.

Vous voyez que je laisse de côté vos idées philosophiques; je ne vous en avais parlé que par hasard et pour faire comme M. Viennet [1] ou M. Charles Dupin [2], mettre

1. Jean-Pons-Guillaume Viennet (1777-1868), fils d'un conventionnel, poète et publiciste, député (1828-1837), membre de l'Académie française (1831), pair de France (1839), grand maître du rit écossais de la franc-maçonnerie.

2. Pierre-Charles-François, baron Dupin (1784-1873), frère de l'avocat, reçu premier à l'École polytechnique (1801), ingénieur de la marine, membre de l'Académie des sciences (1818), député (1827-1837), ministre de la marine dans le ministère des trois jours (1834), pair de France (1837), membre des deux Assemblées de la seconde république, sénateur (1852).

aussi mon mot dans la discussion générale : aujourd'hui qu'elle est close, je vous promets de ne pas la ranimer.

Voudriez-vous par hasard que je vous fisse envoyer les premiers numéros des *Annales législatives?* C'est que pendant votre voyage en Irlande, on ne saurait où vous adresser les suivants ; je les conserverai chez moi jusqu'à nouvel ordre, et je vous les remettrai à votre retour.

Je vous réitère ma recommandation pour les Sagas de Rio et mon université d'Upsal, et j'attends avec bien de l'impatience le moment où nous pourrons deviser à notre aise de toutes ces grandes et fécondes questions que je soulève dans mes lettres, et sur lesquelles nous nous accorderons peut-être assez bien, car je fais de grands progrès en philosophie rêveuse.

Votre bien dévoué,

Alph. D'HERBELOT.

XXI.

29 mai (1829).

Mon cher ami,

Je suis allé hier au *Courrier*, avec un avocat à la Cour de cassation de mes amis, pour leur faire la proposition du baron d'Anskarsward. Cette proposition a été acceptée, mais pas avec tout l'empressement auquel je m'attendais. « Je suis, » nous a dit le rédacteur en chef, « très persuadé du talent de M. d'Anskarsward, mais la Suède est peu intéressante pour nous, sa diète n'est qu'un amas de formalités oiseuses qui ne mènent à rien. Je désirerais que M. d'Anskarsward ne nous envoyât guère d'articles que tous les quinze jours. Nous ne pouvons d'ailleurs nous engager à les insérer que s'ils sont bons et présentent quelque intérêt de rapprochement avec notre position à nous-mêmes. D'ailleurs, dès que M. d'Anskarsward aura envoyé un article (qu'on annoncera à l'avance en le nommant, s'il le permet), M. de Kératry [1] se mettra en relation directe avec lui, et on lui enverra directement le *Courrier*. »

J'espérais, je vous l'avouerai, que le *Courrier* recevrait avec plus d'enthousiasme cette proposition qui me semblait si flatteuse. Mais, ne connaissant le talent de M. d'Anskarsward que par moi-même qui ne le connais guère, ces Messieurs ont dû nécessairement être plus réservés, les affaires de Suède ne nous concernant pas

1. Auguste-Hilarion, comte de Kératry (1769-1859), conseiller de préfecture (1814), député (1818-1824 et 1827-1837), l'un des fondateurs du *Courrier*, conseiller d'État (1830), pair de France (1837), doyen d'âge de la Législative (1849).

d'ailleurs spécialement. Mais si les articles de ce député répondent à la haute idée que vous m'avez donnée de son éloquence et de son courage, ils seront accueillis avec une bien sincère reconnaissance. Je puis vous assurer qu'il n'existe au *Courrier* aucune prévention, aucune opinion formée sur la Suède, et que les documents authentiques venant de ce pays n'auront point à lutter contre la vanité de M. de Pradt ou de tout autre. Je vous préviens au surplus que M. d'Anskarsward ne doit pas se gêner pour donner quelques détails spéciaux sur la Suède, qui ne trouveraient peut-être pas de place au *Courrier;* dans ce cas, nous ferions insérer cette partie plus domestique de ses communications dans le *Globe* ou les *Annales législatives*. J'en ai parlé à quelques amis qui m'ont promis de donner aux lettres de ce citoyen distingué toute la publicité possible, et qui chercheront à resserrer autant que possible les liens de sa correspondance avec la France.

Je viens d'apprendre par Cornudet que vous partiez décidément pour l'Irlande au commencement de juillet; vous vous informerez des moyens d'entretenir avec vous une correspondance qui m'est si précieuse. Vous allez parcourir l'Irlande dans un bien beau moment, vous y verrez l'effet produit aujourd'hui par la mesure de l'émancipation, et si la candidature de M. O'Connell dans le comté de Clare n'est pas trop prochaine, vous vous trouverez peut-être là au moment de l'élection. Je vous conseillerais bien de hâter votre départ de quelques jours si cela pouvait vous mettre à même d'assister à cette scène pittoresque. Ce sont là de ces spectacles qu'on ne voit qu'une fois en sa vie.

Je vous écrirai la semaine prochaine pour continuer notre bulletin politique.

Tout à vous. Alph. d'Herbelot.

XXII.

5 juin (1829).

J'espère, mon cher ami, que ma dernière n'aura pas détourné de ses projets M. d'Anskarsward et surtout n'aura pas réagi par contre-coup sur les vôtres ; j'attends toujours votre travail.

Il paraît que, pour le moment, cette pauvre Irlande est un peu mise de côté ; vous allez, en la parcourant, vous retremper dans votre amour pour elle, et votre voyage nous vaudra sans doute un bon ouvrage de plus. Vous allez peut-être voir l'Angleterre dans un grand déploiement de forces, car il paraît que les cartes se mêlent dans la Méditerranée, et il est peu probable que l'empereur Nicolas chante cette année le *Te Deum* à Sainte-Sophie. Au fait, je vois avec plaisir le lion ottoman qui se relève et menace de faire payer cher à la Russie sa verve conquérante. Aujourd'hui que la question grecque est à peu près hors de tout débat, puisqu'on tient pour certain que Mahmoud a fait effacer la Morée du nombre des pachalicks, je commence à faire des vœux pour le Croissant. D'ailleurs, j'aime Mahmoud et son sauvage génie, et sa tête de fer ; et puis j'ai grand'peur de la Russie, de cette vaste domination s'étendant jusqu'au Bosphore et venant prendre l'Europe à revers par l'Albanie. Car une fois maîtresse de Constantinople, la Russie aurait la Grèce et toutes les populations de ces parages, et en face de cette immense puissance, l'Europe est si divisée, la France si faible, s'étayant sur Martignac et Portalis !

Nous sommes probablement ici au moment d'une crise ministérielle ; tous les germes de décomposition travaillent notre gouvernement. Il est évident que M. Portalis n'a que l'intérim des affaires étrangères, et voilà MM. de Polignac et de Chateaubriand en présence pour se le disputer ; ce dernier cabale, dit-on, à qui mieux mieux : il a été faire visite à Dubois du *Globe*, pour se concilier la faveur de son journal. Bourdeau essaie du libéralisme et prétend faire nommer M. Dupont de l'Eure à la présidence vacante d'Orléans. D'autre part M. Roy, furieux d'avoir perdu sa haute réputation financière, tourmenté par la Cour des comptes à propos de l'affaire Crassous [1], que vous avez lue sans doute dans le *Courrier*, menace de se retirer. Quant à Martignac, il se jette de plus en plus à droite, comme le prouve son dernier discours ; il est probable qu'il est un des puissants promoteurs des poursuites dirigées contre le *Courrier* au sujet de l'article de Rabbe [2] sur le *Sacre* de M. Gérard [3], article où l'on ne menace pas tant une phrase irrévérencieuse contre le catholicisme qu'une satire vive et assez éloquente de la Cour [4] ; on ne sait trop comment cela finira.

1. Jean-François-Paulin Crassous (1768-1829), neveu d'un conventionnel, littérateur, conseiller référendaire à la Cour des comptes depuis 1807, avait eu avec le premier président Barbé-Marbois des démêlés à la suite desquels une décision royale du 24 mai 1829 l'avait suspendu de ses fonctions pour un an. Il se présenta pourtant à la cour le 1er juin, escorté de sa femme, sous prétexte de réclamer des papiers, et eut une altercation scandaleuse avec le concierge et l'un des présidents de chambre.

2. Alphonse Rabbe (1786-1830), employé dans l'administration militaire, puis avocat et publiciste.

3. François-Pascal-Simon, baron Gérard (1770-1837), le célèbre peintre, membre de l'Institut (1812).

4. L'article, signé R. et intitulé *Tableau du Sacre, par M. Gérard*, avait paru dans le *Courrier* du 29 mai 1829. Le thème, développé de la façon la plus lourdement impertinente, était que le talent du peintre avait été dérouté par un sujet de commande. On motiva les poursuites sur une phrase donnant à entendre que le catholicisme pourrait un jour ne plus avoir d'adeptes en France.

Deux avis sont ouverts à ce sujet : beaucoup de membres de la gauche pensent que nous sommes incessamment menacés d'un ministère royaliste ; on parle de coups d'État, d'intrusion violente d'une centaine de députés dans le Corps législatif ; vous avez vu des craintes de cette nature exprimées dans plusieurs discours prononcés à l'occasion du budget, entre autres dans une assez vive péroraison de M. Jars [1]. Je ne crois pas à un coup d'État, il n'y a pas à la cour un homme qui ait assez d'énergie et d'influence sur le soldat pour monter à cheval et faire le petit Bonaparte. Je pencherais plutôt vers une opinion partagée par plusieurs membres du centre gauche, et que me communiquait ces jours-ci un d'entre eux, M. Chastellier, du Gard [2]. Ils supposent qu'un ministère centre droit, dans la latitude de Ravez à Martignac, pourrait vivre quelque temps avec la Chambre actuelle, en ne proposant pas de loi politique, mais seulement quelques statuts d'intérêts locaux et commerciaux, puis enfin un budget pas trop enflé que la majorité actuelle n'aura jamais l'énergie de refuser. Il y a deux ou trois jours, le conseil de laisser de côté les lois politiques a été donné au ministère par un de ses agents, le directeur général de Boisbertrand, que les huées du côté gauche ont obligé de quitter un moment la tribune [3]. C'est l'opinion favorite d'une partie du centre droit. D'ailleurs, les journaux royalistes lèvent la tête assez haut ; la *Gazette* ne trouve plus de termes pour exprimer ses fureurs ; vous la voyez s'attaquer maintenant à tous nos théâtres, poursuivre la

1. Antoine-Gabriel Jars (1774-1857), fait maire de Lyon par Napoléon aux Cent-Jours, député (1827-1842).

2. Marie-Joachim-Isidore de Chastellier (1775-1861), officier de marine, maire de Nîmes (1827), député (1827-1837), pair de France (1841).

3. Ce qui était le plus grave, c'est que Boisbertrand avait tenu ce langage dans la discussion du budget, non comme député, mais comme commissaire du gouvernement.

démagogie dans *Marino Faliero* [1], et le républicanisme dans la *Bohémienne* [2] du Gymnase, où je n'ai vu, je vous assure, qu'une assez sotte pièce, et une délicieuse actrice, Léontine Fay [3].

A côté de ces terreurs exagérées se forment des espérances également outrées : on parle de M. de Chateaubriand chef du ministère, avec Mollien [4], Decazes, Sébastiani [5], etc. On a été jusqu'à prononcer le nom de M. Laffitte, dont le dernier discours a produit une assez vive impression. Je crois, dans l'état actuel des choses, cette combinaison la plus invraisemblable de toutes ; le roi n'y consentirait pas. Vous connaissez sa naïveté avec M. Pas de Beaulieu [6] ; celle-là en a rappelé une autre qui la vaut bien. Lors de la discussion sur la loi départementale, M. Donatien de Sesmaisons [7], gendre, je crois, de

1. Drame de Casimir Delavigne, représenté à la Porte-Saint-Martin.

2. Comédie de Scribe.

3. Léontine Fay, dame Joly, dite Volnys (1811-?), avait débuté à l'âge de *cinq* ans et était au Gymnase depuis 1824 ; elle épousa en 1829 l'acteur Charles Joly, dit Volnys, et joua à plusieurs reprises au Théâtre-Français, sans parvenir au sociétariat.

4. François-Nicolas, comte Mollien (1758-1850), premier commis au contrôle général sous l'ancien régime, directeur de la caisse d'amortissement après brumaire, ministre du Trésor (1806-1814), pair des Cent-Jours, pair de France (1819).

5. Horace-François-Bastien Sébastiani, comte de la Porta (1772-1851), sous-lieutenant en 1789, général de brigade (1803), divisionnaire (1805), ambassadeur à Constantinople (1806), représentant aux Cent-Jours, député (1819-1824 et 1826-1844), ministre de la marine (1830) et des affaires étrangères (1831-1832), ambassadeur à Londres (1835), maréchal de France (1840).

6. Jean-Baptiste-Pierre, baron Pas de Beaulieu (1787-1858), lieutenant-colonel, député (1827-1830). Le *Courrier des Électeurs* du 25 mai 1829 venait de raconter que dans une audience accordée au bureau de la Chambre, Charles X avait demandé à Pas de Beaulieu, alors secrétaire, quelle était la dépense mensuelle d'un député à Paris. Sur la réponse que 500 fr. étaient strictement suffisants, le roi aurait repris : « Vous êtes trop modeste, monsieur, il faut au moins 1,000 fr. ; je le sais, car il est quelques députés à qui j'accorde cette somme et qui se plaignent. » (On sait que le mandat législatif était alors gratuit.)

7. Claude-Louis-Gabriel-Donatien, comte de Sesmaisons (1781-1842),

M. Dambray [1], fut, avec M. Delalot [2], le seul qui défendit la loi. Le soir du jour où il avait parlé, le roi dit à M. Dambray : « De quoi diable s'avisait Donatien d'aller parler pour cette loi! » Vous voyez avec quelle bonne foi elle nous était offerte.

L'indécision de la Chambre, qui va croissant chaque jour, donne un fondement à tous les bruits divers qui courent les salons. Il n'y a plus à s'y reconnaître : M. Méchin [3] parle pour le ministère, Sosthènes [4] comme le côté gauche; Bertin de Vaux [5] singe Benjamin Constant; c'est la confusion des langues. En attendant, ils se querellent comme des enfants, et se font de véritables niches; avant-hier, le côté gauche a empêché de parler M. Boisbertrand; hier, le côté droit en a fait autant pour M. Ch. Dupin; c'est un nouveau mode de discussion qui donne la suprématie aux basses-tailles, et ne peut manquer de réussir avec MM. d'Anthès [6], Pé-

colonel (1816), maréchal de camp (1821), député (1827-1830), admis à la Chambre des pairs en septembre 1830, par succession de son beau-père Dambray, en exécution d'une ordonnance du 23 décembre 1823.

1. Charles-Henri, vicomte Dambray (1760-1829), avocat général au Parlement de Paris et gendre du garde des sceaux Barentin, élu aux Cinq-Cents et non acceptant (1796), chancelier de France (1814).

2. Charles-François-Louis, vicomte Delalot (1772-1842), participa à l'insurrection de vendémiaire an IV, député (1820-1824 et 1827-1830), rédigea l'adresse qui fit tomber le second ministère Richelieu (1821) et fut un des plus actifs *défectionnaires* de droite contre le ministère Villèle.

3. Alexandre-Edme, baron Méchin (1772-1849), proscrit après le 31 mai comme partisan des Girondins, préfet de plusieurs départements sous Napoléon, député (1819-1831), conseiller d'État (1831).

4. Louis-François-Sosthènes, vicomte de la Rochefoucauld, puis duc de Doudeauville (1785-1864), aide de camp du général Dessolles (1814), député (1815-1816 et 1827-1830), directeur des beaux-arts (1824-1827), maréchal de camp (1825).

5. Louis-François Bertin de Vaux (1771-1842), fondateur des *Débats* avec son frère Bertin l'aîné, secrétaire général de la police (1815), député (1820-1821 et 1824-1832), conseiller d'État (1822-1824 et 1828-1829), pair de France (1832).

6. Joseph-Conrad, baron d'Anthès (1773-1852), député (1824-1830), siégeait à l'extrême droite, n'abordait jamais la tribune, mais interrompait avec une telle véhémence qu'on l'avait surnommé le *général de la clôture*.

tou [1], comte de Lobau [2], etc. Cette session va finir pitoyablement en queue de poisson; en attendant, voilà la Chambre des pairs qui se disperse à l'approche des beaux jours, et va voter le budget à la campagne. En vérité, on finirait par douter, avec tout cela, de l'efficacité du gouvernement représentatif. Il y a d'ailleurs beaucoup de mécontentement dans les provinces, et le recouvrement des impôts y souffre quelques difficultés : raison de plus pour que la cour n'ose rien faire, le temps est trop à l'orage.

Cornudet me dit qu'il vous envoie de temps en temps quelques-unes des productions les plus remarquables de la nouvelle école; un jour que vous n'aurez rien de mieux à faire, écrivez-moi donc ce que vous en pensez, si vous aimez Hugo, de Vigny [3] et autres; après les querelles politiques, ce sont les débats entre les classiques et les romantiques qui préoccupent le plus nos têtes parisiennes, car, en province, on en est encore au *Constitutionnel* et à la *Parthénope* [4] de M. Delavigne [5]; on repousse Lamartine [6] comme royaliste ou inintelligible, vu qu'il n'a pas fait encore de *Méditation* sur les métiers à tisser et les machines à vapeur. Savez-vous que vous allez être terriblement arriéré en arrivant à Paris? Quand vous entrerez dans un salon, vous ferez bien d'écrire sur

1. Georges-Paul Pétou (1772-1849), fabricant à Louviers, député (1824-1837), siégeait au centre gauche et se passionnait contre le « parti prêtre. »

2. Georges Mouton, comte de Lobau (1770-1838), volontaire de 1792, général de brigade (1804), divisionnaire (1807), exilé (1815-1818), député (1828-1831), maréchal de France (1831), pair de France (1833).

3. Alfred-Victor, comte de Vigny (1797-1863), membre de l'Académie française en 1845.

4. *Parthénope et l'Étrangère* était une *Messénienne* publiée en 1822 et bourrée d'allusions à la révolution napolitaine.

5. Casimir Delavigne (1793-1843), poète lyrique et dramatique, membre de l'Académie française (1825).

6. Marie-Louis-Alphonse de Lamartine (1791-1869).

votre chapeau que vous revenez de Stockholm, car sans cela, qu'auriez-vous à répondre à ceux qui vous parleraient de Mérimée [1] et de sa *Chronique*, de Sainte-Beuve et de ce pauvre Ludovic Vitet [2], qui se console tant bien que mal, avec Henri III et sa cour, des rigueurs de Mme Malibran? Cependant, si vous lisez le *Globe*, vous pourrez parler à peu près de tout cela, et vous serez au pair avec cette multitude de gens qui, avec beaucoup moins de bonnes raisons que vous, parlent de tous ces livres sans les avoir ouverts.

Si vous aviez le temps de me répondre, je vous demanderais ce que vous pensez de l'article de Rabbe, dont la mise en accusation va probablement soulever de nouvelles tempêtes. Mais quand cette lettre arrivera, vous ferez vos paquets pour Dublin, et je n'ose plus vous agacer d'interrogations.

Si, quand vous passerez à Londres, il vous tombait sous la main quelques détails sur l'université libre fondée dans cette ville sous le patronage de MM. Brougham [3], Mackintosh [4].... [5], vous seriez bien aimable de les retenir et de m'en faire part. Je serais curieux de savoir si et

1. Prosper Mérimée (1803-1870) venait de publier sa *Chronique du règne de Charles IX*. Il devait être inspecteur des monuments historiques, membre de l'Académie française (1844). de l'Académie des inscriptions (1845), et sénateur (1853).

2. Louis dit Ludovic Vitet (1802-1873) venait de publier la *Mort de Henri III*, qui complétait une série de scènes dramatiques sur la Ligue. Plus tard, il fut inspecteur des monuments historiques, membre de la Chambre des députés (1834-1848), de l'Assemblée législative de 1849, de l'Assemblée de 1871, de l'Académie des inscriptions (1839), de l'Académie française (1845).

3. Henri, lord Brougham (1779-1868), avocat et homme politique, entré à la Chambre des communes en 1810, chancelier d'Angleterre en 1831 dans le cabinet libéral de lord Grey.

4. Sir James Mackintosh (1765-1832), jurisconsulte et homme politique, député aux Communes depuis 1812.

5. Ces points de suspension sont dans l'original.

par quels moyens cet essai a réussi. Nous sommes si pauvres en éducation que nous avons besoin de demander des leçons à toute l'Europe.

Je vous écrirai encore une fois avant votre départ de Stockholm, qui a lieu, je crois, irrévocablement, à la fin de ce mois; j'espère avoir quelque chose de plus précis à vous mander sur notre état politique, dont le bulletin doit vous sembler bien fastidieux, à force de se ressembler toujours à soi-même; le présent est si ridicule, qu'un peu de nouveauté ne ferait pas mal, ne fût-ce que pour notre amusement.

Votre bien dévoué,

Alph. D'HERBELOT.

XXIII [1].

19 juin (1829).

Voilà, mon cher ami, la dernière lettre que vous recevrez de moi à Stockholm; je souhaite qu'il se présente à votre imagination quelque bon moyen de continuer notre correspondance; je serai, pour ma part, aussi exact que possible, mais je vous donne à l'avance l'absolution pour tous les péchés d'omission que vous commettrez en ce genre; je sais par expérience que quand on court pays, on n'a pas souvent le temps d'écrire.

Vous ne cessez de me demander des renseignements sur les *Annales judiciaires ;* je n'ai cru pouvoir mieux vous répondre qu'en vous envoyant par Cornudet quelques numéros; vous aurez vu le but du journal et les signatures de plusieurs des rédacteurs. Depuis, le duc de Broglie y a inséré son discours sur la contrainte par corps avec quelques modifications; Benjamin Constant a promis un article sur la codification; Berville et Barthe y paraîtront successivement. Votre article a fait beaucoup de plaisir, surtout la fin qui est très remarquable; nous l'avons seulement raccourci, parce qu'il excédait les limites d'un article ordinaire; j'ai d'ailleurs conservé le manuscrit que je vous remettrai à votre retour [2]. Votre

1. Montalembert a écrit en tête de cette lettre : « A mettre de côté. Tr. b. »

2. L'article de Montalembert parut sous sa signature (Charles de Montalembert) dans le numéro du 27 juin des *Annales de législation et de jurisprudence.*

collaboration est d'autant plus utile que le but principal du journal est de présenter une complète statistique des institutions judiciaires ou législatives à l'étranger. L'Angleterre a déjà été explorée avec soin; l'Allemagne va commencer à paraître; il y a même une correspondance établie avec Constantinople. Vous connaissez, vous aussi, les conditions de l'abonnement; si M. d'Anskarsward voulait y souscrire, et s'il pouvait attirer quelques abonnés suédois, il rendrait un grand service au journal, en lui assurant une correspondance suivie avec les royaumes du Nord.

A propos de M. d'Anskarsward, vous me demandez s'il serait possible de faire passer ses articles aux *Débats;* je ne puis vous répondre définitivement à ce sujet, ne connaissant particulièrement personne qui ait de l'influence sur ce journal. Peut-être M. d'Anskarsward ferait-il bien de s'adresser directement à M. de Chateaubriand. D'ailleurs, je ne crois pas que les *Débats* accueillent sa demande. Ce journal est uniquement rédigé dans un intérêt d'amour-propre ou d'ambition particulière, et la collaboration d'un député suédois ne ferait avoir à ses amis ni portefeuille, ni fauteuil au conseil d'État. Les deux seuls journaux qui puissent être ouverts à cette correspondance sont le *Courrier* et le *Globe;* mais ce dernier, qui n'est pas quotidien, et ne s'occupe qu'à moitié de politique, ne remplirait peut être pas l'intention de votre ami. S'il tient beaucoup à paraître dans un journal français, il ferait bien d'envoyer, je crois, un premier article pour essai, non de son talent, dont je ne doute pas, mais de la manière dont il traitera les questions suédoises; je puis vous promettre que rien ne serait négligé pour lui donner immédiatement toute la publicité possible.

Vous m'avez adressé dans votre lettre du 26 mai une

question qui, je vous l'avoue, a passé les limites de mon intelligence. Vous demandez un registre exact de toutes les lois, ordonnances et arrêts judiciaires qui sont revêtus d'un caractère permanent. Qu'entendez-vous par là? Est-ce que toutes les lois et ordonnances ne sont pas contenues au *Bulletin des lois?* Il suffirait alors de noter au crayon toutes celles qui peuvent avoir de l'importance. Et quant aux arrêts judiciaires, ils ne peuvent jamais avoir de caractère permanent, puisqu'ils sont toujours réformables par d'autres arrêts subséquents. Je crois que Cornudet vous a déjà demandé des explications à ce sujet. Quand nous les aurons reçues, nous nous empresserons l'un et l'autre de faire ce que vous désirez. Tâchez, de votre côté, de ne pas trop tarder dans l'envoi de vos articles, ils sont attendus avec grande impatience, et le plus tôt sera le meilleur.

Vous ne pouvez douter, mon cher ami, du zèle que je mettrai à continuer mon bulletin politique, quand je saurai où vous l'adresser. Il va d'ailleurs devenir beaucoup plus ennuyeux quand la session sera terminée et que nous serons retombés de toute notre hauteur sous la nullité de MM. Martignac, Portalis et Cie. Depuis quelque temps, vous avez dû voir comme les séances de la Chambre ont été violentes et orageuses. Cela tient à leur sotte manière de discuter ; ils ont la rage de se dire perpétuellement des sottises à propos de bottes, et vraiment cela est de la dernière inconvenance; les étrangers en sont indignés; hier encore, je ne savais que répondre à un agent diplomatique danois qui me disait avec assez de raison que notre Chambre ressemblait à une école en insurrection. Cependant, à la séance d'hier, Martignac et Benjamin Constant ont fait assaut de politesse; c'était un vrai combat à armes courtoises; probablement, un de ces jours, ils recommenceront à s'injurier, manière de discuter commode et qui n'exige ni science ni talent. En général, le budget a été mieux discuté qu'à l'ordinaire, avec plus de soin et de temps. Les économies sont sans doute bien faibles, mais que faire? Avec notre système d'administration actuel, le plus lourd et le plus dispendieux peut-être qui soit en Europe, il est difficile d'opérer des retranchements sérieux, et tous les rapporteurs du budget y ont échoué les uns après les autres. Ce ne sont pas quelques dépenses isolées qu'il faudrait supprimer, quelques traitements réduits qui soulageront les contribuables. Il faudrait porter la cognée à la racine du mal, réformer tout notre système administratif, simplifier ses rouages, mettre de côté ces écrasants états-majors qui, dans toutes les branches du service public, consument inutilement les revenus, et, pour cette œuvre, un grand ministre serait nécessaire. Jusqu'à ce jour, contentons-nous de pitoyables économies. Ce n'est pas, je vous l'ai, je crois, déjà dit, que la France paie un impôt fort au-dessus de ses ressources, seulement il est mal employé, et mille améliorations importantes dont chacun sent le besoin sont laissées de côté, faute de fonds pour les mettre à fin. Le budget des affaires ecclésiastiques a été, pour la première fois, soumis au contrôle. Corcelles [1], au milieu de ses boutades ridicules, a jeté quelques idées fécondes : c'est un homme spirituel et assez sagace, mais malheureusement trop emporté; il a des vues plus larges que beaucoup de ses collègues. Feutrier a été misérable, n'a répondu à rien et s'est fait huer de la Chambre, quand il a prétendu que les énormes traitements donnés à quelques fonctionnaires

1. Claude Tircuy de Corcelles (1768-1843), émigré, condéen, demeura dans la retraite jusqu'en 1813, fut proscrit après les Cent-Jours, député (1819-1822 et 1828-1834).

ecclésiastiques sont le revenu des pauvres; on sait trop qu'il n'en est rien. C'est effrayant de voir comme le catholicisme est sottement défendu; il a repoussé le seul homme de génie qui pût lui prêter son appui, Lamennais, et il est réduit à de pauvres hères qui ont à peine pour eux la bonne volonté. Vous avez dû être bien content de l'article de Dubois sur le procès fait au *Courrier;* je ne crois pas qu'on ait jamais exprimé avec autant d'âme et d'éloquence le sentiment inexprimable d'incertitude et de découragement religieux qui pèse aujourd'hui sur tous les cœurs, symptôme effrayant dans une société qui semble avoir encore cependant de la verdeur et de l'avenir. Vatimesnil a emporté d'assaut son budget avec quelques phrases libérales contre MM. de l'Épine [1], de Conny et autres. Il y avait quelque talent de style, quoique bien peu de fond, dans le discours prononcé par M. de l'Épine. Ce député est un imbécile : sa harangue était de l'avocat Hennequin [2], qui est aussi l'auteur du petit discours assez adroit débité par M. de Bully dans la séance où Dupin le frappa à mort. Quant à M. de Conny, il a attaqué Lafayette avec la dernière impudence, et vraiment cela ne va guère à un ancien valet impérial [3]. Les oreilles me cornent encore des éloges de Lafayette ; je viens du pays qu'il habite, le département de Seine-et-Marne, où j'ai passé les vacances de la Pentecôte; c'est le Dieu des paysans, auxquels il fait un bien énorme et dont il soulage toutes les infortunes avec une admirable charité. Aussi un paysan me disait-il que, s'il y avait du tumulte en France,

1. Marie-Philibert-Ferdinand-Joseph, baron de l'Épine (1784-1868), député (1827-1830), membre du parti *ultra*.

2. Antoine-Louis-Marie Hennequin (1786-1840), sous-lieutenant (1807), puis avocat et membre du conseil de l'ordre, député (1834-1842).

3. Conny avait été sous-préfet de Napoléon.

certes ils iraient tous se battre avec M. de Lafayette : *il est joliment aimé du peuple*, m'ajoutait-il, *mais pas des royalistes*. Cet homme avait l'air de faire des royalistes une espèce à part, une classe de parias dans la nation, et c'est, à vrai dire, l'esprit de toute cette partie de la France.

Le budget des affaires étrangères a été traité en ennemi; on y craint toujours M. de Polignac, et on voudrait qu'il n'eût pas le sou pour administrer. Cet homme est vraiment comme l'ombre du père d'Hamlet dans Shakespeare, qui domine tout le drame, sans qu'on le voie paraître et parler que par instants. D'ailleurs, nous vivons comme si nous étions confinés dans l'île de Robinson, sans autres voisins que la mer ou les perroquets du bois. On ne nous reprochera pas de nous mêler des affaires des autres, car nous paraissons en soupçonner à peine l'existence; nous sommes bien la gent la moins curieuse de regarder par la fenêtre que l'on puisse trouver. On parle cependant de sortir de cette ridicule apathie pour conduire une expédition contre Alger. Ce serait le meilleur moyen de nous faire conspuer par toute l'Europe. Charles-Quint y perdit ses pas; nous y laisserions probablement nos soldats et notre argent, deux choses qui n'abondent pas chez nous pour le moment. Tous les marins se récrient contre cette entreprise qui donnerait une triste immortalité au ministère de ce braillard d'Hyde de Neuville et de ce niais de Portalis. On assure que les comptes de la guerre seront l'objet d'un examen sérieux. Cette administration est aujourd'hui en France dans un état déplorable. Nos places fortes sont délabrées; il va se présenter la question de savoir si avec le nouveau système militaire, qui procède par batailles décisives, il y a grand avantage à avoir deux ou trois lignes de forteresses qu'on n'assiège plus; s'il ne vaudrait pas mieux établir simplement sur les frontières cinq ou six places d'armes pour assurer la retraite d'une armée. Puis viendra peut-être un débat sur la garde royale; telle qu'elle est, son effectif n'est pas en harmonie avec l'état de l'armée, elle coûte très cher et ne vaut pas mieux que les régiments de ligne. Puis l'armée de ligne aura son tour; elle est bien instruite, mais peu nombreuse; son organisation est-elle bonne? Faudrait-il admettre l'institution des semestriers, et la garde nationale, et les réserves, etc.? Vous voyez que de questions présente cette grave matière, sans parler des écoles spéciales, des Suisses, qui auront aussi leur part dans les attaques, comme ils ont une part dans le budget. Je vous tiendrai au courant de ce qui se fera, ou plutôt de ce qui se dira sur cette matière, car dire est la partie forte de notre Chambre; elle prouve bien que, si la critique est aisée, l'art ou plutôt l'action est difficile. Quant au ministère du commerce, je resterai coi, car j'ai bien peu de connaissances en industrie et en économie politique. Cornudet pourra vous satisfaire mieux que moi, lui qui a le courage d'avaler Tanneguy Duchatel [1] dans le *Globe* et la *Revue française.*

Je vous dirai, en passant, qu'il paraît en ce moment un journal politique appelé *la Jeune France;* il n'est point conçu dans l'esprit qui devait présider à nos travaux. Ainsi, si jamais nous réalisons notre projet, bien que nous n'ayons plus la virginité du titre, nous aurons probablement celle des idées. Nous sommes, dans ce moment, inondés de journaux : c'est un déluge ; il y aurait de quoi

1. Charles-Marie Tanneguy, comte Duchatel (1803-1867), fils d'un grand fonctionnaire de Napoléon, publiciste, conseiller d'État (1831), député (1833-1848), ministre du commerce (1834-1836), des finances (1836-1837), de l'intérieur (1839-1840 et 1840-1848), membre de l'Académie des sciences morales (1842) et de l'Académie des beaux-arts (1846).

dégoûter de la liberté de la presse. Je souhaite bien que nos pauvres *Annales* surnagent un peu dans ce débordement ; c'est vraiment une entreprise utile qui pourra donner un mouvement philosophique à l'étude, si faible chez nous, du droit et de la législation générale.

Encore quelques jours, et vous allez donc parcourir l'Irlande et devenir spectateur de sa régénération politique. Vous avez vraiment du bonheur : vous allez en Suède, c'est l'année de la Diète ; vous allez en Irlande, c'est l'année de l'émancipation. Puisse votre retour en France amener aussi quelques grands et heureux événements ! Je n'ai pas besoin de vous recommander un examen scrupuleux des mœurs, de l'état de ce pays ; tout ce que je puis vous dire, c'est que probablement aucun de nous n'ira en Irlande ; ainsi, il faut que vous fassiez là comme en Suède, que vous nous mâchiez toute notre instruction sur ce pays. Vous êtes vraiment *spes unica.*

Je songe d'ailleurs avec un bien vif plaisir qu'après ce voyage vous serez rendu à cette France qui, quoique j'en dise parfois assez de mal, est encore assez richement dotée en fait de lumières et de liberté. Quelque sort que l'avenir nous destine, mon cher Montalembert, je me félicite chaque jour de compter quelques bons amis comme vous, unis de cœur et d'intention, ayant même pensée et même devise, *God and liberty.* Nous aurons peut-être à lutter contre bien des obstacles, bien des coteries ; mais, à plusieurs, on combat mieux, et si nos doctrines sont mal comprises et rejetées par les masses, nous trouverons dans notre commune amitié ample consolation de nos désappointements politiques. Pardon de cette tirade, qui est l'expression bien sincère de ma pensée.

Je suis, pour la vie, votre bien dévoué.

Alph. d'Herbelot.

Au moment de fermer ma lettre, j'apprends par Cornudet, mon cher ami, que la santé de votre sœur vous donne de vives inquiétudes et que votre départ est indéfiniment retardé. Je prends une bien vive part à ce chagrin, mais vous êtes jeune, mon ami, l'avenir est long, et l'Irlande n'est pas perdue pour vous à jamais. Vous êtes rudement éprouvé, mon cher Montalembert ; c'est que peut-être Dieu vous réserve une belle destinée. L'habitude de la douleur est affreuse, mais malheureusement d'un bien fréquent usage. Je ne prodiguerai pas de vaines consolations, chose inutile à tant de lieues de distance, et je ne souhaite plus qu'une chose pour vous et pour moi, votre prompt retour, votre retour au milieu de vos bons amis qui sympathiseront à vos peines, si le calice n'est pas épuisé, et en partageront le poids avec vous.

A. D'H.

XXIV.

3 juillet (1829).

J'ai ressenti bien vivement votre chagrin, mon cher ami ; je sais combien est pénible un désappointement causé par un si triste motif, et je ne vous prodiguerai pas maintenant des consolations qui viendraient trop tard et ne serviraient qu'à rouvrir votre blessure. Je répondrai seulement aux reproches que vous vous adressez à vous-même de n'avoir pas assez travaillé. Est-ce que vous ne comptez pour rien la connaissance que vous avez acquise d'une nation originale et absolument ignorée chez nous ? Est-ce que vous croyez qu'une telle étude ne vaut pas bien quelques lectures de plus ? Consolez-vous, allez, il y en a plus d'un, habitant la studieuse ville de Paris, qui n'en a pas tant appris dans son année, et je ne parle que de ceux qui passent pour laborieux. Quand vous serez au milieu de nous, vivant de la vie commune et non plus de celle du collège, vous verrez combien il est difficile de donner tant de temps au travail, à moins d'une vertu angélique, et vous jugerez moins sévèrement votre année de Stockholm. Travaillez donc tant que vous voudrez, mais ne vous plaignez pas de vous-même, car vous me faites vraiment rougir, moi pauvre hère, qui crois avoir fait prouesses quand j'ai passé six heures du jour à piocher.

A propos, j'attends toujours votre second article, et vous réitère mes bien sincères éloges pour le premier, dont je vous remettrai le manuscrit à votre retour. Je vous dirai cependant que je compte attendre quelque temps avant de le livrer à M. Compans [1]. Jusqu'à présent, la direction du journal a été bonne ; des avocats distingués, MM. Dupont de l'Eure, de Broglie, P. Royer-Collard [2] et autres, y ont écrit personnellement. Mais, avant-hier, dans une réunion d'actionnaires, composée en majorité d'avocats de cassation, une mauvaise tendance a été conseillée : on voudrait remplir d'arrêts de tribunaux nos malheureuses *Annales* et en faire dès lors une espèce de gazette judiciaire à l'usage des praticiens, qui ne remplirait plus notre but. Je m'abstiendrai donc de vous y faire reparaître jusqu'à nouvel ordre ; comptez sur mes soins et ma vigilance pour ménager les intérêts de votre avenir.

Nous sommes, pour l'instant, inondés de journaux de toute espèce ; je laisserai de côté les journaux de théâtre, qui sont pour la plupart absurdes, sauf le *Figaro ;* mais nous avons la *Gazette des cultes* [3], rédigée par les avocats Darmaing [4] et Isambert, appendice du *Constitutionnel,* poursuivant les refus d'inhumation et de sacrements, écho des boutiquiers de province et des capitaines en demi-solde de l'armée impériale ; puis la *Tribune des départements* [5], journal politique quotidien destiné à mettre en rapport les diverses provinces, dont il rapporte les cancans et les anecdotes, au lieu d'en faire réellement

1. Sans doute le directeur des *Annales.*

2. Albert-Paul Royer-Collard (1797-1865), neveu de l'homme politique, professeur à la Faculté de droit de Paris (1829), doyen (1845-1847).

3. La *Gazette des cultes* parut, avec un titre un peu modifié, du 12 mai 1829 au 6 juillet 1830.

4. Jean-Achille-Jérôme Darmaing (1794-1836), élève de l'École normale, ancien professeur à Saint-Cyr, fonda la *Gazette des Tribunaux* (1825) et dirigea le *Constitutionnel* de 1832 à 1833.

5. La *Tribune des départements,* publiée du 8 juin 1829 au 11 mai 1835, devint après 1830 un des plus violents organes d'extrême gauche.

connaître l'esprit, la statistique morale et territoriale ; d'ailleurs, fervent patriotisme, quelque peu de carbonarisme réchauffé ; mauvais articles politiques, qui échauffent pourtant la bile et gourmandent vertement et justement les députés infidèles à leur mandat. Vous connaissez probablement le nouveau *Journal de Paris ;* il s'appelle maintenant la *France nouvelle* [1]. Au fait, il a de la verdeur, de la jeunesse, peu de lumières et beaucoup de déclamation ; à tout prendre, passable et bien supérieur au *Constitutionnel.* Enfin, nous allons avoir un immense journal, le *Temps* [2], du même format que le *Times* anglais, et dont l'entrepreneur est un certain Coste [3], grand intrigant, assez connu pour avoir trafiqué avec le dernier ministère des *Tablettes universelles* [4]. Il faut dire, d'ailleurs, qu'il s'est entouré de l'élite des écrivains constitutionnels, et paraît disposé à faire rude guerre aux arriérés de tous les partis. Malheureusement il aura, je crois, peu d'unité, des frais énormes, et je crains qu'il ne nous débarrasse pas de cet indigne *Constitutionnel,* véritable éteignoir de l'opinion libérale en France, qui la met dans des langes et exploite à son profit une enfance qu'il entretient à toute force.

Vous voyez que notre presse périodique est, sinon très brillante et très solide, au moins très nombreuse. Elle commence d'ailleurs à être vivement inquiétée. Vous avez vu le procès du *Courrier ;* si j'ai de la place, je vous

1. Le journal parut sous ce titre du 12 juin 1829 au 9 juin 1833, pour reprendre ensuite celui de *Journal de Paris.*

2. Le *Temps*, auquel Guizot collaborait, parut alors du 15 octobre 1829 au 17 juin 1842, pour revivre en 1849, puis définitivement en 1861.

3. Jacques Coste, un des premiers à envisager dans la presse le côté spéculatif et industriel.

4. Les *Tablettes universelles*, publiées depuis 1820, passées en 1823 sous la direction de Coste, avaient été vendues par lui en 1824 au ministère Villèle.

donnerai mon avis sur cette affaire à la fin de ma lettre. Le *Corsaire* est traduit en justice pour avoir critiqué cet arrêt ; l'ancien *Album*, poursuivi pour un article ignoble il est vrai, que vous aurez vu dans la *Gazette*, mais qu'il eût certes mieux valu laisser tomber, puis pour deux autres, qu'on dit assez innocents. Ce n'est pas tout : M. Bourdeau vient d'envoyer à tous les procureurs du roi de province une circulaire, dans laquelle il leur recommande de surveiller avec grand soin la presse périodique, qui empêche, dit-il, *le recouvrement des impôts, en les attaquant avec violence ; de sévir contre ces brochures impies qui insultent tout ce qu'on doit respecter ; de lui transmettre prompte communication de tout ce qu'ils feront et requerront dans leurs départements.* Cette circulaire a été quelques jours tenue secrète ; on se l'est procurée au *Courrier* par une voie sûre, et vous la verrez le 4 juillet dans ce journal. Je ne sais ce qu'indique ce déchaînement contre les journaux : le ministère se tournerait-il décidément à droite ? L'avenir l'apprendra. Ce qui peut donner de sérieuses inquiétudes, c'est que la Chambre actuelle n'a procuré aucune garantie réelle aux contribuables, et que s'il plaisait au ministère de recommencer M. de Villèle, il ne trouverait pas d'obstacle sérieux. J'avoue qu'il est fâcheux de n'avoir d'autre moyen de défense que la presse périodique, dont la nature est nécessairement l'exagération et la violence ; mais, faute de mieux, nous devons nous servir de cette arme, et, au besoin, nous le ferons.

En attendant, la discussion du budget est sur le point de se terminer : le ministère aura son argent et se gaussera de nous. Il n'y aura plus maintenant de discussion sérieuse qu'à propos de l'allocation de la Cour des comptes, dont on demande la réorganisation. Vous avez dû être content de la discussion sur le ministère de la guerre. Le général Lamarque [1] me paraît avoir traité à fond toutes les questions qu'il a touchées, entre autres les Suisses, les gardes du corps et la garde royale. M. de Caux [2] a été misérable, répondant à tout qu'il verrait, qu'il prendrait des mesures, et emportant tout, en ne demandant que des concessions provisoires ; c'est le système de l'intérim personnifié. Les royalistes font mine d'être effrayés des attaques portées aux corps privilégiés, et, au fait, ces corps seuls pourraient se prêter à quelques velléités de contre-révolution. Il faut convenir d'ailleurs que la tendance démocratique a aujourd'hui une grande puissance d'impulsion; avec la garde nationale d'une part, et la suppression des régiments privilégiés de l'autre, on pourra voir un jour par la fenêtre la monarchie s'en aller, sans que personne dise mot pour la soutenir. Malheureusement, le parti royaliste est déconsidéré universellement, peu nombreux, mourant chaque jour, et passe pour un composé de niais ou de trompeurs. Niais, je ne le crois pas, sauf les lecteurs de la *Gazette*, qui voient une conspiration tout entière dans un couplet falsifié d'orgue de Barbarie ; trompeurs, il faut avouer que depuis 1814, on nous en a fait voir de dures, et que les institutions depuis si longtemps promises ressemblent trop à une diligence embourbée. Tout cela fait que les motions dirigées contre le pouvoir royal sont accueillies avec enthousiasme par la nation ; et comme, à tout prendre, la nation gouverne par ses députés, les discours des députés

1. Maximilien, comte Lamarque (1772-1832), soldat en 1791, général (1801), divisionnaire (1806), exilé après les Cent-Jours, député (1828-1832).

2. Louis-Victor, vicomte de Caux de Blacquetot (1775-1845), officier du génie, général (1811), conseiller d'État (1817), député (1827-1831), ministre de la guerre (1828-1829), pair de France (1832).

de la gauche deviennent petit à petit de vraies prédictions, et s'accomplissent les uns après les autres. Ne croyez pas cependant que cette marche, qui m'inquiète un peu, me fasse désespérer de la France. Je n'ai point une confiance aveugle dans le gouvernement représentatif, et ne crois pas que la liberté soit comme la lance d'Achille, qu'elle guérisse ses propres blessures. Mais je suis loin, comme l'ami dont vous me parlez, de rechercher un remède à mes inquiétudes dans quelques opinions du côté droit. Je pense fermement que si la France peut être sauvée, c'est par le libéralisme; l'opinion contraire la jetterait immédiatement dans un abîme sans fond. Si le libéralisme ne nous tire pas décidément d'affaire et ne nous constitue pas dans une voie nouvelle, c'est que notre rôle est joué dans le monde, que nous sommes condamnés à disparaître comme Babylone, comme Athènes, comme Carthage; que nous avons fait notre mission et devons laisser à d'autres le soin de féconder les principes que nous avons mis dans le monde. Il me semble donc que nous n'avons d'autre ressource que de nous attacher au libéralisme comme à une ancre de salut; là seulement il y a de la jeunesse, de l'avenir, si tant est que notre civilisation en ait encore. S'il nous manque, il ne nous reste plus qu'à nous retirer, à l'instar de ces philosophes du Bas-Empire qui, n'ayant plus d'espoir, s'en allaient mourir dans leurs villas en même temps que la République. Mais nous n'en sommes pas encore là, et probablement, nous n'assisterons pas à ce grand enterrement.

Je fais trêve aux réflexions philosophiques, pour traiter avec vous une question positive. Que dites-vous du jugement qui condamne le *Courrier?* Concevez-vous ce tribunal qui décide que l'éternité de la foi est un des dogmes de l'Église, que nier ce dogme, c'est donc faire outrage à la religion? Voilà donc ce tribunal qui s'érige en juge de la foi et décide de la véracité de tel ou tel dogme! C'est probablement pour suppléer à ces conciles généraux qui ne s'assemblent plus! Et puis, qu'est-ce qu'un outrage à la religion? Je comprends bien qu'on puisse outrager les hommes qui professent une religion, si on leur dit, par exemple, qu'ils mentent ou sont des imbéciles; mais la religion, c'est une abstraction, c'est une création de notre idée qu'on ne peut ni frapper ni souffleter, qui ne souffre pas réellement de ce qu'on fait contre elle; vouloir venger ses outrages, c'est retomber, à vrai dire, dans cette ridicule prétention de venger Dieu lui-même. Ce n'est pas que j'approuve l'article du *Courrier*, je le trouve inconvenant, mais point insultant. Je regrette d'ailleurs que Mérilhou [1] n'ait pas compris sa position, et se soit ingénié à faire le théologien catholique, quand il pouvait, d'un mot, placer l'avocat du roi sur un terrain où il l'eût facilement écrasé, celui de la libre discussion et de l'examen de tous les cultes, permis par la Charte. Je ne vous parlerai pas de M. Menjaud [2], qui appelle athées, puis sceptiques ceux qui ne sont pas catholiques. Cet homme, arrivé au poste qu'il occupe à travers les sacristies de l'archevêque de Sens, fait vraiment pitié, et veut renouveler Marchangy [3], qu'il rappelle assez, moins le talent. Il

1. Joseph Mérilhou (1788-1856), conseiller-auditeur à la cour de Paris (février 1814), substitut du procureur général aux Cent-Jours, éliminé (1816), avocat, conseiller d'État (1830), ministre de l'instruction publique (novembre 1830), de la justice (décembre), député (1831-1834), conseiller à la Cour de cassation (1832), pair de France (1837).

2. C'était le substitut qui avait requis contre le *Courrier*.

3. Louis-Antoine-François de Marchangy (1782-1826), juge suppléant à Paris (1805), auteur de la *Gaule poétique* (1813), substitut, puis avocat général à la cour royale, se distingua dans les procès politiques, bien qu'il écrivît même ses répliques, et requit notamment contre les sergents de La Rochelle; député (1822-1824).

paraît que M. Bourdeau lui prépare une ample moisson de lauriers.

Quand vous recevrez cette lettre, mon cher ami, nous serons délivrés, comme vous dites, de cette Chambre qui vous pesait tant. Au fait, elle a eu une sorte de courage, le jour où elle a rejeté l'amendement à la loi des crédits supplémentaires [1]. Beaucoup se sont récriés sur cette énergie, ce zèle de ses prérogatives ; vous n'avez dû y voir que la confirmation de ce que je vous ai plusieurs fois répété, la haine de la Chambre contre l'ancien ministère qu'elle poursuit partout, qui la soutient un peu dans la voie constitutionnelle, et lui fait prendre des résolutions assez fermes quand il n'y a que des questions de personnes. S'il ne s'était pas agi de M. de Peyronnet, certes on eût laissé encore dormir la responsabilité ministérielle. Nous sommes bien le roseau agité par le vent, qui plie à chaque tempête ; heureusement que la fable nous assure que le roseau plie seulement et ne se brise pas, ce qui doit nous rassurer pour notre avenir.

Cornudet me dit que vous n'aimez pas *Éloa* de de Vigny ; comment, vous qui me donnez rendez-vous sur le terrain de la poésie mystique ! relisez cela, et je crois que vous en serez enchanté ; l'an prochain nous le relirons peut-être quelque jour ensemble.

Votre bien dévoué, Alph. D'HERBELOT.

1. Il s'agissait toujours de la salle à manger de Peyronnet. La Chambre des pairs avait repoussé la disposition qui prescrivait un recours judiciaire contre l'ancien garde des sceaux : en réponse, la Chambre des députés, dans la séance du 23 juin, avait rejeté purement et simplement le crédit supplémentaire afférent à cette dépense.

XXV.

Ce 21 juillet 1829. Ivry.

Je suis un peu en retard dans ma correspondance, mon cher ami; mon père [1] étant maintenant à la campagne près de Paris, je suis perpétuellement sur la grande route et cela dérange un peu mes habitudes; mais je vais y mettre bon ordre et reprendre le cours ordinaire de mes occupations.

Je réponds d'abord catégoriquement à quelques points de votre dernière lettre; j'attends toujours votre second article que rien ne m'empêchera maintenant de donner aux *Annales*, parce qu'elles ont pris une direction qui sera, je crois, utile et pourra les mettre en lumière, c'est de suivre soigneusement toutes les lois, ordonnances qui paraîtront et les soumettre à un examen approfondi; cela pourra être utile à notre éducation constitutionnelle. Je ne vous conseillerais guère de publier une brochure sur la Suède. Ce pays est chose si peu connue, si peu étudiée en France, que votre brochure courrait grand risque de ne pas sortir du cercle de vos amis. Je crois que pour donner un travail utile, il vaudrait mieux attendre un peu et publier un ouvrage complet sur les institutions et l'état général du pays. D'ailleurs, vous pourriez parfaitement réunir en brochure ce que vous aurez donné aux *Annales*, cela paraîtrait tout naturel, et pour en finir avec ce jour-

1. Léon d'Herbelot (1757-1848), avocat au Parlement, juge au tribunal de la Seine (1800), vice-président (1810), vice-président honoraire (1816).

nal, je vous conseille de ne donner qu'en dernier votre article sur l'organisation judiciaire et de commencer par terminer tout ce qui se rapporte à la diète.

Je persiste dans ma première opinion que M. d'Anskarsward n'a rien à attendre du *Journal des Débats*. Duviquet [1], dont vous me parliez, l'homme le plus positif et le moins cosmopolite du monde, rirait à la seule idée d'entretenir le public des *Débats* des affaires de la Suède. Songez que ce journal n'est qu'une affaire de coterie et n'a aucun intérêt à chercher des correspondants au delà de la Baltique. Pour obtenir ce privilège, il faudrait s'adresser directement à M. de Chateaubriand, et je ne connais personne qui puisse le faire. D'ailleurs, la première chose à faire, si M. d'Anskarsward se décide, c'est d'envoyer un article à Paris, pour échantillon de ses intentions; je vous répète que cet article ne pourrait manquer d'être inséré au *Courrier;* c'est, je crois, le seul journal sur lequel on puisse compter. J'attends votre décision, et ferai tout ce qui sera en moi pour la faire réussir.

Vous me parlez dans votre lettre d'un projet de réunion pour l'hiver prochain, qui me sourirait bien aussi comme à vous, si je le croyais exécutable de la manière dont vous l'entendez. Cornudet vous a écrit son opinion là-dessus; elle est le résultat de nos conversations sur ce sujet; je ne sais trop qui nous trouverions pour nous seconder dans notre entreprise et ne pense pas que nous ayons grande aide à attendre de qui que ce soit du clergé; il faudrait immoler à leur alliance nos opinions politiques et nous faire tout à fait lamennaisiens, ce dont aucun de nous n'a certes envie. Publier un journal serait une grande entre-

1. Pierre Duviquet (1765-1835), député aux Cinq-Cents (1796), avocat à la Cour de cassation, secrétaire de la rédaction des *Débats*, y fit le feuilleton dramatique après la mort de Geoffroy (1814).

prise, la seule d'ailleurs que nous puissions tenter et qui soit utile. Le projet de faire une *Jeune France* roule toujours dans certains esprits ; j'en serais, sans aucun doute, si la chose se faisait, et nous pourrions y entrer les uns par les autres et prendre quelque influence sur la rédaction. D'ailleurs, d'ici à l'hiver, il ne se fera rien ; vous serez alors de retour et nous verrons bien.

Je vous remercie des renseignements que vous me donnez sur l'enseignement du droit en Suède ; d'après ce que vous m'écrivez, il me paraît médiocre et fort inférieur à celui du Danemark. J'ai déjà fait deux articles aux *Annales* sur l'enseignement du droit en France ; ils ont soulevé l'indignation des vieilles perruques de la Faculté, et comme j'ai signé de mes initiales et qu'il leur sera facile de savoir mon nom, je pourrais craindre pour mes examens, si je n'avais pas la protection de Paul Royer-Collard, avec qui je suis fort lié et qui vient d'être nommé professeur, et pourra me soutenir, en cas de besoin, contre la rancune de ses collègues [1]. Je prépare dans ce moment la partie la plus importante de mon travail, les réformes qui, je pense, peuvent être introduites dans notre enseignement législatif ; je m'entoure de toutes les lumières possibles, dans la crainte de hasarder quelque bévue ; je voudrais bien pouvoir, autant qu'il est en moi, contribuer à donner quelque impulsion à cette branche si négligée de nos études. Ce qui nous manque surtout en France, c'est la science solide et forte et j'en sens bien le vide tout comme les autres, moi qui choppe à chaque instant du pied contre quelque difficulté que je ne puis résoudre. Sans doute, nous nous occupons de choses plus

1. Ces deux articles, intéressants et hardis, avaient paru dans les *Annales* des 13 juin et 4 juillet, sous les initiales A. D. Le numéro du 15 juillet contient des observations d'un lecteur et la riposte de d'Herbelot.

sérieuses que nos pères, mais nous nous en occupons généralement d'une manière frivole; aussi les idées passent et se succèdent dans les esprits avec une rapidité effrayante, mais sans être épuisées. On a la rage de faire des généralités en toute chose, sans connaître les détails, et vous trouvez partout des gens qui vous font de la politique, de l'histoire *a priori*, avec une grande distinction, sans en savoir un mot pour cela. Mon propre exemple m'a un peu éclairé sur le danger de ces hautes considérations historiques qui habillent à la Montesquieu toute l'histoire d'un peuple et manquent par leur base. Chargé dernièrement de rendre compte, dans la *Revue encyclopédique*, de l'*Histoire de Pologne* [1] par M. de Salvandy, j'avais fait *a priori* de la science sur la décadence de ce pays, j'avais bouleversé tout le système de M. de Salvandy pour en substituer un dont j'étais fort enchanté; mais voilà qu'un beau matin, un de ces jeunes Polonais que le despotisme russe pourchasse par toute l'Europe vient me prouver, son histoire nationale à la main, que M. de Salvandy et moi nous nous trompions aussi complètement l'un que l'autre. J'ai rectifié mes âneries et juré que de longtemps on ne me prendrait à faire des théories sans connaître les faits pour les appuyer. Je crois, à vous dire le vrai, qu'il y a beaucoup de gens qui font comme j'avais projeté, sauf qu'ils ne rectifient pas; je vous dirai, en passant, que M. de Salvandy est le plus grand insolent qui soit sur terre, qu'il a fait une histoire de Pologne sans savoir un mot de polonais, et a dédaigneusement repoussé les leçons que lui offraient quelques patriotes de ce pays pour terminer son œuvre. Son siège était fait, comme disait M. de Vertot.

1. Les trois volumes de l'*Histoire de Pologne, avant et sous le roi Jean Sobieski,* avaient paru en 1829.

Je passe maintenant à ce que vous appelez si pompeusement ma « *Gazette d'Augsbourg* appliquée à la France. » Je n'ai guère d'observation à vous faire pour la fin de la session que vous ne puissiez trouver dans le *Courrier*, car il est même possible que vous y voyiez, vers la fin de ce mois, une revue de ma façon. Il y a déjà eu une lettre d'un électeur de département qui n'était pas de moi; je vous en préviens pour que vous ne m'attribuiez pas cette mauvaise compilation; ce n'est pas pourtant pour dire que la mienne vaille mieux, car il est impossible de traiter ce sujet d'une manière neuve. Il est cependant quelques faits que je ne puis y glisser et dont je puis vous faire confidence. Vous avez dû être étonné de ces démissions qui ont signalé la dernière séance [1]; on les attribue à des motifs peu honorables. M. Chauvelin [2] se retire parce qu'il est piqué d'avoir perdu son influence et d'avoir été malmené par ses collègues, et entre autres par M. Dupin, à propos de son amendement dans l'affaire du cumul. Quant à M. Voyer d'Argenson, ses amis prétendent qu'il est las des affaires publiques; ses ennemis et les indifférents répètent qu'amoureux suranné d'une jeune femme, il veut aller s'ensevelir avec elle dans la retraite et oublier, au sein des délices de quelque château, Paris, la Chambre et cette opposition qui l'avait fait un jour si célèbre quand seul, dans la Chambre de 1815, il s'éleva contre Trestaillons et les massacres de Nîmes. Ce qu'il y a de plus plaisant, c'est que quelques niais du côté gauche,

1. A la dernière séance de la session, le président donna lecture des lettres de démission de deux députés de l'extrême gauche, Voyer d'Argenson et Chauvelin.

2. Bernard-François, marquis de Chauvelin (1766-1832), attaché à la cour de Louis XVI, ambassadeur à Londres (1792), membre du Tribunat (1800), préfet (1804), conseiller d'État et intendant général de Catalogne (1810), député (1817-1820, 1822-1824, 1827-1829).

prenant ces démissions pour du vrai et sincère patriotisme, avaient mis dans leur tête de les imiter et s'en sont laissé dissuader avec peine. Si cela pouvait au moins nous amener quelque homme de la France nouvelle ! Mais non, les électeurs vont peut-être aller chercher un général de brigade ou un préfet de l'Empire, mécontents d'avoir perdu leur place ou leur dotation, et qui feront de l'opposition jusqu'à ce qu'on leur rende quelque chose.

Une nouvelle plus triste, c'est que M. Royer-Collard veut décidément renoncer à la présidence; il est las d'une besogne où s'usent sa santé, son talent et sa popularité. On espère cependant le déterminer à se représenter l'année prochaine, car sa retraite mettrait le côté gauche dans un grand embarras et ferait peut-être éclater la guerre civile dans les deux fractions de ce côté. Au reste, le ministère est en présence d'un pareil danger. Ce bon M. Portalis, qui n'a recueilli de sa haute dignité que des injures, de la déconsidération et le nom de ganache qui lui restera, brûle d'aller rendre des arrêts à la Cour de cassation. Vous savez qu'on parle de Martignac pour le remplacer et de M. de Belleyme [1] pour tenir l'intérieur ; ce serait encore un de ces petits arrangements de famille auxquels le ministère actuel paraît condamné. Il ressemble presque en tous points à ces ministères du Directoire où chacun passait chef de division ou commis, pour étaler pendant deux ou trois mois sa nullité officielle. Heureusement qu'il n'y a pas en réserve de Bonaparte dont nous puissions craindre un 18 brumaire contre tous ces pygmées.

1. Louis-Maurice de Belleyme (1787-1862) était procureur du roi à Paris quand le ministère Martignac l'avait appelé à la préfecture de police (janvier 1828); à l'avènement du cabinet Polignac, il refusa obstinément de rester préfet et fut nommé président du tribunal de la Seine (août 1829); député (1829-1830, 1831-1834, 1837-1848) ; conseiller à la Cour de cassation (1856).

On dit maintenant que le roi a grand'peur du duc de Reichstadt [1], et, au fait, les journaux royalistes parlent de ce jeune homme comme s'il était au moment de paraître avec une armée à la tête du pont de Kehl. S'il avait une armée, ce seraient sans doute les ombres des vieux grognards de son père ; car aujourd'hui, qui se ferait tuer en France pour cet élève de l'Autriche? Il faut avoir bien envie de faire peur aux gens, et croire à leur bénignité très fermement, pour leur faire adresser des contes pareils. En attendant, il est vrai qu'on refuse à la police les autorisations de faire graver tout dessin en l'honneur de Napoléon ; ce sont de misérables mesures, qui tomberont d'elles-mêmes et sans que la publicité se donne seulement la peine d'en faire justice. D'ailleurs, on ne croit plus guère maintenant à la réapparition d'un ministère côté droit ; on sait trop bien que toute timide que soit la Chambre, elle retrouverait peut-être quelque énergie, et, quant aux coups d'État, nos maîtres en auraient certes plus peur que nous. Nous n'avons donc pas de réelles inquiétudes aujourd'hui ; seulement, on poursuit la presse avec une extrême rigueur, et, quoique plusieurs des articles des journaux de départements qui sont incriminés soient d'une haute absurdité, il n'y a vraiment pas, pour la plupart au moins, de quoi poursuivre. D'ailleurs, que gagnera-t-on à tuer la presse départementale, la seule arme qui nous reste contre la civilisation ? On fera croître l'influence du *Constitutionnel* et on poussera dans toutes les mains sa bonne amie la *Gazette des cultes*. C'est là le seul fruit possible de ces puériles vengeances, et M. Bourdeau serait actionnaire secret de certaines feuilles libérales qu'il n'agirait pas autrement.

1. On sait que c'est le titre que portait depuis 1818 l'ex-roi de Rome, Napoléon-François-Joseph-Charles (1811-1832).

On parle toujours d'une descente à Alger ; le reste de la politique étrangère est pour nous comme l'histoire ancienne ; la prise de Silistrie n'a pas fait plus d'impression qu'une victoire du pacha d'Égypte sur les Wéchabites. On ne se réveillera un peu que quand les Russes seront à Constantinople. Au reste, il semble que les Turcs s'endorment aussi et aient perdu leur ancienne énergie en même temps que leurs janissaires. Comment se fait-il qu'une défaite du grand-vizir réduise à quelques milliers d'hommes l'armée de Schumla ? J'attendais mieux de Mahmoud et croyais le voir courir à la tête de son armée, au lieu d'aller rendre des visites aux filles des ambassadeurs européens et passer des revues en uniforme français. Je vous parlerai une autre fois en détail de la Pologne et des espérances qui résultent, pour les patriotes de ce pays, de la guerre contre les Turcs. Je n'ai pas besoin de vous recommander la plus grande discrétion à l'égard de l'ambassadeur de Russie, que vous connaissez, je crois, particulièrement. Il est également inutile de vous réitérer l'assurance de ma vive et sincère amitié.

Tout à vous.

Alph. D'HERBELOT.

XXVI.

7 août (1829).

Je ne sais où vous écrire, mon cher Montalembert ; êtes-vous encore à Stockholm [1] ou sur la route de France ? Et puis, que vous écrire, tout tremblant que cette lettre ne vienne faire contraste avec la position où vous serez en la recevant, car vous êtes si rudement éprouvé, vos douleurs si continues, vos joies si précaires, qu'il y a grande chance qu'elle vienne vous trouver au milieu d'un de ces terribles désappointements que la Providence vous dispense si largement? A une si grande distance, quelle consolation vous apporter? Que vous dire que vous ne vous serez pas dit cent fois? Et pourtant, de quoi vous parler, sinon de ce concours de circonstances malheureuses qui viennent vous frapper de toutes parts ? Oh ! si au moins votre pauvre malade allait mieux, comme son départ de Stockholm nous en a donné l'espérance, vos autres tribulations pourraient paraître légères. Car, quand vous serez de retour au milieu de nous, vous oublierez vite tous vos ennuis d'exil ; l'Irlande n'est pas menacée d'un volcan, vous aurez le temps de la revoir, et l'attitude paisible de l'élection de Clare a dû diminuer vos regrets de n'avoir pu y assister. Tout ce que je vous recommande, c'est la résignation et le courage ; vous êtes prompt à

1. Montalembert quittait Stockholm ce jour-là même (7 août), conduisant en Italie sa sœur malade, qui ne put dépasser Besançon et y succomba le 3 octobre.

vous former des chimères effrayantes et à peindre tout votre avenir des couleurs noires du présent. Je vous ferai le reproche contraire à celui que je faisais ces jours-ci à Cornudet. Autant il compte sur la fortune et s'y abandonne avec confiance, autant vous vous en défiez ; je crois que l'un et l'autre sont dangereux. Car, s'il ne faut pas croire qu'un pouvoir supérieur nous mène par la main sur cette terre de manière à nous épargner toutes les épreuves, tous les dangers, il ne faut pas songer non plus que Dieu nous destine individuellement à toutes sortes de tribulations et d'indéfinies douleurs. Si, comme je l'espère, votre sœur revient à la santé, pensez à l'avenir avec plus de confiance et appuyez-vous sur lui ; vous allez revenir à Paris, au milieu d'amis qui vous sont dévoués, qui marcheront avec vous dans une même carrière, et pourront vous aider à souffrir les chocs qui vous menacent encore. Comptez donc davantage et sur vous-même et sur les autres ; et si vous sortez heureusement de l'épreuve présente, recueillez vos forces et reprenez courage. Vous savez que tout est le prix du courage et que l'abattement est une erreur de femme impardonnable à l'homme, surtout quand il a de l'énergie dans sa foi.

Nous avons longtemps parlé de vous mercredi, où nous sommes allés, Cornudet et moi, passer une journée à la campagne avec Rio. Il vous recommande bien comme nous de vous raidir un peu plus contre les événements, et d'espérer en l'avenir, au lieu de vous en forger sans cesse un terrible épouvantail. Cornudet et lui se sont disputés avec acharnement au sujet de la liberté religieuse. Ils étaient tous deux debout auprès d'un lac tout paré de blancs nénufars, criant, tempêtant, Rio frappant sans cesse la terre d'un énorme bâton qu'il tenait à la main. La dispute a fini comme à l'ordinaire, laissant chacun enraciné outre mesure dans son opinion. Cornudet vous aura mandé sans doute le sujet de la querelle; qu'en pensez-vous? Croyez-vous qu'une société qui aurait la conviction que la religion catholique est seule véritable, aurait le droit de décréter la liberté des autres cultes et l'admissibilité des dissidents à toutes les places? Croyez-vous qu'elle commettrait un crime en déclarant religion d'État la foi qu'elle croirait seule vraie? Je vous avouerai que j'étais de l'avis de Rio : il me semblait comme à lui que par cela même qu'un peuple regarderait tous les autres cultes que le sien comme des erreurs damnables, il aurait le droit de prendre contre la contagion telle mesure que bon lui semblerait, pourvu qu'il usât de moyens loyaux et non sanglants. Je ne différais avec Rio que sur un point, où je sais d'ailleurs que vous avez la même opinion que lui. Je ne pense pas que la religion catholique soit absolument vraie, en ce sens que tous les autres cultes soient des folies et des attrape-peuples. Je crois que le christianisme est la foi la plus pure qui ait paru dans le monde, et la meilleure, par conséquent; mais qu'en général, toutes les religions sont des dons et des inspirations de Dieu, proportionnées aux différents degrés de civilisation qui les reçoivent, et qu'ainsi, chacune a sa vérité, sa convenance, puisqu'elle vient d'en haut. Je croirais assez que la plupart des dogmes ne sont que des symboles de certaines vérités qui se retrouvent dans tous les cultes avec plus ou moins de lumières et de clartés, selon l'état intellectuel des divers croyants. Ainsi, l'idée de la Trinité a fait le tour du monde, l'Incarnation se retrouve chez les Brahmes; partout d'ailleurs, la morale est la même, la sanction pénale identique, bien que l'imagination des peuples la revête d'images diverses, plus ou moins affreuses, selon la nature des esprits qui la méditent. Ainsi, que l'enfer des Grecs soit tout sensuel et assez doux, quel miracle? Avec un si beau ciel, une si belle nature, entre les flots purs et bleus de la mer Égée et le temple de Minerve, comment croire à une éternité de malheurs, comment ne pas se reposer complètement sur la bienveillance de Dieu? Et d'un autre côté, ces solitaires de l'Égypte, errant dans le désert, l'œil sans cesse attaché sur la dissolution prochaine du monde, ces moines du moyen âge, au milieu des mystiques cérémonies de leurs couvents, ces populations si malheureuses, n'ayant pas même un ciel riant pour consolation, comme tout cela devait être vivement frappé des menaces des livres saints! et pourquoi, au fait, auraient-ils jugé qu'ils devaient attendre quelque indulgence après leur mort, eux qui étaient si durement traités pendant leur vie? Il y a bien de l'hérésie dans tout cela, mais c'est encore la trace de ce vague, de cette éternelle indécision qui tourmente aujourd'hui tout le monde, et moi le premier. Je ne sais où nous aboutirons, mais vraiment le catholicisme est bien malade et ne sais qui le relèvera. On parle toujours d'une lettre encyclique du Pape, menaçante pour nos libertés [1], et tonnant d'une manière irréfléchie contre le débordement du siècle. Quelques personnes assurent que cette lettre est supposée; je le souhaiterais, car son existence serait encore un nouveau coup porté à la cause religieuse. En attendant, on soutient ici le culte par les mêmes moyens que le pouvoir; il pleut des procès pour délits de presse; c'est une vraie croisade contre les journaux de province; les pauvres Sarrasins n'y tiendront pas, et Bourdeau aura la

1. Pie VIII ne promulgua aucun document de ce genre ; c'est son successeur Grégoire XVI qui devait condamner les nouvelles doctrines de Lamennais par l'encyclique *Mirari vos* (1832).

gloire d'avoir mis à bas toute la presse départementale, c'est-à-dire d'avoir livré l'opinion publique à la merci des journaux de Paris. On ne sait vraiment quelle folie les pousse à toutes ces petites persécutions; c'est un gouvernement en miniature que nous avons, tout y est petit, le bien comme le mal. M. de Polignac est chaque jour à la veille, dit-on, d'arriver au pouvoir, le roi voulant à toutes forces que son cher Jules soit ministre. Charles Dupin assurait, il y a deux jours, que la nomination serait pour lundi. Je ne puis le croire. On reculera devant les conséquences d'un pareil acte. M. de Polignac est, à tort ou à raison, la terreur de toute la France; c'est un vrai Croquemitaine pour la majorité des lecteurs du *Courrier* ou du *Constitutionnel*. S'il était ministre, vous verriez de braves gens se croire revenus aux réactions de 1815, et rêver déjà Trestaillons et les commissions militaires. Pourtant, quelques personnes, dans le parti libéral, désirent vivement l'arrivée d'un ministère tiré de l'extrême droite. On espère que ce ministère coulerait à jamais par ses excès les gens de son parti; qu'il nous procurerait, malgré lui, toutes les institutions qui nous manquent. Mais, d'autre part, une tentative même éloignée de contre-révolution pourrait amener des troubles, et à cela on ne profite guère. Même silence, quant aux affaires extérieures, même insouciance. Voilà pourtant les Russes qui avancent. La Perse n'a pas remué; l'Angleterre arme des vaisseaux, vient de faire une sanglante insulte au gouvernement grec, et de lui couler un bateau à vapeur. Tout cela fera peut-être sortir l'Europe de son long repos. Il est une nation dans le nord qui attend avec bien de l'impatience ces tempêtes prochaines, c'est la Pologne, qui compte qu'une conflagration universelle lui donnerait les moyens de redevenir nation. Je suis fort lié ici avec plusieurs jeunes Polonais qui, proscrits par le grand-duc Constantin, ne cessent de préparer dans le silence de meilleurs jours pour le pays. Le patriotisme de ces gens-là est admirable : l'un d'entre eux, d'une famille distinguée de Lithuanie, a passé huit ans à parcourir l'Europe, pour y recueillir tous les souvenirs semés par les régiments polonais à la solde de Napoléon. Possesseur de précieux documents, il a consacré sa vie à faire l'histoire de ces légions qui contenaient le plus pur sang de la Pologne, les soldats de Dombrowski [1] et de Kosciusko [2]. Il veut empêcher, dit-il, que la jeunesse de son pays oublie qu'elle est polonaise, et puisse se croire un instant russe ou allemande. Je m'occupe moi-même beaucoup dans ce moment de travaux sur la Pologne. J'aurai probablement le plaisir de vous montrer à votre retour quelque chose sur ce sujet; c'est une mine inépuisable dont personne ne s'est encore soucié, car le livre de Salvandy sur la Pologne et Jean Sobieski est un tissu d'âneries qui ne sont supportées que parce que personne n'en sait davantage. Cette occupation a succédé à mes articles sur l'enseignement du droit, dont le dernier a paru dernièrement avec la moitié du vôtre. Rien n'a été retranché dans celui-là, et je vous en fais mon compliment bien sincère; il est impossible d'avoir mis dans une matière difficile plus de clarté et de précision. Je présume bien, si vous êtes maintenant en route, que nous n'aurons le reste qu'à votre retour. Nous aurons alors tout le temps nécessaire pour disposer la fin de cette publication selon qu'il vous conviendra le mieux. Vous me trouverez à Paris dès les premiers jours d'octobre. Soit que j'aille faire un tour en

1. Henri-Jean Dombrowski (1752-1818), général polonais, au service de France de 1796 à 1814, rallié à Alexandre Ier.

2. Thaddée Kosciusko (1746-1817), chef de l'insurrection polonaise de 1794.

Suisse, soit que je me borne humblement à un mois de vacances dans l'Anjou, je ne passerai pas le 10 octobre, parce que je veux préparer mon second examen pour le 15 novembre. Je serai donc un des premiers pour vous recevoir, plus heureux, je l'espère, et moins inquiet que vous ne l'êtes maintenant. Puissent quelques mois de Paris vous remettre complètement et vous rassurer un peu sur votre avenir! L'espoir, même quand il n'est qu'une illusion, est une si douce chose qu'il serait trop dur, à vingt ans, de vouloir y renoncer déjà. Écrivez-moi toujours à Paris, on m'enverra vos lettres, et la nouvelle de votre retour précipitera encore le mien.

Adieu, mon cher ami, du courage et de la confiance, et le reste viendra peut-être à point.

Votre très dévoué.

Alph. D'HERBELOT.

XXVII.

Ivry, 10 août (1829).

Je vous écris, mon cher ami, sous l'influence des sentiments les plus tristes où puisse être plongé le patriote le plus calme et le plus modéré du monde. Voilà la carrière des révolutions ouverte devant nous; encore quelques mois, et nous n'aurons plus d'espoir que dans une lutte à la vie et à la mort. Je vous répète les noms de notre nouveau ministère, dans le cas où vous ne les auriez lus qu'imparfaitement dans les journaux étrangers. M. de Polignac est aux affaires étrangères, La Bourdonnaye au commerce et à l'intérieur réunis, Montbel aux cultes et à l'instruction publique, de Rigny [1] à la marine (on espère qu'il n'acceptera pas), Courvoisier [2] à la justice, Chabrol [3], l'ancien ministre de la marine, aux finances, en attendant

1. Marie-Henry-Daniel Gaultier, comte de Rigny (1782-1835), officier aux marins de la garde sous Napoléon et aide de camp de Bessières en Espagne, capitaine de vaisseau (1816), commandant l'escadre française à Navarin, vice-amiral (1829); il refusa en effet le portefeuille de la marine en août 1829, mais pour l'accepter à deux reprises sous Louis-Philippe, ainsi que celui des affaires étrangères (1834); député (1831-1835).

2. Jean-Joseph-Antoine de Courvoisier (1775-1835), soldat de l'armée de Condé, conseiller-auditeur à la cour de Besançon (1810), avocat général (1815), député (1816-1820), procureur général à Lyon (1818), garde des sceaux (août 1829-mai 1830).

3. Christophe, comte de Chabrol de Crouzol (1771-1836), destiné d'abord à l'état ecclésiastique, auditeur (1803), maître des requêtes (1809), intendant général des provinces illyriennes (1811), conseiller d'État et préfet du Rhône (1814), sous-secrétaire d'État à l'intérieur (1817), député (1820), pair de France (1823), ministre de la marine (1824-1828), des finances (août 1829-mai 1830).

M. de Villèle; Bourmont [1] à la guerre, Bourmont qui, chef de chouans, faisait fusiller au Mans les blessés d'une demi-brigade, lui qui passait aux Anglais la veille de Waterloo [2], lui qui, protégé par Ney [3], le fit condamner à mort par ses dépositions. Ce seul nom nous fait frémir de colère. On a fait un ministère exprès pour la nomination aux places du culte catholique. On le dit destiné à M. d'Hermopolis [4]; je m'étonne qu'on n'ait pas donné les postes à M. de Mallarmé [5] et la police à Vidocq [6]. M. de Belleyme a donné sa démission, en disant à M. de La Bourdonnaye qu'il ne voulait pas se déshonorer. Ce dernier a refusé la démission, et le roi, au moment où je vous écris, vient de mander à Saint-Cloud M. de Belleyme pour le décider à garder sa place. Il est déterminé, quoi qu'il arrive, à ne pas la conserver. Aucun des ministres sortants n'est fait pair; MM. de Saint-Cricq [7] et de Vati-

1. Louis-Auguste-Victor de Ghaisne, comte de Bourmont (1773-1846), enseigne aux gardes-françaises, émigré, puis chef chouan, soumis (1800), puis impliqué dans diverses affaires, incarcéré et évadé (1805), rentré (1808), général de brigade (1813), divisionnaire (février 1814), pair de France (1823), ministre de la guerre (1829-1830), commandant de l'expédition d'Alger (1830), maréchal de France (14 juillet 1830), exilé volontairement (1830-1840).

2. Ce n'est pas la veille de Waterloo, mais la veille de Ligny (nuit du 14 au 15 juin 1815), que Bourmont, commandant une division du corps de Ney, était passé aux avant-postes prussiens (et non anglais).

3. Michel Ney (1769-1815), engagé en 1787, maréchal (1804), duc d'Elchingen (1808), prince de la Moskova (1812), pair de France et pair des Cent-Jours, fusillé le 7 décembre 1815.

4. Denys de Frayssinous (1765-1842), prédicateur célèbre, évêque *in partibus* d'Hermopolis (1822), grand maître de l'Université (1822), membre de l'Académie française (1822), pair de France (1824), ministre des affaires ecclésiastiques (1824-1828). Il ne reprit point ce ministère en 1829, et s'occupa de 1833 à 1838 de l'éducation du duc de Bordeaux exilé.

5. Nous n'avons pu retrouver quel était ce personnage, ni quel méfait (sans doute quelque affaire de cabinet noir) lui imputait l'opposition libérale.

6. François-Eugène Vidocq (1775-1857), forçat évadé, offrit en 1809 ses services à la police et acquit une grande célébrité comme chef de la brigade de sûreté. Il quitta la police en 1827 et n'y rentra que pour peu de temps en 1832.

7. Pierre-Laurent-Barthélemy, comte de Saint-Cricq (1772-1854), fit sa

mesnil sont jetés à la porte comme des chiens; les voilà, l'un rentier, l'autre avocat. MM. Siméon fils [1], directeur de la librairie, Bertin de Vaux, Cormenin, ont immédiatement donné leur démission; leur exemple sera suivi. M. Ravez a refusé les sceaux, trouvant ses collègues gens de sac et de corde. Voici, assure-t-on, l'histoire de ce changement. Depuis le vote du budget, le roi ne parlait plus aux ministres et refusait de travailler avec eux. Portalis, à la prière de ses collègues, déclara au roi que s'il avait retiré sa confiance à ses ministres, ils étaient prêts à donner leur démission. « Je les accepte, » dit le roi ; il désirait cependant conserver M. Roy; ce dernier a voulu suivre ses collègues et a, dit-on, annoncé à Charles X les dangers qu'il attirait sur la monarchie, la France et sa famille. Alors fut décidé le choix misérable qui est venu nous surprendre hier matin. Les rentes baissent à force; quelques-uns sont indignés, d'autres rient de pitié, d'autres se frottent les mains, disant que cela ira plus vite et que la roche Tarpéienne n'est pas loin du Capitole.

Il est temps que vous reveniez, mon cher ami, les circonstances pressent et c'est quand le canon gronde qu'il faut serrer les rangs. Nous sommes gouvernés maintenant par des gens de cœur, des hommes à coups de main, des généraux de cavalerie comme Bourmont; nous irons vite. On prête un grand projet au ministère, c'est d'abolir toutes les patentes, pour diminuer de moitié le nombre

carrière sous l'Empire dans l'administration des douanes ; directeur général des douanes et conseiller d'État (1815), député (1815-1833), ministre du commerce et de l'agriculture (1828-1829), pair de France (1833).

1. Joseph-Balthazar, vicomte Siméon (1781-1846), fils du conseiller d'État et sénateur de Napoléon, maître des requêtes et préfet (1821), révoqué par Corbière, directeur général des beaux-arts (1828), conseiller d'État (1829), pair de France (1835), membre de l'Académie des beaux-arts.

des électeurs, et les impôts indirects, pour gagner les départements du Midi. On remplirait par des emprunts sans fin le vide du Trésor ; alors dissolution de la Chambre, espoir d'en avoir une dévouée et contre-révolution complète. Contre-révolution : vous sentez ce que ce mot veut dire en présence d'une nation de 30 millions d'hommes. Et puis, que feront-ils, ces pygmées, si les affaires extérieures se compliquent, si un grand monarque du nord, comme dit la *Gazette de Prusse*, est mort en deux jours, Dieu sait de quelle mort? Nous allons nous traîner à la remorque de l'Angleterre, nous faire les agents de sa politique, passer à elle, comme Bourmont passait, il y a quinze ans, à Wellington. Et si, au milieu de tout cela, la France prend feu par quelque bout, si la Chambre indocile est mise à la réforme, la censure imposée par ordonnance, que sais-je? M. de La Bourdonnaye n'est-il pas le héros des catégories [1], l'un des Achilles de 1815! En vérité, il faut que nous soyons bien coupables pour mériter un tel sort. Comme nos écoles vont fleurir sous la protection du maire de Toulouse, nous ne perdrons pas de temps cette année à la Sorbonne, mon cher ami : les mauvais lieux, les tavernes, les loteries seront toujours debout, c'est du temps de la Régence ; mais les chaires savantes, la presse, la tribune peut-être, inventions diaboliques, vraies plaies d'Égypte, comme disait M. de Salaberry [2], on les va mettre hors la loi. Vous me pardonnez ma colère, mon cher ami : mais depuis hier, elle est inva-

1. La Bourdonnaye avait soumis à la Chambre introuvable, le 10 novembre 1815, une proposition qui, exceptant de l'amnistie d'importantes *catégories* d'individus, contribua à prolonger et à légaliser la Terreur blanche.

2. Charles-Marie, comte de Salaberry (1766-1847), soldat de l'armée de Condé, littérateur, député (1815-1830), l'un des plus ardents partisans du cabinet Villèle.

riable et ne se calmera pas de sitôt. Croyez donc aux protestations, aux discours, aux politesses! faites donc de la modération! voilà ce qu'on y gagne. Elle me dégoûte bien, la modération, comme on l'entend en France, et je commence à croire que Corcelles est le type du vrai député; quand on est en guerre, il faut choisir des hommes de guerre, non des négociateurs et des gens à concessions.

Je ne fermerai ma lettre que demain; j'aurai probablement encore quelques saletés à vous apprendre. On attend chaque jour M. de Villèle, car il faut bien un orateur à cette pelletée de gens de cour, et M. de La Bourdonnaye est physiquement incapable de ce métier. Je sais bien que ces deux grands hommes étaient brouillés l'an dernier; mais les gueux, dit un proverbe, se raccommodent à l'écuelle. Quand l'un mangeait au râtelier commun et l'autre pas, celui qui vivait à nos dépens se gaussait de l'autre; maintenant que nous donnons pâture à tous deux, à quoi bon des querelles? Nous paierons les frais de la réconciliation. Ce sera là une belle alliance, et nous sommes bien heureux que nos maîtres veuillent bien ainsi ne plus se battre : c'est nous qui recevrons les coups. Vous allez voir de jolies choses à votre retour, si Dieu prête vie aux puissances du siècle. Mais vous ne serez pas longtemps sans compagnon pour enrager ensemble. J'irai bien, il est vrai, *m'enterrer en Anjou* à la fin de ce mois, mais je serai de retour dans les premiers jours d'octobre. Écrivez-moi dès votre arrivée à Paris, à l'adresse que je vous indiquerai, et huit jours plus tard je serai près de vous.

Ma lettre est bien décousue; vous m'en excuserez; quand tout se dissout autour de nous, chaque chose s'en ressent, même les lettres. Je passe donc sans préambule aux *Annales législatives*. Je vous avouerai d'abord que votre second article a été inséré, des avis réunis de Cornudet et de moi, d'ailleurs textuellement et sans retranchements [1]. Reste la diète actuelle, que vous pouvez fort bien garder pour la *Revue française*, en la faisant précéder d'un extrait de vos articles dans les *Annales*. Ne vous irritez pas tant contre ces pauvres *Annales;* elles ont, il est vrai, trompé votre espoir, et je les aurais crues meilleures. Cependant, c'est encore le plus passable journal de droit qui ait paru en France; vos articles ont fait excellent effet, et vous auriez tort d'en avoir tant de regret. Je vous répète que j'ai eu de ce journal trop haute espérance, et si je vous y ai compromis, pardonnez-le-moi, mon bon ami, et n'accusez que mon zèle à vous être utile et le vif désir que j'ai eu de faire quelque chose qui n'a malheureusement pas tourné comme je l'aurais voulu.

J'espère qu'au moment où vous parviendra cette lettre, elle ne viendra pas aigrir par le récit des souffrances publiques vos douleurs privées; que la santé de Mademoiselle votre sœur vous donnera moins de tourments, et un loisir que j'oserai appeler heureux pour vous occuper d'un pays qui, Dieu merci, n'est pas mort encore, et compte encore plus d'un bras ferme et d'un cœur dévoué. Je vous récrirai demain ce que j'aurai appris.

Votre bien dévoué,

Alph. D'HERBELOT.

1. Montalembert, mécontent des amputations qu'on avait fait subir à son premier article, avait exprimé le désir que le second ne fût pas publié (cf. Appendice I).

12 août.

Je reprends ma lettre par acquit de conscience et sans nouvelles d'une véritable importance. Le ministère recule devant l'opinion publique, dont l'explosion a été d'une terrible unanimité; il ne fait pas une seule nomination, pas même de profession de foi dans le *Moniteur*. MM. Villemain [1], Hély d'Oissel [2], de Bellisle [3] et autres conseillers d'État récemment nommés ont envoyé leur démission; on en dit autant du procureur du roi de Paris, et de beaucoup d'autres fonctionnaires. M. de Belleyme a envoyé trois fois la sienne; mandé par le roi, il a persisté et vient, dit-on, d'envoyer sa démission pour la quatrième fois. M. Courvoisier, plongé à Lyon dans toutes les pratiques d'un ardent mysticisme, a refusé les sceaux [4]; on lui donne pour successeur M. Guernon

1. Abel-François Villemain (1790-1870), professeur d'éloquence française à la Sorbonne (1816), membre de l'Académie française (1831), conseiller d'État (1829), député (1830-1831), pair de France (1832), ministre de l'instruction publique (1839-1840 et 1840-1844).

2. Abdon-Patrocle-Frédéric, baron Hély d'Oissel (1777-1833), auditeur (1804), secrétaire général de la Seine (1805), préfet de Maine-et-Loire (1809), député (1827-1833), conseiller d'État (1829), président du conseil des bâtiments civils (1831).

3. Antoine-Xavier-Catherine Froidefond de Bellisle (1775-1862), maître des requêtes au Conseil d'État pendant les premières années de la Restauration, député de la Dordogne (1827-1831), avait été nommé conseiller d'État en service extraordinaire le 12 novembre 1828 par le ministère Martignac. Il était un de ses fidèles à la Chambre de 1828, où il siégeait au centre gauche.

4. La nouvelle était controuvée : ce qui était vrai, c'était que Courvoisier avait protesté qu'il ne collaborerait pas à un coup d'État ; il donna en effet sa démission en mai 1830.

de Ranville [1], procureur général à Grenoble, jeune homme de trente-cinq ans, qui n'a d'autre recommandation qu'une faconde assez facile et une grande violence de caractère. On ne sait si M. de Rigny et même M. de Montbel [2] accepteront leur part de pouvoir. M. de Vaublanc [3] est, dit-on, nommé président du conseil de commerce, Berryer fils, préfet de police. Berryer est un avocat, perdu de dettes et d'une immoralité connue, faisant depuis quelques années parade de dévotion, et prêt à se vendre corps et âme à quiconque lui donnera le moyen de continuer ses prodigalités. Un M. Trouvé [4] sera, dit-on, secrétaire général du ministère de l'intérieur; c'est lui qui était chef du jury lors de la condamnation à mort des quatre sergents de La Rochelle; c'est un septembriseur royaliste; mais toutes ces nouvelles ne sont que des bruits. Le ministère tremble de faire une nomination; Bourmont lui-même a été au moment de se retirer; vous ne pouvez vous imaginer avec quelle vio-

1. Martial-Côme-Annibal-Perpétue-Magloire (c'était son père qui avait combiné ces prénoms à double entente), comte de Guernon-Ranville (1787-1866), président à Bayeux (1820), procureur général à Limoges (1822), à Grenoble (1826), à Lyon (août 1829), ministre de l'instruction publique (novembre 1829-juillet 1830), député (1830), condamné à la prison perpétuelle (décembre 1830), gracié (1836).

2. Montbel avait le portefeuille de l'instruction publique, qu'il accepta et qu'il échangea ultérieurement contre l'intérieur, puis contre les finances.

3. Vincent-Marie Viénot, comte de Vaublanc (1756-1845), lieutenant-colonel en 1789, membre de la Législative (1792), des Cinq-Cents (1797), du Corps législatif (1800), préfet de la Moselle (1805), conseiller d'État (juillet 1815), ministre de l'intérieur (septembre 1815-mai 1816), membre de l'Académie des beaux-arts (1816), député (1820-1827). La nouvelle qui le concernait était fausse; c'est seulement une des ordonnances du 25 juillet 1830 qui le rappela à l'activité comme conseiller d'État.

4. Charles-Joseph, baron Trouvé (1768-1860), rédacteur en chef du *Moniteur* en 1794, pourvu de divers postes diplomatiques sous le Directoire, membre du Tribunat (1800), préfet (1803), rallié au parti *ultra* en 1815, destitué (1817), éditeur du *Conservateur* (1819), maître des requêtes (août 1829), chef de division aux Beaux-Arts (février (1830).

lence l'opinion publique se déclare contre cet homme; dans les rues, on l'entend à chaque instant traiter de *canaille;* les journaux épuisent toutes les formes de l'indignation et du sarcasme contre ce traître. On a réimprimé l'ordre du jour du général Gérard [1], lorsque Bourmont passa à l'ennemi, ses dépositions contre Ney, et les paroles foudroyantes dont l'accabla cette grande et noble victime de nos réactions. Il a cependant accepté, et a répandu hier, dans ses bureaux, un ordre du jour portant qu'il sera à cinq heures au travail tous les jours, qu'il entend que ses employés y soient au moins à neuf heures. C'est la protection du dauphin qui le soutient là; il avait gagné sa confiance en se mettant toujours de son avis au conseil suprême de la guerre.

L'attitude de la nation a plus de fermeté et d'énergie que je ne l'aurais cru; on ne déclame pas trop, on se dit avec calme que tout cela passera, que la liberté vivra d'une vie plus brillante et plus assurée; on est résigné à employer tous les moyens légaux pour lutter, et s'ils manquent, chacun se répète avec confiance cette devise qui terminait un véhément article inséré le 11, par un de mes amis, dans le *Courrier : Fata viam inveniant!* Il y a des paris ouverts que le ministère ne tiendra pas quinze jours; qu'effrayé de son isolement, il rentrera lui-même dans la poussière aux sifflets unanimes de la nation. Alors, adieu la politique anglaise et le patronage de M. de Wellington! adieu notre guerre contre la Prusse et la Russie, et le débarquement d'une armée française sur la côte de Macédoine pour couper la retraite aux Russes

1. Etienne-Maurice, comte Gérard (1773-1852), volontaire de 1792, général (1806), divisionnaire (1812), pair des Cent-Jours, exilé (1815-1817), député (1822-1823 et 1827-1832), ministre de la guerre (1830 et 1834), maréchal (1831), pair de France (1832), président du conseil (1834).

et être probablement livrée par les Anglais comme les émigrés à Quiberon ! Ce sont là les projets que l'on prête à nos politiques, plus l'arrivée d'un corps autrichien sur nos frontières pour tenir en respect notre mécontentement ; ce serait alors le cas de dire comme quelques gens du peuple, dimanche : *On dit qu'il va y avoir une révolution.* Ce qu'il y a de désastreux dans tout cela, c'est que nous voilà condamnés à une défiance éternelle de notre gouvernement ; plus d'estime possible, maintenant, plus de foi dans ses bonnes intentions ; il faut nous considérer comme en état de guerre, dire bonsoir à l'espérance, et observer d'un œil inquiet ses moindres démarches. On attend avec impatience des nouvelles des provinces ; la secousse y sera probablement terrible, car vous sentez que les fonctionnaires nommés par M. de Villèle et conservés par M. de Martignac, notre clergé si tolérant et si dévoué aux institutions, et les coupe-jarrets du Midi vont relever la tête ; on craignait quelques troubles dans le Gard entre les protestants et les catholiques, au reçu de ces nouvelles. Peut-être saurons-nous demain quelque chose, mais pourtant il faut fermer ma lettre ; s'il se passe quelque événement, je vous écrirai immédiatement à Dresde, comme vous me le marquez.

Aimez-moi toujours comme je vous aime.

Alph. d'Herbelot.

M. d'Hermopolis a décidément la nomination aux archevêchés et évêchés.... Cependant M. le grand aumônier [1] la réclame comme son apanage de l'ancien régime ;

1. Gustave-Maximilien-Juste, prince de Croÿ-Solre (1773-1844), émigré, chanoine de Vienne (Autriche), évêque de Strasbourg (1820), grand aumônier (1821), pair de France (1822), archevêque de Rouen (1823), cardinal (1825).

ils se battent déjà pour les dépouilles; M. d'Uzès [1] a repris son ancien titre de premier pair de France; grotesque, si ce n'était pas effrayant !

1. Marie-François-Emmanuel de Crussol, duc d'Uzès (1756-1843), colonel du régiment de Berry, émigré, lieutenant général et pair de France (1814), refusa le serment en 1830.

XXVIII.

27 août (1829).

Je n'ose vous écrire à Dresde, mon cher ami, craignant que vous n'ayez déjà dépassé cette ville quand ma lettre arrivera en Allemagne, et je ne me soucie guère que mes épîtres traînent dans les bureaux de poste de la Confédération. La présente vous attendra donc patiemment à Francfort.

Vous avez dû trouver à Berlin une lettre de moi, toute pleine de fiel et de colère. J'ai eu, depuis, le temps de m'apaiser, et, d'ailleurs, le ministère paraît si honteux de lui-même qu'il n'a pas fait grand'chose qui puisse nourrir cette animosité. Seulement, ses choix sont détestables ; vous savez que Mangin [1] est préfet de police, Mangin, de Poitiers, le pourvoyeur des échafauds. M. Dudon paraît devoir être nommé président du bureau de commerce. M. d'Haussez [2] vient d'être nommé ministre de la marine ;

1. Jean-Henri-Claude Mangin (1786-1835), condisciple et ami d'Hercule de Serre, procureur du roi à Metz (1816), directeur des affaires civiles à la chancellerie (1819), procureur général à Poitiers (1821), soutint énergiquement l'accusation dans le procès Berton ; conseiller à la Cour de cassation (1826), préfet de police à contre-cœur (août 1829), il s'exila volontairement après la révolution de 1830 ; il a laissé la réputation d'un éminent criminaliste.

2. Charles Lemercher de Longpré, baron d'Haussez (1778-1854), maire de Neufchâtel-en-Bray (1805), député (1815-1816 et 1827-1830), préfet des Landes, du Gard, de l'Isère, de la Gironde (1824), conseiller d'État ; il passait en effet pour modéré, et avait siégé dans la minorité de la Chambre introuvable. Ministre de la marine (1829-1830), il organisa supérieurement l'expédition d'Alger, combattit les ordonnances sans oser refuser sa signature, et fut condamné par contumace à la détention perpétuelle.

c'est un insignifiant, le plus modéré de tous. Mais le fougueux M. de Curzay [1] vient d'être fait préfet de la Gironde, et on a rappelé à Rennes M. Locard [2], réactionnaire de 1815, destitué par Martignac pour fraudes électorales. MM. de Cambon [3], d'Aunay, Agier, Salvandy, outre ceux que je vous avais déjà nommés, ont donné leur démission du conseil d'État. M. de Rigny avait également refusé la marine, par un motif d'ailleurs bien honteux. M. de Rigny, qui passe pour un homme peu honorable, et fut chargé en 1815 de la mission d'espionner les bâtiments sortant de Rochefort, dans la crainte qu'ils n'emmenassent Bonaparte en Amérique, a été menacé par M. Louis [4], son oncle, d'être déshérité s'il acceptait le ministère, et cet intérêt seul l'a décidé à refuser. Ce fait nous a été appris par les journaux anglais ; il paraît authentique. Ce ministère se maintient impopulaire au plus haut degré ; dans tous les théâtres, on applaudit à outrance les phrases qui renferment l'allusion la plus détournée. On a hué hier, au palais, le procureur du roi qui, dans son discours à l'occasion de la réception de M. de Belleyme comme premier président [5], avait hasardé quelques mots

1. François-Boceslas-Casimir Duval de Chassenon, vicomte de Curzay (1780-1842), préfet des Deux-Sèvres (1815), député d'extrême droite (1820-1830), préfet de la Loire-Inférieure (1824), de la Vendée (1824), d'Ille-et-Vilaine (1827), de la Gironde (août 1829).

2. Ce fonctionnaire, maître des requêtes, fut quelques mois plus tard transféré à la préfecture du Bas-Rhin.

3. Jean-François-Auguste, marquis de Cambon (1774-1836), émigré enfant, attaché à la maison du roi (1814), député (1824-1831), opposant au cabinet Villèle, conseiller d'État (1828), vice-président de la Chambre (1828-1829).

4. Joseph-Dominique, baron Louis (1755-1837), conseiller-clerc au parlement de Paris, ministre plénipotentiaire en Danemark (1791), émigré, maître des requêtes, conseiller d'État (1812), député (1815-1831), cinq fois ministre des finances (1814, 1815, 1819, 1830, 1831), pair de France (1832).

5. Il y a là un *lapsus :* c'est simplement *président* du tribunal de la Seine que de Belleyme avait été nommé en quittant la préfecture de police ; il n'y a de *premier président* que dans les cours.

en faveur du pouvoir. A Marseille, dans l'opéra de *Paul et Virginie* [1], on a sifflé, du commencement à la fin, l'acteur qui jouait M. de La Bourdonnaye [2], et on l'a rappelé après la pièce pour lui témoigner, par mille bravos, que les huées s'adressaient à son nom d'emprunt. Les journaux ont été terribles, surtout contre M. de Bourmont. Les *Débats* se sont élevés jusqu'à la plus haute éloquence, aussi paraissent-ils demain devant le tribunal correctionnel. Viendront ensuite le *Figaro*, l'*Album national*, et, en province, le *Précurseur*, de Lyon. D'ailleurs, la haine ne se trahit que d'une manière légale. Seulement, l'accueil fait au général Lafayette dans l'Auvergne, le Dauphiné et le Lyonnais, a eu quelque chose de 89. A Grenoble, toute la population s'est portée à sa rencontre ; dans toutes ses promenades, les jeunes gens à cheval et en uniforme lui ont servi de gardes d'honneur ; on a illuminé, et un soir qu'il est allé à Vizille, tous les coteaux qui bordent l'Isère ont été spontanément couronnés de feux de joie. Au Puy, à Brioude, même réception, et on lui prépare à Lyon une entrée triomphale ; on renouvelle les fêtes de l'Amérique. Mais le héros de la Constituante a maintenant près de quatre-vingts ans et ne peut donner grande crainte au gouvernement. Il paraît cependant vivement choqué de cet enthousiasme. Je vous dirai, à propos, et pendant que j'y pense, que l'on parle beaucoup de M. de Gabriac [3], le

1. La célèbre nouvelle de Bernardin de Saint-Pierre avait inspiré deux opéras à la fin du XVIIIe siècle, l'un de Kreutzer (Comédie-Italienne, 15 janvier 1791) et l'autre de Lesueur (Théâtre Feydeau, 13 janvier 1794) ; il s'agit sans doute du second, dont la vogue fut plus durable.

2. Le célèbre gouverneur de l'île de France sous Louis XV, Bertrand-François Mahé de la Bourdonnais, d'une autre famille que celle de l'homme politique. L'orthographe des noms différait, leur consonance seule était la même.

3. Alphonse-Joseph-Paul-Marie-Ernest de Cadoine, marquis de Gabriac (1792-1865), page de l'empereur (1808), auditeur (1810), ministre plénipoten-

gendre de Mme Davidoff [1], pour succéder, à Pétersbourg, à M. de Mortemart. On dit que M. de Gabriac a épousé avec beaucoup de chaleur les querelles du ministère actuel.

On a craint, pendant quelques jours, que la liberté de la presse ne fût suspendue par ordonnance. C'était une fausse peur ; le pouvoir est modéré, patelin, faisant la chattemite, et la *Gazette* est conciliante et caressante, de telle sorte que la *Quotidienne* commence à trouver qu'on ne marche pas assez bon train. De fait, le ministère a été épouvanté de l'anathème universel lancé contre lui, et spécialement contre Mangin et Bourmont. Il a reculé devant lui-même, renoncé au projet de faire de la force, comme dit M. de La Bourdonnaye, et rendu leur liberté à ce bon M. de Conny et à cet intègre M. de Vitrolles [2], qu'il avait eu dessein de s'adjoindre. M. de La Bourdonnaye a envoyé à ses préfets une circulaire sèche, impérieuse et menaçante ; les autres ont rivalisé de gentillesse et écarté pour l'instant les mesures violentes ; c'est à qui parlera de charte, d'institutions, de la probité politique du centre gauche ; mais, parfois, on voit encore le bout de l'oreille : ainsi, la *Quotidienne* annonce que des émissaires à cheval

tiaire en Suède (1823), au Brésil (1826), ambassadeur en Suisse (octobre 1829), pair de France (1841), sénateur (1853).

1. Aglaé-Angélique-Gabrielle de Gramont (1787-1842) était alors veuve du comte Davidoff, général russe; elle avait marié l'aînée de ses filles au marquis de Gabriac. Par sa mère, Françoise-Gabrielle-Aglaé de Polignac, duchesse de Guiche et de Gramont, Mme Davidoff était nièce du prince de Polignac. Malgré ses attaches légitimistes, elle devait, en 1831, épouser en secondes noces un des personnages marquants du régime de Juillet, le général (futur maréchal) Sébastiani, lui-même veuf d'une Coigny et père de l'infortunée duchesse de Praslin.

2. Eugène-François-Auguste d'Arnaud, baron de Vitrolles (1774-1841), émigré, soldat de l'armée de Condé, inspecteur des bergeries sous Napoléon, prit une part déterminante à la restauration de 1814; ministre d'État (1814), député (1815-1816), ambassadeur à Turin (1825), pair de France (janvier 1830).

partent toutes les nuits de Paris pour fomenter l'insurrection dans les provinces, et, d'autre part, le *Times*, devenu le journal officiel de M. de Polignac, nous met peu à peu dans sa confidence. Ainsi il est question, en attendant mieux, d'augmenter la dotation du clergé, de restreindre la liberté de la presse, de rétablir une espèce de droit d'aînesse, de donner aux collèges de département, aux électeurs du double vote, la faculté de nommer chacun deux députés de plus. D'ailleurs, on ne nous parle pas, jusqu'à présent, de nous faire pendre, cloîtrer ou déporter en masse, ce dont nous avons grande grâce à nos bons seigneurs. La grande difficulté est de savoir comment cette échauffourée de ministres soutiendra le regard des Chambres. Tout porte à croire qu'elle les convoquera et essaiera de gouverner avec leur secours, en achetant une majorité par quelque mesure populaire : la suppression d'un impôt ou le rétablissement d'une garde nationale, formée des grands propriétaires et des prolétaires, ces deux classes qui sont à elles seules toute la nation, comme dit la *Gazette*. Il faut espérer que la Chambre des députés, toute médiocre qu'elle est, ne se laissera pas prendre dans cette souricière et qu'elle repoussera, par un vote énergique, cette dernière levée en masse de l'émigration. Notre Chambre va probablement recevoir un utile renfort, M. Guizot, qui sera nommé en place de M. Chauvelin dans la Côte-d'Or, si, comme on le croit, le vieil et honorable M. Hernoux [1] persiste à refuser la députation ; il faut fortifier notre Chambre, elle en a grand besoin ; car, encore une fois, si elle cède au ministère, nous sommes perdus. Ce pouvoir est le va-tout de la monarchie abso-

1. Etienne-Nicolas-Philibert Hernoux (1777-1858), avocat à Dijon, député (1817-1824 et 1829-1837). Comme on voit, il se représenta, et c'est dans le Calvados que Guizot ne tarda pas à être élu.

lue, son dernier coup de dé ; ce serait une folie de croire qu'il s'en retournera sans mot dire, qu'il passera en faisant le bien ; sa mission est la contre-révolution : il la poussera en avant de tous ses efforts ; peut-être, la première année, il jouera l'honnête homme et le modéré ; mais, si on se fie aux apparences, si on oublie les noms, les engagements et la conduite de toute leur vie, la trahison de l'un, les catégories de l'autre, les réquisitoires et sanguinaires imprécations de leur acolyte Mangin, on se crée pour l'avenir des difficultés sans fin et on rend la crise plus terrible en la reculant. Au moment où je rouvre ma lettre, j'apprends que les *Débats* viennent d'être condamnés à 500 fr. d'amende et six mois de prison pour leur gérant A. Bertin [1]. Dupin aîné a été faible dans sa défense : il n'a eu qu'un beau moment, c'est lorsqu'il a cité un discours prononcé en 1815 par l'homme des catégories, et dans lequel il demandait *mort et supplices* pour les adversaires du nouvel ordre de choses. Les *Débats* en appelleront à la Cour royale. Mais, en l'absence du premier président Séguier [2], M. Amy, le faux électeur, a fait, pour l'année prochaine, une distribution des conseillers dans les diverses Chambres telle que la section qui jugera les affaires de la presse est justement composée des plus violents adversaires de la charte. Enfin, quoi qu'il arrive, on soutiendra la presse à tout prix, car c'est là notre *dernière ressource légale*, sans quoi nous serons livrés pieds et poings liés.

Vous songez bien qu'au milieu de ces inquiétudes nous

1. Louis-Marie-Armand Bertin (1801-1854), fils de Bertin l'aîné, devait après lui diriger le *Journal des Débats*.

2. Antoine-Jean-Mathieu, baron Séguier (1768-1848), substitut du procureur général au parlement de Paris, émigré, président du tribunal d'appel de Paris (1802), premier président de la cour impériale (1810), conseiller d'État (1814), pair de France (1815).

avons à peine le temps de penser aux affaires étrangères, et, cependant, voilà en Orient les dynasties qui tombent et les empires qui s'écroulent. L'Angleterre a été prise de court et ne pourra empêcher les Russes d'entrer à Constantinople. Ce bon M. de Wellington, quelle contrariété ! Qu'en diront son ami Polignac et son frère d'armes Bourmont, et comment il est fâcheux qu'il n'y ait pas eu dans l'armée russe quelque bon citoyen à la manière de notre ministre de la guerre, prêt à passer à l'ennemi la veille de la bataille ! Quelle influence tout cela exercera-t-il sur notre avenir, sur celui de l'Europe ? Que nous importe ! Le dey d'Alger nous crache au nez, fait tirer sur nos parlementaires, et nous remercions ; le roi d'Angleterre, ou plutôt ses commis, nous nomment nos ministres et les ramassent dans la fange, et *sempre bene!* Nos ennemis, à nous, ce n'est point la Turquie ou la Russie : ils sont dans notre sein et passent dans la rue près de nous tous les jours. En vérité, je finirai par devenir patriote à la mode du *Constitutionnel* et sottisier comme l'*Album*, car il est dur, à vingt ans, de se voir condamner à une lutte éternelle, de ne pas savoir où vous jetteront les orages politiques, sur le champ de bataille, dans l'exil ou ailleurs. Car aujourd'hui quelle confiance avoir ? Nous avons la mesure de notre gouvernement, de notre cour ; nous savons ce qu'elle veut et comment elle est fidèle à ses serments ; bonne leçon pour l'avenir, dont nous profiterons, je l'espère, pour être économes de confiance et d'enthousiasme.

Et vous, pendant que nous maudissons à Paris notre sort, et rongeons notre frein, vous voilà courant par cette docile Allemagne, pauvre garde-malade; plaise à Dieu que ce soit avec espoir de guérison. Je ne puis m'arrêter à l'idée que des douleurs privées pourraient venir aigrir vos inquiétudes publiques, et je compte à votre retour n'avoir à vous entretenir que de nos perplexités communes. Je vous donne peut-être, dans cette lettre, bien des détails que vous aurez vus dans les journaux; mais incertain s'il vous tombera sous les yeux quelque feuille française à la libre allure et au franc parler, je vous résume tant bien que mal nos principaux journaux. Je serai de retour à Paris au plus tard le 10 octobre; ainsi vous ne serez pas trop longtemps seul; vous trouverez immédiatement à votre arrivée une lettre de moi chez vous, qui vous indiquera les moyens de nous voir le plus tôt possible. Le voilà donc fini, ce malheureux voyage, et nous ne serons plus obligés, quand nous aurons quelque chose à nous dire, d'attendre un mois qu'il plaise à la poste de nous le communiquer. Il faut nous organiser pour passer un hiver utile, apprendre quelque chose et commencer de loin la vie publique; l'étude d'économie politique, dont vous me parlez, devra occuper le premier rang; nous pourrions peut-être suivre ensemble avec quelque fruit le cours de droit international que va faire Paul Royer-Collard, s'il plaît à M. de Montbel. Il est mon ami et nous donnera tous les secours et les conseils nécessaires. Si vous persistez dans votre intention de vous loger dans notre quartier, cela facilitera encore nos réunions. Nous verrons dans nos connaissances diverses qui nous pourrions rapprocher plus intimement de nous. Qu'est-ce que M. Lemarcis dont vous me parliez? N'est-ce pas un jeune homme, grand ami de Chateaubriand, avec qui j'ai déjeuné un matin avec vous chez Rio? Il m'a paru avoir beaucoup d'âme et de sensibilité. D'ailleurs, ce n'est probablement pas un homme d'action ni d'affaire, il m'a fait l'effet d'un mystique politique. Ce n'est pas, à Dieu ne plaise, que je veuille.... l'enthousiasme; mais, dans les circonstances présentes, il faut de l'enthousiasme pour les choses, de la chaleur qui se résolve en actes, en expression publique de son opinion, non pas qui aille se perdre en théorie. Il faut faire comme Socrate, aller se battre à Potidée et non plus discourir sous le portique. Le *Globe* a bravement donné l'exemple, quitté la philosophie politique, pour apprécier l'événement de la veille et prévoir celui du lendemain. J'espère que les liaisons de Rio avec le faubourg Saint-Germain ne l'auront pas détourné de notre cause; il est à Montmorency, et je ne l'ai pas vu depuis trois semaines. Quant à vous, mon cher ami, je ne crains rien pour vous. Bien que destiné à tomber dans les mêmes liaisons, vous avez trop de cœur pour renoncer à vos principes, quand ils sont en danger, et nous nous retrouverons toujours dans les mêmes rangs. Une chose qui m'a fort étonné, c'est que cet abbé Busson [1], dont vous me faisiez si grand éloge, ait consenti à rester secrétaire général des affaires ecclésiastiques après le départ de M. Feutrier. Mais croiriez-vous que la plupart de nos indignes généraux, plusieurs même ayant combattu à Ligny et à Waterloo, ont eu la lâcheté d'aller dîner chez Bourmont? Sans doute ils auront bu, au dessert, aux mânes des soldats que leur amphitryon a livrés tout sanglants aux boulets anglais. Pauvres gens, mourez donc pour vos chefs, faites-leur gagner des croix, des cordons, pour qu'ils aillent, après, prostituer leur

1. Claude-Ignace Busson, émigré, revenu en 1815, chargé momentanément de la paroisse de Montrouge (1819), professeur aux Missions étrangères, convertit en 1822 la mère de Montalembert, Anglaise et protestante (Lecanuet, *Montalembert*, t. I, p. 20-21); attaché à la chapelle du roi, secrétaire général des affaires ecclésiastiques (1828), réfugié à Édimbourg (1830), désigné par Mgr de Quélen pour l'archiprêtré de Notre-Dame et non agréé par le gouvernement de Louis-Philippe (1832). Les détails manquent sur le début et la fin de sa carrière. (Renseignements communiqués par M. le chanoine Pisani.)

gloire et la vôtre à ceux qui ont fait répandre votre sang, le plus pur sang de la France! Je hais tous ces généraux de l'Empire; sauf un petit nombre d'exceptions, ce ne sont plus que des valets d'antichambre, et leur vieillesse fait oublier leur âge mûr. Il n'y a qu'une génération dont les débris conservent encore quelque énergie, ce sont les généraux de la République, les compagnons de Desaix, de Hoche, de Marceau, noms qui surnageront dans l'avenir et remplaceront noblement dans nos fastes militaires tous ces maréchaux déhontés qui acceptent toutes les infamies, depuis les bals de M. d'Apponyi [1] jusqu'aux dîners de M. de Bourmont. Ils ont voulu se faire courtisans et lancer leurs femmes dans les dames d'honneur [2]. Je m'étonne qu'on n'en ait pas nommé quelques-uns valets de chambre ou maîtres par quartier de la garde-robe; c'eût été une belle fin pour de telles vies.

Je vous quitte pour écrire à Cornudet, devenu gentilhomme campagnard dans sa chère Bourgogne. Je pars moi-même lundi pour aller planter mes choux dans la Sarthe. Ne vous pressez pas de revenir, au moins jusqu'au 10 octobre, car après cela, faites diligence; je ne vous accorde pas un jour de répit. Écrivez-moi, si vous arrivez à Paris avant le 6 octobre, à La Flèche, chez

1. Antoine-Rodolphe, comte Apponyi (1782-1876), venait d'être nommé ambassadeur d'Autriche à Paris. Par ordre de sa cour, il avait refusé de faire annoncer chez lui les membres de la noblesse impériale sous des titres de villes ou de pays actuellement soumis à la domination ou à l'influence autrichienne.

2. L'allusion vise évidemment le maréchal Oudinot, duc de Reggio, dont la femme était dame d'honneur de la duchesse de Berry, et qui le premier précisément s'était vu refuser son titre à l'ambassade d'Autriche (l'ambassadeur lui avait d'ailleurs, vérification faite, adressé des excuses, motivées sur ce que son duché était assis sur la ville napolitaine de Reggio-de-Calabre, et non sur celle de Reggio-d'Émilie, dépendant du grand-duché de Modène).

M. Maignien, rue des Bancs, n° 22. Écrite plus tard, votre lettre ne m'arriverait pas. Adieu, mon bon ami, bon courage et bon voyage; encore quelques pas et quelques jours et nous serons réunis.

Alph. D'HERBELOT.

XXIX.

25 septembre (1829), Veyron.

Votre lettre m'a déchiré, mon pauvre ami, et par l'étendue de votre malheur et par l'horrible désespoir où je vous vois plongé. Vous faites un rude apprentissage de la vie, et si un poète a dit qu'elle est mêlée de pluie et de soleil, jusqu'ici vous ne l'avez guère connu ce soleil, cette jouissance et cette satisfaction morale qui ranime et réchauffe le cœur. Vous voilà donc jeté en Italie, pourchassé de Stockholm à Pise; pour le présent, votre position est affreuse et n'admet pas de consolation; mais quant à l'avenir, il est à vous, et il appartient à votre courage de ne point le corrompre et le ternir par la pensée. Vous êtes encore si jeune, à peine vingt ans! Comment désespérer déjà de votre carrière, comment dire adieu à votre juste ambition, à vos nobles espoirs? Une année est longue à passer, je le sais, mais après, ce n'est plus qu'un rêve, et un rêve vite oublié, sitôt que la réalité commence, c'est-à-dire la vie positive, la vie active, celle qui a un point de départ et un but, et ne se consume pas en tournant inutilement sur elle-même. Obligé que vous êtes de passer par de si terribles épreuves, ranimez-vous par la contemplation de l'avenir, car, quoi qu'il arrive, un peu plus tôt, un peu plus tard, cet avenir viendra pour vous; votre absence durât-elle jusqu'en 1830, ce sera un arrêt terrible et pour vous et pour nous; mais enfin, cela finira et vous rentrerez dans la vie politique, cuirassé contre toutes les tribulations qui pourront vous y assaillir par une longue habitude du malheur. Je ne vous recommande qu'une seule chose : raidissez-vous contre votre destinée, et tout en gémissant sur le présent, ne le transportez pas dans l'avenir, que vous ne connaissez pas, que vous ne devez pas chercher à connaître. Vous craignez d'être à Pise sans occupation possible, vous craignez l'annulation graduelle de vos goûts pour l'étude et de vos facultés intellectuelles : mais ne pouvez-vous pas penser, même au chevet d'une malade, puis, profitant d'un quart d'heure de liberté, revenir sur ces pensées, les écrire, tromper ainsi votre douleur présente et faire des provisions pour l'avenir ? Vous n'avez pas de livres, ils sont en France : mais n'en trouverez-vous pas quelques-uns à Pise, ville savante au moyen âge, encore universitaire aujourd'hui ? Quand vous n'auriez qu'une histoire d'Italie, que de grossiers annalistes de ces admirables communes de Milan, de Gênes, de Sienne, lisez-les, faites-les vôtres par l'étude et revenez avec ce savoir de plus. J'ai vu quelque part que Napoléon, alors simple lieutenant, condamné à quelques jours de cachot, y trouva par hasard un vieux livre de droit et retira de cette courte captivité ces notions premières qui, fécondées par son génie, lui firent prendre une si glorieuse part dans la discussion du Code civil : eh bien ! vous, pendant six mois d'exil à Pise, ne pourrez-vous imposer quelque étude à votre esprit, le forcer à se jeter dans quelque exercice positif, pour ne pas s'égarer dans une mélancolie qui le tuerait ? Vous serez, dites-vous, étranger à toutes les émotions de votre pays : mais n'y a-t-il pas un bon côté à voir dans cette fatalité qui vous empêche de vous jeter dans l'arène à vingt ans, qui vous oblige à mûrir vos opinions, vos idées? Si la France reste tranquille, il sera toujours temps de lui apporter le tribut de science et de dévouement qu'on aura amassé pour son service; si la contre-révolution soulève l'orage et remet en question ce que vingt ans de luttes et d'héroïques victoires avaient consacré, eh bien, calculez les distances de temps; d'aujourd'hui à la tentative, puis à la résistance, bien des mois s'écouleront, et, consolez-vous, le procès de Hampden [1] n'est pas encore commencé. De retour dans notre pays, avec même dévouement que nous, étranger d'ailleurs par votre longue absence à nos petites haines, à nos partialités, vous trouverez votre drapeau levé, votre route frayée, vos amis serrés, réunis, prêts à vous faire place au milieu d'eux. Car ce déchirement qui vous sépare de vos contemporains, ne vous en effrayez pas tant : de tous ces contemporains, n'y en a-t-il pas beaucoup à qui vous ne tenez guère? Quant aux autres, vous les retrouverez toujours. Pour nous, qui ne sommes pas vos camarades, mais vos amis, vous ne craignez pas, sans doute, que rien, l'éloignement ou l'absence, puisse nous séparer. Connaissez-vous la devise de la Congrégation? *Cor unum et anima una;* n'est-ce pas aussi la nôtre? N'avons-nous pas fraternité d'opinions, de pensées, de désirs, n'avons-nous pas même foi à la liberté et à quelque autre chose encore qui est au-dessus, n'avons-nous pas un gage d'éternelle amitié dans cette sympathie qui s'est développée si vite, et s'est fortifiée malgré sept cents lieues d'espace entre nous? Luttez donc contre vous-même, mon cher ami, contre votre disposition à n'envisager l'avenir que comme une perpétuelle série de maux; croyez que la

1. Un des préludes de la révolution anglaise de 1648 fut, en 1637, le procès de John Hampden, qui avait refusé de payer une taxe décrétée par Charles Ier sans l'assentiment du parlement.

Providence vous dispensera l'épreuve de telle manière que vous n'y succombiez pas, et aidez-la dans cette œuvre par votre courage. Vous allez probablement voir un instant Cornudet, passant si près de lui; puissent ses conseils vous donner la force! et que j'éprouve un vif chagrin de n'être pas rapproché comme lui de votre route! j'aurais pu aller au-devant de vous, vous présenter au moins dans votre isolement une figure connue et peut-être vous ranimer et raviver votre espoir défaillant. Je sens combien toutes ces consolations sont vagues et insuffisantes, combien, venues de si loin et couchées sur le papier, elles paraissent froides et mesquines. Mais si je me laissais aller à l'impression qu'a produite sur moi votre lettre, je n'aurais trouvé que de tristes paroles et de la douleur à mêler à votre douleur; or c'est de la force qu'il vous faut, de l'espérance, et tous les efforts de vos amis doivent tendre à vous en donner! Pardonnez-moi donc si je calcule, si à mon aise, les chances que nous laisse encore cette année d'exil, plus affreuse que l'autre.

Mais, voyant que vous ne pouvez faire ce calcul, je l'ébauche à votre place et vous mets en défiance de vous-même, de votre laisser aller. Croyez que je ressens bien profondément combien votre position est horrible, combien ce long voyage, terminé par une halte désespérée, est plein d'angoisses et de tourments. Mais passant le plus vite possible sur ce misérable voyage, je songe à celui qui vous ramènera parmi nous; tâchez d'en faire parfois autant, de ne pas envenimer l'avenir, de vivre au jour le jour, et de vous répéter quelquefois que vous êtes jeune et que la vie est longue à qui sait en profiter et tourner le plus possible à son avantage les biens et les maux que Dieu lui envoie.

Je conçois bien que votre chagrin présent vous absorbe

tout entier et vous empêche de songer aux calamités de notre chère France. Ce n'est pas là de la dégradation, mon cher ami, c'est peut-être un peu de faiblesse, et contre cette faiblesse, le remède est en vous. D'ailleurs tout est encore calme et insignifiant : le ministère a reculé devant la haine publique et a craint de l'affronter; il a besoin de l'arbitraire et ne peut en user; il a voulu empêcher la réception triomphale de Lafayette à Lyon, et a reculé devant la nécessité d'opposer les baïonnettes à l'opiniâtreté des Lyonnais. Pensez-vous d'ailleurs qu'à Pise vous n'ayez ni journaux, ni communication libre? Il me semble que le gouvernement toscan a la réputation d'être assez libéral, et je crois avoir ouï dire à mon frère que l'an dernier, à Florence, il avait trouvé des journaux français. Quand vous serez en Italie, je vous prierai simplement de m'informer si on a l'habitude d'intercepter les lettres. Car, dans ce cas, au lieu de vous envoyer un récit animé et souvent indigné de nos turpitudes, je me transformerais en froid gazetier et me contenterais de vous donner le matériel des faits ; j'agirai d'ailleurs comme vous le voudrez, et votre désir sera le mien. Vous allez habiter une terre féconde en souvenirs, et, si je vous dis cela, c'est pour tâcher de vous faire prendre un peu de goût à votre exil : Pise, Sienne, Florence, ces métropoles de la liberté au moyen âge, où vous trouverez, jusque dans la construction des maisons, trace d'une orageuse indépendance. Tâchez de ranimer votre bel enthousiasme pour la contemplation de l'antique liberté italienne, étudiée sur les lieux mêmes. Tâchez de relever autour de vous, par la pensée, les ruines des vieilles forteresses et du beffroi municipal. Laissez-vous réchauffer par ce beau ciel, et ne vous dérobez pas par la douleur aux impressions que cette riche nature et ces grands souvenirs pourraient produire sur votre âme. Écrivez-moi, que je sache au moins comment vous portez la vie, si vous avez déterré quelque occupation, si vous faites quelque chose, quoi que ce soit, sérieux ou frivole, qui vous puisse arracher à vous-même et transporter dans une autre sphère d'idées. Je pense avec regret que vous aurez encore vu à Francfort une lettre de moi où je vous témoignais toute ma joie de votre retour, joie qui devait encore rouvrir la plaie qui vous dévore. Maintenant, je ferai en sorte de m'habituer à votre absence pour vous y habituer vous-même; je m'associerai à vos travaux. à vos courtes satisfactions de là-bas, à vos longues douleurs, ne pouvant vous associer encore à notre existence parisienne. Prenez de la force, mon ami, ayez de la patience, je vous en conjure, ne détruisez pas notre avenir, ne suicidez pas votre intelligence par des regrets inutiles et désespérés. Que votre confiance dans notre vive et impérissable amitié vous soutienne et parfois vous console. Adieu, j'espérais que ce ne serait pas pour si longtemps. Comptez sur moi à la vie et à la mort.

Alph. D'HERBELOT.

XXX.

La Flèche, 9 octobre (1829).

Ma lettre, que je confie à Cornudet, vous suivra, mon cher Montalembert, à travers votre long et triste pèlerinage, et ne sais où elle vous trouvera. Toutes les épreuves, toutes les afflictions s'accumulent sur votre tête ; le temps est affreux et doit augmenter encore les peines de votre voyage. Je songe, du moins, que vous avez eu, en traversant la France, un moment de bonheur. Vous avez vu Cornudet, une figure amie, un souvenir de ce Paris où sont la plupart de vos affections, et dont le sort vous éloigne à chaque instant. Il nous aura tous représentés près de vous, avec notre sympathie ardente et nos vives douleurs. Il paraît désespéré de vous voir si triste, si cruellement abattu, et lui, qui vous console, a aussi besoin d'être consolé.

Où serez-vous, quand arrivera cette lettre, et quel genre de peine pèsera sur vous? Le coup de foudre [1] ou la douleur poignante et journalière? Puis-je seulement vous écrire ce que je pense, et si je mêle à mes causeries d'amitié quelques doléances sur notre pauvre pays, n'ai-je point à craindre que quelque sbire sarde ou autrichien vienne s'interposer entre nous? Oh! c'est une dure chose que l'exil, non seulement pour l'exilé, mais aussi pour ses amis, surtout quand ils le sentent souffrant loin d'eux

1. Alphonse d'Herbelot ignorait encore qu'Élise de Montalembert était morte le 3 octobre.

et n'ayant pas une main à presser dans la sienne. Je vous répéterai cependant ce que je vous disais dans ma dernière lettre : dérobez-vous à vous-même, et cherchez, dans quelque occupation de votre choix, une diversion à vos pensées. Dès que vous serez campé à Pise, que vous y aurez fixé pour quelques mois votre incertaine existence, obligez-vous à quelque travail. L'autre jour, je vous parlais de l'histoire d'Italie. Vous proposerai-je autre chose? Pise doit contenir une bibliothèque pleine d'ouvrages de jurisprudence; eh bien, prenez-en quelques-uns, occupez-vous de droit romain ; c'est là où sont tous les principes de la raison écrite, et plus tard, vous aurez une grande supériorité si vous avez fait une étude approfondie de cette belle législation. J'ai éprouvé par ma propre expérience que si j'avais quelque chagrin, quelques heures d'étude l'allégeaient beaucoup et produisaient sur mon esprit le même effet que les liqueurs fortes sur les gens du peuple, c'est-à-dire m'étourdissaient complètement. Faites-en l'essai, si vous le pouvez, et puissiez-vous en tirer quelque consolation! Vous rencontrerez peut-être à Pise des étrangers que le climat doit y attirer comme votre famille. Ils vous offriront peut-être une espèce de ressource, et, dans votre position, il faut s'accrocher à tout, il faut renoncer au présent, ne pas s'en occuper, vous en séparer autant que possible, et vous représenter un avenir, sinon parfaitement heureux et calme, au moins supportable. Dans quelque temps vous serez à Paris avec nous, un peu refait de vos blessures, car une heure de bonheur et la franche amitié de vos contemporains consolent de bien des douleurs. Vous aurez repris vos études, vos travaux, vous vous associerez aux nôtres, vous suivrez avec nous la fortune de la France dans toutes les vicissitudes où la jettera encore sans doute la folie de ses maîtres. Cette vie qui vous flatte et que vous attendiez pour vous ranimer, la voilà différée d'un an, c'est vrai, mais enfin, cet an se passera comme s'il eût été heureux, et votre seule idée aujourd'hui doit être de le rendre tolérable. C'est un devoir pour vous d'écarter les tristes images dont se nourrit votre imagination; à vingt ans, quand une longue existence s'étend devant vous, vous laisserez-vous abattre par la douleur, et ne chercherez-vous pas à ranimer tout ce qui vous reste d'énergie et de force morale, tout ce qu'une année d'angoisses n'a pas encore tué? Songez que dans un an vos maux seront finis; nous reviendrez-vous, accablé avant l'âge, décoloré, tout brisé par la tempête, quand peut-être vous pourriez encore vous raidir contre elle et garder en vous les étincelles du feu sacré? En général, la Providence n'accorde guère une vie heureuse et une douce jeunesse à ceux qu'elle destine à faire quelque grande œuvre. Il en est d'eux comme des poètes, comme du Camoëns ou de Milton : ils sont vraiment les mercenaires de Dieu, et travaillant toute la vie à la sueur de leur front, trouvent, après, leur récompense. Nous nous plaignons souvent du triste niveau qui a passé sur notre civilisation : certes, vous n'avez pas eu part égale, et vos chagrins vous ont de bonne heure différencié de nous. Qui sait s'il ne nous est pas réservé une destinée particulière, si la vie n'est pas pour vous grosse d'avenir, non de celui qui consiste à traîner plus ou moins passablement une existence commune, mais de celui qui remplit et féconde l'âme et la laisse originale et vraiment individuelle [1]? Quoi qu'il en soit, laissez-vous aller à votre des-

1. Quoique nous nous soyons interdit les commentaires proprement dits, il nous sera bien permis de noter à quel point cette phrase est prophétique de la destinée de Montalembert.

tinée présente, en détournant les yeux pour les reporter sur le futur. Notre siècle est à son aurore; de grands événements le signaleront sans doute, car les empires s'y écroulent, et peut-être aussi les dynasties. Si nous devons en prendre notre part, tenons-nous prêts. Raidissons-nous contre les adversités présentes et attendons ce qu'il plaira à la Providence de faire de nous.

Il m'est actuellement impossible de vous donner un bulletin politique exact et complet. Je suis dans un pays qui n'a aucune ressource à cet égard, et j'attends mon arrivée à Paris, c'est-à-dire une huitaine de jours encore, pour vous écrire une longue lettre où je chercherai à vous mettre un peu au courant. J'apprends seulement par le journal que le ministère est au repos, tout tremblant devant le pays, le harcelant de paroles, sans oser engager la lutte. Le mécontentement se maintient toujours à un haut degré. Je vis ici avec des officiers d'artillerie principalement, qui sont en semestre et témoignent hautement leur mépris pour le pouvoir. L'un d'eux est mon parent, et ce qu'il me dit de l'esprit de son corps me fait juger, par analogie, que le gouvernement ne pourrait compter sur la majeure partie de la troupe, s'il hasardait un coup d'État. Ainsi la Constitution ne périra pas encore de cette fois, et toute la fureur contre-révolutionnaire viendra se briser devant une menaçante unanimité.... vraiment de l'esprit public en France, une.... mollesse produite par le bien-être général et le défaut d'une foi vive à quoi que ce soit. Mais enfin, tout n'est pas perdu, et, tant que nous restera la liberté, il ne faut pas désespérer de notre siècle.

Mon ami, au milieu de vos tourments et de vos cuisantes tristesses, elles seront bien faibles les distractions que vous donneront les affaires du pays; car, quand on a le cœur brisé et le chagrin à sa porte, il est bien difficile de s'occuper de ce qui se passe à trois cents lieues. Je ne renoncerai pourtant pas à mon analyse des affaires publiques. Je n'y renoncerai que quand vous en serez las, que si vos douleurs vous empêchent d'entendre autre chose que le retentissement de votre cœur. Mais vous n'en viendrez pas là ; vous avez trop de foi, trop de courage ; vous vous garderez pour votre destinée, vous rappelant qu'une position toute spéciale dans le monde vous appelle à un rôle que les circonstances pourront peut-être rendre pénible, car je suis convaincu, aujourd'hui plus que jamais, que la persévérance contre-révolutionnaire d'une part et la rancune démocratique de l'autre amèneront quelque froissement. Je ne sais à quel prix nous achèterons des jours tranquilles ; mais ce prix, quel qu'il soit, quelque coûteux, nous le paierons, car il faut d'abord que la France vive, nous après, s'il en reste. Que cette pensée vous soutienne et vous console, mon ami, que vous aurez peut-être une destinée importante à accomplir. Vous serez mûr de bonne heure et vieux de malheur ; c'est une expérience que vous n'aurez pas à faire plus tard. Encore une fois, je ne vous dis pas tout cela pour vous consoler du présent, mais pour vous rassurer sur l'avenir. Ne pensez plus à l'Irlande, elle n'a plus besoin de personne maintenant, et plus tard, vous pourrez peut-être faire quelque chose pour elle. Espérez, ou plutôt plongez-vous dans les études positives pour vous tromper vous-même sur votre état présent. Dites-moi ce que vous désirez que je vous écrive ; tout ce que vous voudrez sera bien pour moi et me deviendra la plus agréable tâche si elle peut vous consoler un peu. Adieu, mon ami, pensez à moi comme moi à vous, et comptez que rien n'altérera l'éternel attachement qui nous lie.

Alph. d'Herbelot.

Après la mort de sa sœur, Charles de Montalembert revint à Paris, où il passa l'hiver et le printemps de 1830. Comme les deux amis se voyaient fréquemment (LECANUET, *Montalembert*, t. I, p. 78), la correspondance cessa tout naturellement. Le 25 juillet 1830 (jour de la signature des ordonnances), Montalembert partit pour Londres : c'est là que d'Herbelot lui envoyait un premier bulletin de la bataille révolutionnaire.

XXXI.

Vendredi 30 juillet (1830), 4 h. du soir,

Mon bon ami,

Vous pardonnerez, je l'espère, à l'incohérence de ma lettre. Oui, Charles X a voulu briser le pacte qu'il a juré, il a livré Paris à ses égorgeurs suisses, gendarmes ou gardes royaux; mais le peuple de Paris lui a répondu par l'extermination de sa garde. Lundi, mardi, mercredi matin, la garde a affreusement mitraillé la population sans armes. Mais pendant ce temps, tout s'organisait; on s'armait de tous les moyens de destruction possibles. Le mercredi de grand matin, tous les insignes de la royauté, fleurs de lis, drapeaux, écussons, furent brisés ou pendus dans les rues en guise de réverbères; le drapeau tricolore fut arboré sur tous les points occupés par les patriotes. Un terrible combat commença au faubourg Saint-Antoine, au Louvre, à la Grève, etc., etc.; nos élèves de l'École polytechnique, Carrel [1] et beaucoup d'anciens officiers commandaient. Après treize heures de lutte, les trois couleurs ont triomphé; la garde, abandonnée de la ligne qui, après quelques décharges faites à contre-cœur, s'est laissé désarmer et est rentrée paisiblement dans ses casernes, la garde, laissant les rues couvertes de morts, a battu en retraite; elle avait perdu cinq canons, enlevés à

1. Armand Carrel (1800-1836), officier démissionnaire, tenta vainement d'inciter à la défection l'armée d'intervention en Espagne (1823); condamné à mort, puis acquitté par un second conseil, il avait fondé le *National* au début de 1830.

coups de carabine et de bâton par les patriotes. Les ouvriers du port Saint-Paul ont abîmé les superbes lanciers de la garde; les cuirassiers ont été écrasés à la porte Saint-Denis et à la rue des Arcis; les Suisses au pont de la Cité. Raguse [1], qui commandait la garde, a battu en retraite à deux heures du matin. Le lendemain jeudi, le son du tocsin appela aux armes tous les citoyens; la caserne de la rue de Babylone, où s'était retranché un bataillon suisse, fut enlevée, les Suisses tués; le Louvre, les Tuileries ont été pris à la baïonnette, et Raguse a évacué Paris. L'armée royale n'existe plus, la garde est abîmée, l'armée de ligne a quitté le service du roi. Tous les départements sont en armes et envoient des députations au gouvernement provisoire pour déclarer qu'ils ne reconnaissent plus Charles X. Ce dernier a révoqué ses ordonnances, offre de tout céder; mais il ne peut plus y avoir rien de commun entre lui et nous. Nous avons un gouvernement provisoire : Lafayette, Gérard, le duc de Choiseul [2]; une commission parisienne de cinq députés. Des commissions provisoires administrent les arrondissements; mon frère a pris le commandement de la garde nationale du XIe arrondissement [3], d'autres patriotes ont fait de même ailleurs.

1. Auguste-Frédéric-Louis Viesse de Marmont, duc de Raguse (1774-1852), camarade de Bonaparte à Auxonne, son aide de camp à l'armée d'Italie, général (1798), conseiller d'État et général de division (1800), maréchal (1809), pair de France (1814). Son rôle en 1814 est assez connu; en 1830, de service comme major de la garde, il fut, malgré ses sympathies libérales, mis à la tête de la première division militaire et eut le commandement général des troupes.

2. Claude-Antoine-Gabriel, duc de Choiseul-Stainville (1760-1838), neveu et héritier du ministre de Louis XV, mêlé à l'affaire de Varennes, émigré, l'un des *naufragés de Calais* (1796), pair de France (1814), lieutenant général (1815), membre du gouvernement provisoire (1830), aide de camp de Louis-Philippe.

3. Il s'agit naturellement du XIe arrondissement d'avant 1860, lequel comprenait Saint-Sulpice, le Luxembourg, la Sorbonne et le Palais de justice.

Je ne puis vous en écrire davantage, mon bon ami, je suis exténué de fatigue ; je n'ai pas eu de repos, qu'à la dérobée, depuis trois jours, et il faut que j'aille donner de mes nouvelles à mon père. Je vous embrasse et suis pour la vie

Votre ami,

Alphonse d'Herbelot.

XXXII.

Ivry, 6 août 1830.

Vous devez m'accuser de négligence, mon cher ami, mais mille occupations diverses, la garde nationale, les patrouilles, les élections de nos officiers, les clubs, m'ont empêché de trouver un instant pour écrire. Vous avez appris par les journaux les événements de notre prodigieuse révolution ; ce dont vous ne serez jamais assez persuadé, c'est l'héroïsme, le désintéressement, la modération du peuple de Paris pendant ces horribles jours. Un de nos amis, qui est allé au camp de Rambouillet avec les ouvriers, bivouaquait près d'un homme du peuple : « Je sais bien, » lui dit ce dernier, « que de ce que nous avons fait il ne nous en reviendra rien et que nous n'en mourrons pas moins de faim ou à l'hôpital ; mais nous l'avons fait pour la patrie, pour vous, tenez, » ajouta-t-il, « qui êtes *un bourgeois* et en profiterez. » Tous les monuments ont été respectés ; quelques hommes en haillons, à la prise du Louvre, se sont établis d'eux-mêmes gardiens du musée, et, à l'exception du tableau du sacre et du portrait de Charles X, percés à coups de baïonnette, rien n'a souffert. Si l'archevêché a été pillé, ou plutôt mis en désordre [1], c'est que réellement un poste, placé dans les appartements, avait tiré sur le peuple. Quelques dégâts ont eu lieu aux Tuileries dans la chaleur de l'assaut, mais

1. Le vrai pillage de l'archevêché n'eut lieu en effet que le 14 février 1831, au lendemain du sac de Saint-Germain l'Auxerrois.

les meubles précieux ont, pour la plupart, été soigneusement restitués ; on a rapporté jusqu'à des chapeaux à plumes appartenant aux duchesses. Il est vrai qu'au milieu du combat, beaucoup d'ouvriers ont refusé le vin pur qu'on leur offrait, convenant que s'ils étaient saoûls, ils feraient quelques sottises ; ils demandaient de l'eau rougie. Les prisonniers et les blessés ont été épargnés ; ces derniers portés dans les hôpitaux ; quelques Suisses seulement ont dû la mort à leur obstination ou à leurs habits rouges, et un capitaine de la garde a été fusillé, rue Saint-Honoré, sur un tas de cadavres entassés à cet endroit par le feu de ses soldats. Le 3e de la garde, dont le colonel, M. de Pleinselve [1], a été blessé de trois balles rue Saint-Denis, s'est indignement conduit ; les autres régiments paraissaient généralement se regarder comme accomplissant un horrible devoir, et ils ont depuis arboré avec empressement la cocarde tricolore ; les lanciers ont été exterminés : leur corps d'officiers est presque détruit ; on dit pourtant qu'ils n'avaient chargé qu'à regret.

Voilà donc le drapeau tricolore flottant sur nos murs et nos clochers ; chacun porte le ruban à sa boutonnière ou la cocarde à son chapeau ; j'avoue que ce spectacle m'a fortement ému ; vous savez que j'ai toujours eu un faible

1. Arthur-Denis Macquerel de Pleinselve (1786-1830), lieutenant de la garde nationale de la Somme en 1807, demanda en 1810 à passer dans le service actif. Le général Curial écrivait alors à Clarke : «.... Il compte plusieurs militaires distingués dans ses ancêtres ; son père même était autrefois capitaine dans le régiment du Maine. Il est en outre particulièrement recommandé par le général Lauriston dont il est parent. » (9 octobre 1810). Il passa en 1810 au régiment des gardes nationales de la garde impériale, fit en Espagne les campagnes de 1811 et 1812, et fit prisonnier à Leipzig le feld-maréchal Neerfeld. En décembre 1814, le maréchal Mortier lui décernait une attestation élogieuse. Chef de bataillon dans la garde royale avec le grade de lieutenant-colonel (1816), colonel (1823), commandant le 3e régiment d'infanterie de la garde (1828), il succomba le 29 août 1830 aux blessures reçues un mois auparavant (Archives administratives du ministère de la guerre).

pour les trois couleurs ; et puis le peuple de Paris a été si joyeux de revoir ce drapeau, qu'il y avait vraiment plaisir au spectacle de son juste orgueil. Mardi, à l'ouverture des Chambres, j'ai été avec ma légion au Palais-Bourbon ; notre musique, la seule qui fût encore organisée, a joué la *Marseillaise* et le *Chant du départ ;* ces hymnes glorieux ont excité des transports unanimes ; nous avons été cinq minutes sur le quai d'Orsay sans pouvoir avancer, tant était grande la foule qui nous pressait de toutes parts ; et quand le vieux Lafayette nous a passés en revue, au milieu des cris d'allégresse de toute la population, ces chants de victoire, qui résument si bien toute notre vieille gloire, l'ont fait pleurer ; sa vie reste décidément la plus belle vie des temps modernes.

Mais maintenant, mon cher ami, après toutes ces pures émotions d'un patriotisme désintéressé, nous voici revenus à la partie prosaïque de notre existence politique, à la lutte contre les furieux d'une part, les intrigants et les lâches de l'autre. Peu de vœux ont été ouvertement formés pour la République, encore moins pour Napoléon II ; tout le monde s'est franchement rallié au duc d'Orléans ; mais à quelles conditions aura-t-il la couronne ? voilà la grande question. Nous ne pouvons nous dissimuler que la Chambre des députés est molle et ne comprend pas sa position. Il semble pour elle qu'il s'agisse d'un simple changement de ministère et non d'une révolution ; elle oublie qu'entre Charles X et Philippe VII [1], il a passé trois jours de sang et de carnage, et que la mort de 8,000 individus mérite bien autant d'être prise en considération qu'un discours de l'un des deux frères Dupin, qui, par paren-

1. Ceci prouve que tout le monde s'attendait à voir le duc d'Orléans prendre le nom de Philippe VII : c'est au dernier moment que celui de *Louis-Philippe* prévalut, comme moins « traditionnel. »

thèse, se sont comportés comme des lâches, l'avocat surtout. Ainsi, on parle d'un acte additionnel à la charte; mais que contiendra-t-il? Si l'on ne change pas la rédaction de la charte, si l'on ne jette bas le préambule, nous aurons donc encore une constitution octroyée et non imposée! Cela n'est pas soutenable. Puis, si l'on ne touche pas à la charte, l'inamovibilité des juges sera donc conservée, c'est-à-dire que nous aurons pour juges MM. Piet [1], Amy, Cottu [2], Delavau, Dufour [3], Chilhaud-Rigaudie [4], etc., etc. On s'élève vivement contre cette tolérance présumée pour les éternels ennemis du pays, et, ce matin, le barreau de Paris a déclaré qu'il s'abstiendrait de plaider devant les tribunaux jusqu'à réorganisation; voilà donc le cours de la justice interrompu jusqu'à nouvel ordre. La composition actuelle de la Chambre des pairs effraie aussi les patriotes; elle nous donnera très probablement, quand les premières terreurs des royalistes seront passées, une majorité contre-révolutionnaire. D'ailleurs, je dois vous dire que, dans les jours de crise, cette Chambre n'a pas répondu à ce qu'on attendait d'elle et qu'elle devient vraiment impopulaire; elle suit à regret le mouvement actuel; .... sait quelles intrigues ont eu lieu dans son sein pour faire proclamer le duc de Bordeaux. Or, nous n'avons pas exposé nos jours pour le duc de

1. Jean-Pierre Piet-Tardiveau (1763-1848), avocat, député aux Cinq-Cents (1797), député (1815-1819 et 1820-1827), président de chambre à la cour royale de Paris. Son salon avait longtemps servi de lieu de réunion aux députés de la droite.

2. Ce personnage était conseiller à la cour de Paris, le troisième par rang d'ancienneté.

3. L'un des vice-présidents au tribunal de la Seine.

4. Pierre, chevalier Chilhaud de la Rigaudie (1749-1834), conseiller au présidial de Périgueux, incarcéré pendant la Terreur, membre de l'administration centrale de la Dordogne (1795), membre du Corps législatif (an XI-1811), conseiller à la cour de Bordeaux (1811), député (1815-1817, 1824-1827, 1830-1831), conseiller à la Cour de cassation (1825).

Bordeaux, pas plus que pour le dauphin. Entraînés par la force plus loin que nous ne le voulions, nous avons reconquis notre liberté pleine et entière et sommes disposés à en user et à la défendre contre toute usurpation nouvelle. Une autre question va encore soulever de vives querelles. Peyronnet s'est fait niaisement.... prendre à Tours, et les sept ministres viennent d'être accusés de haute trahison par les députés. Peyronnet et Chantelauze [1] vont donc être traduits devant la Chambre des pairs. Les condamnera-t-elle ? On assure que beaucoup de pairs sont d'un avis opposé ; or, je suis certain que si Peyronnet n'est pas condamné à mort, Paris se soulèvera de nouveau, et, en effet, s'il ne paie pas son crime de sa tête, il sera dès lors convenu et décidé que tout ministre pourra, au gré de son caprice, faire mitrailler des milliers de Français, et puis se promener tranquillement par le monde comme si de rien n'était [2].

Hier, des groupes nombreux se sont portés à la Chambre des députés pour demander l'abolition de l'hérédité de la pairie. On annonce qu'ils seront aujourd'hui plus menaçants ; des clubs se forment de toutes parts ; cependant, la presse est assez calme et généralement engage à la modération. Vous lirez dans les journaux les propositions de M. Bérard [3] : elles sont satisfaisantes ; mais, mal-

1. Jean-Claude-Balthazar-Victor de Chantelauze (1787-1859), avocat général à Lyon (1815), procureur général à Douai et à Riom (1826), premier président à Grenoble (1829), député (1827-1830), garde des sceaux (mai 1830), principal rédacteur des ordonnances, condamné à la prison perpétuelle (décembre 1830), gracié (1836).

2. On verra que d'Herbelot ne tarda pas à revenir à des sentiments moins sanguinaires.

3. Augustin-Simon-Louis Bérard (1783-1859), fils d'une victime de la Terreur, auditeur (1810), maître des requêtes (1814), membre de la chambre de commerce de Paris, député (1827-1834), déposa, le 6 août 1830, la proposition qui servit de base aux modifications de la charte ; directeur général des postes et conseiller d'État (1830), receveur général du Cher (1837).

heureusement, la Chambre n'a pas la confiance publique ; elle ne s'est pas assez courageusement montrée pendant les jours d'orage. On compte davantage sur les intentions connues du duc d'Orléans ; sa bonne foi n'est pas suspecte et ses opinions libérales paraissent prononcées ; Cousin assure que le duc est beaucoup plus démocrate que lui. On s'occupe de réunir la garde royale : je pense qu'on va la dissoudre ; il est difficile que ces régiments, contre lesquels on s'est battu avec tant d'acharnement, rentrent à Paris tête levée et y fassent la police. Dans ce moment, tous les individus de ces corps que l'on rencontre à Paris, officiers ou soldats, sont d'une politesse et d'une humilité extraordinaires ; mais cela ne durera pas ; il est temps d'en finir avec les corps privilégiés.

Je vous ai regretté bien souvent ces jours-ci, mon bon ami, je vous regrette encore maintenant davantage ; nos opinions, si elles diffèrent, se seraient modifiées l'une l'autre par le contact, et il m'eût été bien agréable d'avoir près de moi quelqu'un qui soit en même temps un ami de cœur et un ami politique. En vérité, quelque chose conspire contre votre voyage d'Irlande, car je crois que les nouvelles de France vous troubleront souvent dans vos investigations scientifiques. Pensez à moi, et écrivez-moi quelques lignes si vous trouvez un instant. Je vous embrasse et suis à vous à la vie et à la mort.

Alphonse d'HERBELOT.

7 août.

Je termine ma lettre à Paris, et, au moment où je vais la clore, j'apprends qu'une foule assez considérable se porte vers la Chambre ; les députés, qui ne sont pas braves, demandent un renfort de garde nationale ; je suis désolé de toutes ces discordes.

XXXIII [1].

24 août 1830.

Mon cher ami,

Obligé de surveiller le concours général en histoire [2], je me repose d'un long ennui de neuf heures en m'entretenant avec vous. Nous sommes ici parfaitement tranquilles, et n'était la présence du drapeau tricolore, nous ne pourrions nous imaginer avoir eu une révolution. Quel regret j'éprouve de n'avoir pu vous rencontrer pendant votre passage à Paris! Vous voir seulement une demi-heure aurait été une grande satisfaction pour moi pendant ces jours de crise; c'était le moment ou jamais de parler politique et à cœur ouvert.

A vous dire vrai, mon ami, je partage peu vos opinions; ma position est bien différente de la vôtre; vous teniez par le sang et les affections à une partie des vaincus. Quant à moi, élevé depuis mon enfance dans une opposition constante à la famille déchue et aux hommes rentrés après Waterloo, je ne puis voir sans une vive émotion triompher si glorieusement une cause qui m'était

1. Cette lettre est écrite sur du papier portant l'en-tête imprimé : *Université de France ; Académie de Paris.*

2. Le concours général, fondé en 1747, rétabli en 1801, supprimé en 1904, groupait les meilleurs élèves des différents collèges de Paris. Dans les hautes classes, les épreuves duraient en effet neuf heures consécutives, et étaient surveillées par quatre professeurs de la spécialité, sous la présidence d'un inspecteur d'académie. — Dans l'hiver de 1829 à 1830, Alphonse d'Herbelot, malgré sa jeunesse, avait été nommé professeur adjoint d'histoire à Henri IV.

plus chère que la vie, et pour laquelle mon père avait souffert.

Je ne demande rien au nouveau gouvernement, à peine la conservation de ma place; je suis loin d'approuver toutes ses mesures, et cependant je me repose sur lui en toute confiance, car l'avenir est à nous, et chaque année le modifiera.

Si quelque chose pouvait m'effrayer, ce serait, il est vrai, l'absence presque complète de l'élément aristocratique, car le roi n'est qu'un fantôme, sans influence même personnelle, et la pairie, sans racines actuelles dans le sol, est un roseau qui pliera et se brisera peut-être au premier souffle violent de la démocratie. Mais ce qui me rassure, c'est le progrès immense de l'intelligence populaire depuis quarante ans, progrès manifesté d'une manière patente par le mouvement de juillet. Il est évident que l'esprit destructeur et révolutionnaire s'affaiblit chaque jour parmi les masses, car elles n'ont détruit que ce qu'elles ne pouvaient raisonnablement conserver.

Ce mot vous indique assez que le duc de Bordeaux me semble justement exclu du trône de France. Non, mon ami, ce n'est pas pour cet enfant que nous nous sommes battus; vous me dites : « Est-ce pour le duc d'Orléans? » Je me soucie peu de ce prince, mais au moins, avec lui, nous n'avons pas à redouter le danger d'une longue régence, le danger plus grand encore de l'influence rétrograde et étrangère. Le duc de Bordeaux a eu un mauvais commencement d'éducation. On peut la rectifier, soit; mais autour du duc de Bordeaux et de sa mère se serait groupée nécessairement l'ancienne aristocratie; la cour proscrite de Charles X aurait été en perpétuelle relation avec celle du jeune roi, aurait fomenté des troubles à l'intérieur, des mouvements contre-révolutionnaires, aurait peut-être quelque jour amené l'étranger pour débarrasser Henri V des entraves d'une constitution sévère, car je ne puis croire que ces gens-là, malgré la troisième leçon qu'ils viennent de recevoir, renoncent jamais à leur prétention de pouvoir absolu. Voilà les périls qui nous menaçaient avec le duc de Bordeaux. Si vous voulez une autre raison, c'est qu'il était impossible de le proclamer. Jamais le peuple armé n'aurait voulu reconnaître pour roi un prince de la branche aînée; il y a trop de sang entre eux et nous. Quant au *droit*, je le crois également de notre côté; la destruction de la charte par les ordonnances avait rompu tous les liens existant entre le peuple et la famille de ses souverains; nous rentrions dans le droit imprescriptible de la défense naturelle et dans celui, par conséquent, de nous choisir tel chef que nous voudrions. Nous n'avons fait autre chose qu'user de la victoire; je ne crois pas qu'on puisse nous accuser d'en avoir abusé.

Je suis d'ailleurs revenu de plusieurs des idées que je vous communiquais dans l'effervescence de la lutte. Je pense qu'il vaudrait peut-être mieux que le sang des ministres ne coulât pas, mais dans ce cas, il faut au moins que la ville de Paris, qui a essuyé tant de pertes, se porte partie civile, et qu'une énorme amende soit infligée aux coupables. Je suis d'ailleurs converti quant à l'hérédité de la pairie. Je la crois nécessaire. Cependant, je ne puis vous dissimuler que la Chambre des pairs est horriblement impopulaire; elle suit le mouvement de mauvaise grâce, au lieu de le diriger énergiquement comme la pairie anglaise en 1688. Toutes ces parades de royalisme, à l'exception de l'éloquent discours de M. de Chateaubriand, ne touchent personne. Il y a de quoi rire de voir les gens qui se sont cachés les jours de bataille, reparaître aujourd'hui que le danger est passé, et prétendre que s'ils reviennent sur l'eau, c'est que leurs services peuvent être utiles; à quoi serviront-ils? Et puis, n'est-il pas ridicule de venir faire d'absurdes éloges de Charles X en face d'un peuple qui a été décimé par sa garde? Le premier discours de M. de Fitz-James [1] était bien; celui d'hier est déplacé. Tout cela serait admirable s'il y avait eu danger à le faire, si les tricoteuses hurlaient encore dans les galeries, si les faubourgs mugissaient à la porte et demandaient des têtes. Mais il n'en est rien, et c'est de la sensiblerie sans motif et sans honneur. Je trouve assez naturel que la Chambre des députés se soit ennuyée de ce bavardage; les royalistes ont été trop lâches pour mériter l'estime des vainqueurs.

Quant à l'inamovibilité des juges, j'avoue que c'était peut-être une mesure indispensable; il est dur cependant de voir les cours d'Aix, de Poitiers, si heureuses des ordonnances, rendre encore la justice au nom du nouveau pouvoir. Quant à la conduite du barreau, vous en êtes, ce me semble, trop choqué; c'était une tentative assez naturelle pour donner le temps aux ennemis de notre cause de se faire justice à eux-mêmes. N'oublions pas les immenses services que le barreau a rendus au pays depuis que l'étendard est levé contre les libertés publiques. Il a préparé la révolution par la résistance continue, et a jeté les racines de l'arbre glorieux qui s'élève aujourd'hui sur nos têtes.

Vous voyez, mon ami, que je vous dis franchement

1. Edouard, duc de Fitz-James (1776-1838), petit-fils du maréchal de Berwick, pair de France en 1814, fit un très éloquent discours le 10 août 1830 pour expliquer sa prestation de serment au nouveau régime, et un autre pour protester contre l'exil de la branche aînée; démissionnaire lors de la suppression de l'hérédité de la pairie, il fut député de 1835 à sa mort.

mon avis, sans arrière-pensée; je fais profession d'un inébranlable dévouement à la révolution et à toutes ses conséquences. Je ne sais ce que l'avenir nous réserve : peut-être faudra-t-il que notre jeune liberté soit cimentée par bien du sang; on en donnera autant qu'il en faudra. Juillet a rassuré les patriotes, et si l'Europe s'armait contre nous, nous nous arracherons tous de grand cœur à nos occupations paisibles, et nous colporterons par toute l'Europe le signe de la suprématie populaire, le drapeau pour lequel nos pères et nos amis sont morts.

Si l'invasion étrangère m'épouvante peu, je crains davantage les troubles intérieurs; il est probable que nos adversaires nous attaqueront par ces moyens occultes; vous savez que déjà il y a eu du bruit à Nîmes; quelques intrigues agitent la Vendée et le département du Nord. Sans doute, ces mouvements sont peu redoutables pour notre cause, elle est trop forte pour en être immédiatement atteinte. Mais ils pourraient donner lieu à quelque réaction contre les royalistes, ce que nous devons éviter par-dessus tout. Depuis 1789, ce parti a toujours poussé à l'anarchie, dans l'espoir d'en faire sortir le désordre; cette tactique malheureuse lui a peu réussi; il est cependant probable qu'il recommencera l'expérience. Ce qui le secondera, c'est l'appui secret de presque tous les fonctionnaires subalternes dans les départements, car, à l'exception des préfectures, les emplois sont encore entre les mains des élus de M. de Polignac. M. Guizot [1] me paraît avoir aussi malhabilement agi que possible. Au lieu de reconstituer tant bien que mal l'administration sur ses anciennes bases, il n'avait qu'à envoyer dans les départements des commissaires provisoires, avec plein pouvoir

1. Guizot était chargé du portefeuillé de l'intérieur, qu'il ne garda que quelques semaines.

sur les fonctionnaires inférieurs. On aurait ainsi pu connaître l'opinion du département avant de faire des choix qui, en général, ne leur conviennent guère, et on aurait paré au mauvais esprit de la plupart des maires. Mais M. Guizot s'est conduit comme un routinier et nous a fourré bon gré mal gré dans l'administration tout le *Globe*, le *National* et la *Revue française*. On dit que les milliers de sollicitations qui l'entourent lui ont presque donné le vertige. Mais ce sont, je l'espère, des embarras momentanés de notre position; nous en viendrons à bout avec de la patience.

J'ai reçu une lettre de Cornudet qui partage vos opinions; encore un adversaire à combattre. Donnez-moi donc des nouvelles de Rio; la révolution lui enlève ses espérances; je crois que ce qu'il aurait de mieux à faire serait de revenir faire son cours à Louis-le-Grand. Quant à Victor Hugo, vous avez lu ses vers, dont quelques-uns sont fort admirables [1]. La grossesse de sa femme ne lui a pas permis de prendre une autre part aux événements; il m'a dit qu'il regretterait toute sa vie de n'avoir pu se battre [2].

Adieu, mon bon ami, vous avez bien raison de dire qu'aucun dissentiment politique n'ébranlera notre amitié; je renoncerais beaucoup plus volontiers à la démocratie qu'à vous.

Votre ami, Alphonse D'HERBELOT.

Je vous envoie cette lettre par Monsieur votre père, ayant perdu l'adresse de sir Flint, votre correspondant.

1. Il s'agit sans doute de la pièce qui ouvre les *Chants du crépuscule*, et qui a pour titre *Dicté après juillet 1830*.

2. Cette phrase n'avait point, dans la pensée de d'Herbelot, l'intention ironique que pourraient supposer les lecteurs modernes, familiers avec les travaux d'Edmond Biré.

XXXIV.

22 septembre (1830). Ivry.

Ma lettre va courir après vous à travers la verte Irlande, mon bon ami; j'espère qu'elle vous trouvera bien portant et paisiblement occupé de vos travaux; éloigné de la France et du terrible tourbillon qui nous entraîne, il vous est encore possible de vous donner à l'art, à la science; je ne sais quand ce temps viendra pour nous.

Cependant la France est calme, mais nous ne pouvons nous dissimuler que le gouvernement est faible et n'inspire aucune espèce de confiance; sa volonté est à peu près nulle quant aux effets. Hier, 21 septembre, anniversaire de l'exécution des quatre sergents de La Rochelle en 1822, l'ancienne Charbonnerie en masse s'est rendue à la place de Grève et y a prononcé, par l'organe d'un de ses membres qui ne s'est pas fait connaître, un discours en leur honneur. Le pouvoir redoutait ce mouvement et le frère de M. Guizot en avait témoigné toutes ses craintes à un de mes amis; mais que faire? Plusieurs membres du gouvernement, MM. Odilon Barrot, le préfet, son secrétaire général, Mérilhou, Barthe, Bernard [1], anciens carbonari, témoignaient hautement leur sympathie pour cette

1. Louis-Rose-Désiré Bernard, dit Bernard de Rennes (1788-1858), avocat à Rennes, député (1830-1834 et 1836-1848), procureur général à Paris (août 1830), conseiller (1831), puis président de chambre (1851) à la Cour de cassation.

fête; on ne pouvait espérer de l'interdire au moyen de la garde nationale, dont une partie se joignait au moins de cœur à la procession solennelle; il a fallu laisser les *Amis du Peuple* en agir à leur fantaisie; à l'Hôtel de ville, le poste de garde nationale a présenté les armes à l'arrivée de la procession et les tambours ont battu aux champs; tout d'ailleurs s'est passé dans le plus grand ordre. Si vous voulez savoir à ce sujet mon opinion personnelle, je pense que la cérémonie était intempestive, puisqu'elle effarouchait beaucoup d'esprits; je conçois cependant que les amis de Bories, l'homme le plus héroïque qui soit mort pour la liberté depuis 1815, aient voulu rendre ce dernier hommage à sa mémoire. Vous savez, je crois, l'admiration profonde que m'a toujours inspirée le souvenir de ces glorieux martyrs.

A propos de cette affaire, des dissensions assez violentes ont éclaté au sein du parti national. Le *Journal des Débats* s'était opposé avec une aigreur exagérée peut-être à la procession proposée; depuis deux jours, il est en butte à un déluge d'invectives de la part des journaux radicaux : la *Tribune des départements*, la *Révolution*, le *Patriote* et le *Globe*, qui, dirigé maintenant par notre ami Sainte-Beuve, prend la direction du parti démocratique. Cette singulière détermination de Sainte-Beuve a donné lieu hier à un bien triste événement. A la suite d'une dispute survenue pendant une réunion d'actionnaires du *Globe*, Dubois et Sainte-Beuve, naguère encore si chauds amis, ont eu un duel au pistolet. Aucun d'eux n'a péri, grâce à leur maladresse réciproque, mais ils sont brouillés à mort. Je vais aller voir Sainte-Beuve pour savoir un peu le fond de sa pensée. Il y a plus d'un mois que je ne l'ai vu, ainsi que Victor Hugo. Tout cela est triste et mon âme est vivement affectée de rencontrer à chaque pas d'anciens camarades avec qui je ne puis plus parler des affaires du pays, tant nos nuances sont tranchées. Néanmoins, nous ne devons pas désespérer de notre cause ; les masses sont calmes, résignées, unies dans une foi commune à la liberté. L'organisation militaire de la France s'avance rapidement; les gardes nationales se forment partout et s'exercent aux manœuvres avec le plus grand zèle; tous les matins, nos places retentissent du bruit des fusils; le dimanche nous faisons les grandes manœuvres et nous allons avoir à Paris une artillerie magnifique. Nous avons donc peu à craindre les agitateurs, sous quelque bannière qu'ils se montrent. Malheureusement, notre roi n'est qu'un soliveau, captant une popularité qui finira par le rendre grotesque ; nous n'avons réellement pas de chef, pas de pilote, et si le vaisseau vogue majestueusement et semble se rire des orages, c'est que, malgré des dissensions passagères, l'équipage est ferme et courageux.

Cependant, voilà l'Europe qui remue autour de nous, et la vieille Allemagne elle-même, tranquille spectatrice des révolutions du monde depuis Luther, commence à trembler sur ses fondements. Des nouvelles effrayantes sur la Belgique circulent aujourd'hui à Paris, et ce qu'il y a de certain, c'est qu'à Mons, les bourgeois ont fait une tentative inutile et sanglante pour déloger la garnison hollandaise; on ajoute que la vie des députés belges est menacée à La Haye, et une lettre insérée ce matin au *Globe* annonce qu'au départ du courrier les volontaires liégeois sortaient de Bruxelles pour aller attaquer les avant-postes hollandais, rapprochés de la ville jusqu'à deux lieues; la générale battait dans les rues et le peuple courait aux armes; on criait partout : « A bas le roi! » Quelle sera l'issue de cette lutte? Dieu le sait. La Prusse rassemble des forces sur la frontière, et je crois que les rois étrangers, malgré leurs reconnaissances officielles, nous en veulent secrètement des trois jours de juillet et chercheront à nous en punir.

Je suis loin de désirer la guerre étrangère, je crains fermement qu'elle ne nous livre aux démocrates et ne nous jette dans les voies de la réaction et de la violence; mais s'il est en France un sentiment unanime et prononcé, c'est la résolution de soutenir bravement notre querelle. Nous ne sommes pas des enfants; le jour où nous avons repris le drapeau de Jemmapes, ce drapeau devant qui s'écroulent les trônes et tombent les dynasties, nous avons pris l'engagement tacite de porter toutes les conséquences de notre détermination; ces couleurs sont nôtres, nous les maintiendrons contre tout venant, et nous ne souffrirons pas que la dynastie trois fois chassée vienne de nouveau parader sur nos places publiques, fût-elle encore traînée à la remorque par ses alliés. Du moins, le jour où se passeraient ces choses, plus d'un noble cœur aurait cessé de battre, et on pourrait nous compter, j'espère, au pied de nos barricades. Peu de jeunes gens manqueraient à ce dernier appel, et peu verraient le lendemain.

Je voudrais bien que vous nous revinssiez le plus tôt possible, mon cher ami, dussions-nous rompre des lances sur plus d'une grave question; et, à propos, que je vous fasse réparation pour une phrase de ma dernière lettre que vous avez mal comprise. Je suis loin de croire que vos affections personnelles vous attachent à la cause du despotisme vaincu : tout ce que je voulais dire, c'est qu'ayant beaucoup de connaissances dans les rangs de l'aristocratie, et assiégé peut-être de leurs doléances, vous voyez un peu en noir la situation de notre pays. Je crois que vous vous défiez trop de la démocratie telle que le temps l'a faite. Elle est forte, sage et conservatrice. Et tout le secret du gouvernement doit être, ce me semble, de confondre les intérêts de chacun dans la cause commune. C'est le seul moyen de créer un esprit public dans une nation discuteuse et mouvante comme la nôtre.

Voilà ce qui me fait penser qu'il faut appeler autant que possible les classes inférieures à une certaine participation au pouvoir, par exemple à l'élection des municipalités; je crois que leurs choix seraient assez sages, et qu'il est indispensable de leur donner une éducation politique qui puisse les soustraire à l'influence des clubistes et des orateurs de carrefours. Dans notre légion, on a incorporé cent vingt ouvriers habillés à nos frais; cette mesure a produit un effet salutaire, et toute tentative ayant pour but de rapprocher le peuple et la bourgeoisie sera féconde en heureux résultats. Il y aura danger pour la tranquillité publique tant que les agitateurs, en rappelant au peuple ses éminents services, pourront ajouter avec raison : *Sic vos non vobis*. Cependant, je ne partage pas vos craintes sur l'abolition probable de l'hérédité de la pairie. La majorité de la Chambre des députés est favorable à ce principe. Thiers [1] dit hautement qu'il se ferait tuer pour lui, et il ne recevra pas d'atteinte.

Il est, dans cet instant, une destinée qui paraît vous préoccuper plus vivement encore, c'est celle du catholicisme; à vous dire vrai, je crois que vous voyez mal son état actuel en France; il n'est réellement pas persécuté, car si l'on attaque l'archevêque de Paris et quelques autres ecclésiastiques, c'est qu'ils ont pris une couleur politique. Il est seulement abandonné du pouvoir, livré à

1. Louis-Adolphe Thiers (1797-1877) n'était encore que journaliste, mais il avait pris une part prépondérante aux événements de juillet.

ses propres forces, épreuve décisive pour lui, car s'il est vraiment puissant et plein d'avenir, il triomphera et prendra le dessus ; malheureusement ses membres sont faibles, sans talent ni énergie; ils tremblent, se cachent ou résistent sourdement et niaisement, au lieu de déclarer à haute voix qu'ils n'ont pas besoin du pouvoir temporel, et qu'ils ne relèvent que de Dieu ; ce qui pourrait rendre sa position plus critique, ce serait la continuation de l'opposition secrète et débile que fait le clergé, dans quelques départements, au gouvernement nouveau. C'est une tactique malhabile, et dont on devrait bien le dissuader.

J'ai à peine la place de répondre aux questions que vous m'adressez ; je n'ai rien vu encore dans l'organisation de la justice qui concernât vos deux amis, mais je dois vous dire que souvent absent de Paris, je n'ai pu lire exactement le *Moniteur*. Quant à M. Royer-Collard, il se retire dédaigneusement d'une lutte où les grandes et philosophiques paroles ne suffisent plus ; il tremble devant les progrès de la démocratie et n'a pas le courage de la combattre en face ; il devise avec ses amis, comme les modérés de la Législative ou de la Convention, et laisse la brèche à qui veut l'occuper. Je suis affligé de cette conduite. Je ne l'aurais pas cru capable d'une inertie qui me paraît une lâcheté.

Quant à vous, mon ami, je vous recommande l'indulgence pour les fautes d'un parti qui est le nôtre, qui m'a nourri, qui m'a élevé, dont je suis le fils, et que je n'abandonnerai jamais.

Je vous embrasse tendrement et suis pour la vie

Votre ami,

Alph. d'Herbelot.

XXXV.

Luciennes, 9 octobre (1830).

Je vous écris de la campagne, mon cher ami, assez peu au courant des affaires de Paris que je n'apprends que par les journaux ; excusez-moi donc si je vous redis des nouvelles à vous connues, mais je pense cependant qu'on en sait toujours plus à cinq lieues de Paris qu'à Dublin, et d'ailleurs je tiens à (*sic*) ma promesse.

Nous avons cru, pendant quelques jours, à une guerre prochaine à propos de la Belgique. Vous savez que tout est fini dans ce pays, et qu'à l'exception d'Anvers et de Maëstricht, tout a reconnu le gouvernement provisoire de Bruxelles.

La population, surtout dans les basses classes, souriait à l'idée d'une guerre contre les Prussiens; quant à moi, je pense que nous ne devons souffrir, sous aucun prétexte, l'intervention européenne dans les affaires de nos voisins. Dieu merci ! la France a du sang à donner pour sa cause, et elle ne l'épargnera pas. Hier on était presque rassuré, aujourd'hui les fonds publics ont baissé de nouveau ; une proclamation du roi de Hollande et un article du *Courrier anglais*, qui désapprouve vivement l'insurrection belge, ont produit ce résultat. L'effervescence se propage rapidement le long du Rhin, au centre même de l'Allemagne, et éclate sous divers prétextes ; des désordres à Iéna, à Berlin, le refus des étudiants de Leipzig de déposer leurs armes semblent annoncer que le vieil esprit des

Amis de la vertu se réveille, et qu'en cas de guerre, nous ne serons pas sans alliés secrets dans le Nord. Malheureusement, l'intérêt de l'Angleterre à voir la Belgique séparée de la France nous menace de sa haine redoutable, si nous prenons fait et cause pour les patriotes brabançons.

L'alternative est grave, mais ne peut cependant donner lieu à une délibération sérieuse, car un mouvement populaire éclaterait à Paris le jour où le gouvernement se soumettrait aux exigences des puissances. Une nouvelle levée de cent dix mille hommes va mettre l'armée sur un pied respectable ; les gardes nationales s'organisent et se forment avec zèle au maniement des armes ; le peuple, depuis qu'il a respiré l'odeur de la poudre, désire les luttes et les combats ; nous pouvons donc tranquillement attendre ce qu'il plaira à la Providence d'ordonner de nous ; nous n'attaquerons personne, mais si l'étranger passe nos frontières, il apprendra sous les murs de Paris que le sang de nos pères n'est pas refroidi dans nos veines.

A l'intérieur, notre situation présente est parfaitement calme ; l'affaire des clubs, qui avait excité de violentes tempêtes dans le sein du ministère, et avait pensé le désorganiser complètement, la ridicule proposition d'enquête sur l'état du pays par M. Mauguin [1], tout cela est tombé dans l'eau. Les clubistes ont été condamnés à de légères peines correctionnelles, sans qu'aucune voix se soit élevée sérieusement pour les soutenir ; M. Guizot avait paru effrayé de leurs réunions, elles ont cessé d'être publiques à la suite d'un tumulte de courte durée, élevé

1. François Mauguin (1785-1854), avocat de Labédoyère, député (1827-1848), membre des deux Assemblées de la seconde république.

par les adversaires des clubs à la porte des Amis du peuple. D'ailleurs, il y a peu de jours, M. Guizot a solennellement promis de ne faire aucunes recherches sur le nombre des individus qui composaient ces sociétés, pourvu qu'ils ne se produisissent pas au dehors. Quant à M. Mauguin, il a retiré sa proposition d'enquête; on craignait alors la guerre, et l'extrême gauche, ainsi que les clubistes, ont tenu à honneur de ne pas paraître divisés en face de l'ennemi. Cette petite querelle de famille est maintenant apaisée. Mais le procès des ministres s'annonce sous les auspices les plus graves et les plus inquiétants, et la motion de M. de Tracy sur l'abolition de la peine de mort a mis tout le monde dans le plus grand embarras [1]. D'une part, en effet, le peuple, une partie de la garde nationale, l'artillerie surtout, la garde municipale elle-même, réclament hautement la mort des ministres et déclarent qu'on ne les sauvera pas impunément; de l'autre, la Chambre des députés et la majorité des classes éclairées voudraient que la révolution ne fût pas tachée de sang. Dans cet état de choses, le seul parti raisonnable était de n'en prendre aucun et de laisser les pairs libres de faire ce que la nécessité exigera. Car la tête de ces hommes coupables ne vaut pas la peine de risquer une émeute et, tout en désirant leur simple déportation, j'aime mieux voir eux morts que Paris en insurrection. Mais M. de Tracy a persisté à presser la discussion de sa motion; la Chambre a adopté le principe de l'aboli-

1. Destutt de Tracy, opposé d'ancienne date à la peine de mort, surtout en matière politique, et traité à ce propos d'anarchiste par Martignac en 1829, venait très généreusement de renouveler sa proposition, avec l'intention avouée de sauver la tête des derniers ministres de Charles X. La lettre de d'Herbelot explique le détour peu courageux que prit la Chambre pour donner son adhésion à la proposition sans en endosser la responsabilité.

tion de la peine capitale en matière politique, seulement elle n'a pas osé faire une loi et, dans sa séance d'hier, elle a rejeté ce soin sur le gouvernement par une adresse au roi, où elle l'invite à prendre à cet égard l'initiative. Que fera le gouvernement? S'il ne présente pas de loi, aussitôt que la Chambre des députés sera de nouveau réunie et complétée, c'est-à-dire au commencement de novembre, il aura l'air de vouloir laisser tuer tous les ministres; s'il présente une loi, qui certes passera vite, il préjugera la question de vie ou de mort, car vous savez que les lois ont un effet rétroactif lorsqu'elles portent adoucissement d'une peine. Or, cette loi choquera vivement les ressentiments populaires; les mécontents et ces fougueux étudiants qui vont revenir au mois de novembre ne manqueront pas d'attiser le feu; il est donc possible que le peuple tente de se faire justice à lui-même. Malheureusement, la garde nationale ne résisterait guère à un mouvement de ce genre, elle est très divisée sur cette question; plusieurs officiers du bataillon que commande mon frère lui ont déclaré qu'ils ne feraient pas brûler une amorce pour le salut des ministres, et ces protestations ont été répétées dans d'autres légions avec une violence effrayante. Quant à la troupe de ligne, maintenant peu nombreuse à Paris, la vue seule de son uniforme occasionnerait un massacre général; nous ne pouvons compter que sur la modération du peuple; s'il renonce à ses projets de vengeance, nous serons sortis très glorieusement d'une terrible épreuve; sinon, Dieu sait ce qui arrivera; mais, dans tous les cas, ce me semble une grande folie que de s'en remettre à la chance d'un coup de dé pour la tranquillité d'un pays.

On ne parle maintenant, à Paris, que de la guerre et du procès des ministres; tous les autres intérêts se taisent devant ceux-là. Je vous dirai cependant que le roi court après la popularité d'une façon presque ridicule ; le duc d'Orléans, simple canonnier de la garde nationale, sert sa pièce et monte la garde dans la cour du Louvre, transformée momentanément en arsenal. Le roi, sachant l'autre jour que les gardes nationaux de service au palais s'intriguaient pour trouver le moyen de lui souhaiter sa fête [1], est allé les voir au corps de garde avec ses cinq fils en uniforme, en leur disant qu'il leur présentait ses fils, gardes nationaux comme eux, et il en a invité un assez grand nombre à dîner. Beaucoup de gens sont dans une admiration profonde de cette conduite. Je crains que cela ne déconsidère bien le pouvoir et ne lui ôte toute dignité ; cependant, aujourd'hui où la royauté ne s'appuie sur rien, son premier besoin est peut-être de devenir populaire, et elle s'en acquitte bien.

On a présenté hier à la Chambre une loi d'une grande importance, c'est celle qui constitue la garde nationale mobile. Dans le cas d'invasion étrangère, tous les Français de vingt à trente ans, sans distinction de profession, inscrits au contrôle de la garde nationale, sont mobilisés pour le service des places fortes ou de l'armée, soumis à la discipline de la troupe de ligne, à l'exception qu'ils ont le droit de choisir leurs officiers et leurs sous-officiers, jusqu'au grade de sous-lieutenant; comme à l'époque de la Révolution, ils seront organisés en bataillons qui porteront sur leurs drapeaux le nom de leur département. Cette loi, sur laquelle doit se baser tout notre système de défense à l'avenir, sera, je crois, unanimement approuvée. Ainsi, qu'une querelle sérieuse s'élève à l'occasion de la

1. Il s'agit sans doute de l'anniversaire de naissance de Louis-Philippe (6 octobre), et non de sa fête proprement dite, la Saint-Philippe, qui se célébrait le 1er mai.

Belgique, et il est probable que le printemps prochain nous verra paradant sur les bords du Rhin, comme nos pères, l'arme au bras et le sac sur le dos. Mais nous avons l'hiver pour nous préparer, et au mois de mars, nous serons sur un beau pied de guerre. Des calculs présentés à la Chambre, il résulte que 130,000 gardes nationaux sont inscrits, le tiers seulement est armé. (Notez que le reste possède aussi des fusils, mais qui ne sont pas de calibre.) 100 compagnies d'artillerie et 200 de cavalerie sont complètement équipées ; le nombre des hommes habillés et armés augmente tous les jours ; le gouvernement a cédé aux légions les habits de la garde royale restés en magasin ; ils servent à aider les pauvres gens qui ne pourraient faire les frais d'un équipement complet. Vous voyez que le pays s'organise comme un vaste camp où l'on pourra entrer sans doute, mais dont on sortira difficilement vies et bagues sauves. Tous les jours de nombreux volontaires partent pour aller renforcer l'armée belge, et même les cadres formés par Mina [1] sur les frontières d'Espagne. On annonce aujourd'hui que les Prussiens viennent d'entrer en Belgique, mais cette nouvelle est peu probable, car nous savons que la situation des provinces rhénanes et le mécontentement manifesté par la landwehr aux manœuvres d'automne donnent de sérieuses inquiétudes au roi de Prusse, qui vient de donner au prince Guillaume [2] un commandement extraordinaire le

1. Francisco Espoz y Mina (1781-1836), prit une part importante à la guerre de l'indépendance espagnole, entra en conflit dès 1814 avec Ferdinand VII, reçut des constitutionnels un commandement (1820-1823), se retira en Angleterre et revint combattre don Carlos.

2. Frédéric-Guillaume-Louis de Hohenzollern (1797-1888), second fils de Frédéric-Guillaume III et de la reine Louise. C'est ce prince qui, sous le nom de Guillaume Ier, fut roi de Prusse (1861) et empereur d'Allemagne (1871).

long du Rhin. Nous verrons de grandes choses, mon ami, et ce n'est pas en vain qu'on nous a forcés de lever à la face du monde un drapeau de gloire et de liberté. J'attends votre retour avec une grande impatience pour étudier avec vous le grand mouvement qui fermente autour de nous. Soyons tranquilles, notre vie sera pleine, et les âges passés n'ont pas épuisé toutes les émotions.

Une loi vient d'être proposée qui adopte les familles et les enfants des braves de Juillet; il résulte de l'exposé des motifs, que le nombre des citoyens morts retrouvés s'élève à 1,100; il y a 4,000 blessés; différentes espèces de récompenses sont accordées aux survivants, et un nouvel ordre militaire est institué pour éterniser ce grand souvenir. J'apprends que Rio a donné sa démission de professeur; que compte-t-il donc faire? Je n'ai pas vu M. Renaudière [1], qui m'avait prévenu qu'il passerait chez moi. Rio espère-t-il un changement? Il aurait tort; je crois que son affaire de 1815 [2] lui a tourné la tête, et cette détermination, que Cornudet a longtemps combattue de tous ses efforts, me paraît déraisonnable. Dites-moi ce que vous en pensez, si toutefois un prochain retour ne nous met pas à même de causer de tout cela à notre aise et sans l'intermédiaire de la poste. Si vous avez le temps de me répondre, écrivez-moi ce que vous pensez de tous ces faits; je vous dis crûment ma manière de voir, et vous m'avez déjà prouvé que je puis compter sur la même franchise. Adieu, mon bon ami, pensez à la France, au milieu de vos méditations sur l'Irlande. Elle aura peut-

1. Probablement le poète Vigor-Renaudière, chantre assez peu connu des journées de juillet.

2. Aux Cent-Jours, Rio, encore élève au collège de Vannes, avait organisé une petite insurrection royaliste, qui lui avait valu la décoration de la Légion d'honneur dès le début de la seconde Restauration.

être bientôt besoin du secours de tous ses enfants, et j'ai confiance que le bruit du canon fera taire tous les dissentiments secondaires.

Je vous embrasse comme je vous aime.

Alphonse D'HERBELOT.

II.

LETTRES A LÉON CORNUDET

I.

Ivry, 27 août (1829).

L'homme propose et Dieu dispose, mon cher ami; nous projetions pour l'hiver prochain de grands travaux d'économie politique, suivre les cours, faire des extraits, que sais-je, faire entrer dans notre tête toute la Sorbonne, et voilà que si tout continue, nous serons fort heureux qu'on veuille bien nous permettre de sortir de chez nous pour aller dîner et à la messe, car M. Mangin trouvera peut-être qu'aller dans les écoles c'est faire acte révolutionnaire; encore s'il faisait fermer l'école de droit! Vous vous rappelez nos clubs de la rue de l'Abbaye; oh! mon cher, allez loger plus haut ou calfeutrez vos fenêtres, car si quelqu'un vous entendait parler, gare les dénonciations, les mandats d'amener, et je tiens en haute crainte et vénération la police correctionnelle, depuis qu'elle vient de condamner le *Journal des Débats* [1]; décidément, je deviens prudent, je me signe à toutes les images de saints, chez les marchands d'estampes; du plus loin que je passe devant un gendarme ou un sergent de ville, j'ôte mon chapeau à deux mains, et s'il vient à se trouver sur mon chemin un soldat suisse, je me range à quinze pas de distance, crainte de passer pour irrévérencieux à l'égard de la force publique. Ce bon M. de La Bourdon-

1. Il s'agit du fameux article publié par les *Débats* au lendemain de la formation du ministère Polignac, article qui se terminait par la double exclamation : «.... Malheureuse France ! malheureux roi ! »

naye a tant d'indulgence et mon doux M. de Bourmont est si honnête homme qu'il faut se garder de leur mécontentement. Trestaillons est mort; mais il peut en revenir d'autres, et il faut prendre garde qu'on ne nous refuse quelque jour certificat de bonnes vie et mœurs; ainsi donc, de la modération, et, au besoin, de la joie; on n'a encore pendu, que je sache, ni guillotiné personne comme factieux et constitutionnel relaps; ainsi donc, vive M. Mangin et M. de Polignac, Dieu les tienne en joie et leur fasse tout le bien qu'ils nous désirent! L'autre jour, il y avait grand dîner chez M. de Bourmont; nos généraux y sont allés, ceux-là mêmes qu'il a trahis la veille de Waterloo; ils se sont félicités, embrassés, réconciliés entre la poire et le fromage, le tout en buvant sans doute aux mânes de nos pauvres soldats que l'un a fait tuer et que les autres renient comme gens de mauvaise lignée et de sentiments peu monarchiques. Ce devait être une belle soirée bien touchante, et vraiment M. de Bourmont est bien honnête d'inviter ses anciens ennemis à dîner; ceux-là sont de grands misérables de mettre le pied dans son salon et de ne pas lui jeter leurs assiettes à la figure. Pour parler sérieux, il y a dans cette génération, sur qui a pesé l'Empire, un singulier goût pour les antichambres; on devrait les nommer en masse maîtres de la garde-robe. M. de Rigny a refusé la marine. Vous croirez peut-être que c'est par patriotisme, mais son oncle, le baron Louis, l'a menacé de le déshériter et il est retourné à Toulon; le fait paraît certain, voilà le héros de Navarin! Quel dommage que M. Hyde de Neuville n'ait plus la parole; il nous aurait chanté quelques couplets sur ce beau refus et eût tiré pour la centième fois ce pauvre Bisson [1] de sa

1. Henri Bisson (1796-1827), enseigne de vaisseau, chargé de commander un bâtiment de prise, s'était fait sauter dans l'Archipel plutôt que de se

tombe, pour lui faire battre des mains à M. de Rigny.

Il paraît que M. de Gabriac, dont nous parlions, si vous vous en souvenez, à votre retour de Margency, va obtenir l'ambassade de Pétersbourg. Mme Davidoff doit être en grande faveur : nièce du premier ministre ! Je souhaite pourtant qu'avec tout son crédit elle ne demande rien pour notre ami Rio, car je serais bien peiné de le voir faire sa cour à de telles gens, et puis ce serait dangereux pour l'avenir, car il y a des faveurs qui coûtent cher, et je compte que dans dix ans il en cuira de s'être mis à la solde de cet arrière-ban de l'émigration. Je n'ai pu voir Rio, partant plus tôt que je ne pensais ; je viens de lui écrire, et comme il n'est pas dans l'habitude de répondre, je ne saurai ce qu'il devient qu'à mon retour.

Je n'ai point eu de nouvelles de Montalembert depuis son départ de Stockholm ; je n'en suis pas inquiet, le sachant en route ; cependant, si vous en avez, vous me ferez plaisir de me les transmettre ; Dieu veuille qu'elles soient bonnes et que ce voyage, si malheureux, ne se termine pas par un coup de foudre ! Bien que je parte lundi pour les vacances, écrivez-moi toujours à Paris : on m'enverra mes lettres et ce sera plus sûr, car, une fois parti de Paris, je serai souvent par voie et par chemin et elles courraient grand risque de ne pas me trouver à leur adresse ; je serai de retour le 10 octobre, au plus tard ; ainsi, Montalembert ne sera pas longtemps seul ; je ne pense même pas qu'il arrive avant cette époque.

Vous voilà rendu à votre douce vie de famille, aussi ne vous tourmenterai-je pas plus longtemps de nos grogneries politiques ; je vais moi-même les oublier pour un

rendre aux pirates. Hyde de Neuville, ministre de la marine dans le cabinet Martignac, avait célébré à satiété ce trait d'héroïsme.

grand mois ; nous aurons assez à nous en occuper à notre retour, si toutefois on nous permet de nous réunir jusqu'au nombre mystérieux et cabalistique de trois. En fait de nouvelles littéraires ou autres, je n'ai pas grand'chose à vous mander. Croiriez-vous que je n'ai pas encore vu *Guillaume Tell* [1] ? Depuis que mon père est à la campagne, je ne fais plus que poser à Paris et n'y passe guère de soirées. J'ai été pourtant à une représentation de Perlet [2] : il m'a moins amusé que je ne l'aurais cru ; cet homme n'a pas de gaieté naturelle, il se bat les flancs pour être joyeux ; l'art intervient dans ses moindres gestes, et on ne rit plus à force de le voir peiner pour faire rire. C'est pourtant un grand comédien, mais sans bouffonnerie, sans cette verve intarissable qui ferait éclater de rire un ministre disgracié sans pension et sans les invalides de la Chambre des pairs [3]. Vous avez su que *Marion Delorme* [4] est arrêtée de par le roi, comme son amant le fut sous Richelieu ; la seule différence, c'est que Didier fut pendu et que Marion n'est qu'emprisonnée, mise en surveillance, fruit du siècle des lumières. A propos, une plaisante chose : vous connaissez de nom Étienne Béquet [5] ; c'est lui qui s'était déclaré l'auteur de l'article des *Débats* incriminé, fondant là-dessus peut-être sa renommée future de patriotisme ; là-dessus, grande fureur de Bertin [6] : il veut que l'article soit de lui, à sa charge, et le

1. Le célèbre opéra de Rossini, alors dans sa nouveauté.

2. Adrien Perlet (1795-1850), acteur comique.

3. Allusion à deux membres du ministère Martignac, Saint-Cricq et Vatimesnil, qui en quittant leurs fonctions n'avaient reçu aucune marque de la bienveillance royale.

4. Le drame de Victor Hugo, arrêté par la censure, ne fut en effet représenté que le 11 août 1831, au théâtre de la Porte-Saint-Martin.

5. Étienne Béquet (1800-1838), brillant humaniste, s'occupait surtout aux *Débats* de critique littéraire.

6. Louis-François Bertin, dit Bertin l'aîné (1766-1841), fondateur du *Journal des Débats*, ou plutôt son fils Armand Bertin, alors gérant des *Débats*.

fait crier sur les toits par ses amis, et figurez-vous donc ce pauvre Béquet obligé de venir hier déclarer à la barre que cet article, sorti de sa Minerve, n'est pas de lui, qu'on y a tout changé, ajouté, retranché, qu'on en a fait œuvre nouvelle ; aussi il n'ira pas en prison ; ce que c'est que la modestie, mais bonsoir la gloire et le renom de patriote !

L'Odéon rouvre au 1er septembre par un grand drame, datant de Henri III, car c'est aujourd'hui notre pain quotidien, et si nous ne savons cette histoire, il faut que nous soyons de grands ânes et bien bouchés d'intelligence. Acteurs détestables : les meilleurs sont sans doute ceux que nous ne connaissons pas. D'ailleurs, Ligier [1], Marius [2], Éric-Bernard [3], Mlle Georges [4], voilà les phénix, les rois de la scène. Je crois que vous ferez bien d'emporter encore votre manteau quand vous irez cet hiver, afin d'y avoir chaud et d'y faire nombre. Je vais entendre demain le *Semblançay* [5], de Paul Foucher [6] : il est destiné à cet honnête Odéon ; nous le sauverons, j'espère, de la piteuse fin d'*Amy Robsart* [7].

Je suis à peu près sorti de la Pologne et mon *Sobieski* est à l'impression ; à votre retour, j'en mettrai un exemplaire à vos pieds avec une jolie petite dédicace ; rassurez-vous d'ailleurs, vous ne serez pas forcé de le lire ; ce n'est

1. Pierre Ligier (1797-1873), acteur tragique, alors à la Porte-Saint-Martin, entré en 1831 au Théâtre-Français.

2-3. Nous n'avons pu trouver de renseignements sur ces acteurs.

4. Marguerite-Joséphine Wemmer, dite Mlle Georges (1787-1867), la célèbre tragédienne, dont le succès datait de 1802.

5. Ce titre ne figure pas parmi les œuvres de Paul Foucher : peut-être s'agit-il du drame qui fut joué en 1830 à l'Odéon sous le titre d'*Yseult Raimbaud*.

6. Paul-Henri Foucher (1810-1875), frère de Mme Victor Hugo, auteur dramatique.

7. Drame représenté sans succès le 13 février 1828, à l'Odéon, sous le nom de Paul Foucher, mais dont l'auteur était en réalité son beau-frère Victor Hugo.

pas comme moi qui l'ai lu trois ou quatre fois à mes amis les Polonais; les ennuyeuses gens! avec leur patriotisme sans raison, ils me venaient assommer quotidiennement; croiriez-vous qu'ils veulent après leur régénération reconquérir tous les États slaves, Bohême, Hongrie, Moravie! Avec tout cela, quand on songe à la marche effrayante de la Russie, on ne peut se dispenser de convenir que la chute de la Pologne est un malheur pour l'Europe centrale; je vous prépare quelques tirades là-dessus à votre retour.

Quand je passe dans votre rue de l'Abbaye, j'ai toujours la tentation de demander si vous y êtes, ce dont je m'étais fait une si bonne habitude. Quoique les vacances et la campagne soient une charmante chose, je vous assure que je verrai pourtant revenir bien volontiers nos longues soirées et nos éternelles causeries, vraies Revues de Paris, pour le coup, où tout passait au crible. D'accord avec Montalembert, il faudra tâcher de les utiliser, et de devenir quelque chose d'intelligent, c'est-à-dire un peu plus qu'étudiant en droit. Nous y aviserons à la prochaine réunion de nos États généraux; je vous avertis que je suis encore plus jacobin que par le passé; mais vous, grand éclectique, vous nous modérerez; si ce n'est pas vous, c'en sera peut-être un autre, ou sinon, comme je vous le disais tout à l'heure, vous irez loger au quatrième, sur la cour, ou du moins fermerez vos fenêtres.

Adieu, mon cher ami, n'oubliez pas au milieu de votre famille vos bons amis de Paris, et spécialement votre bien dévoué,

Alphonse D'HERBELOT.

II.

Luciennes, ce 4 septembre (1829).

Mon cher ami,

Je vous écris dans la position la plus charmante du monde, assis sous un berceau d'arbres verts, avec d'énormes pelouses sous les yeux, et pour point de vue une jolie maison blanche toute ceinte de peupliers. Ma vie actuelle est à l'avenant de ces environs, douce, paisible, inoccupée; je suis à la campagne chez un de mes amis, dans une de ces familles si rares où le bruit de nos querelles et de nos discordes civiles n'a pas pénétré [1]. Un mot de politique ici vous attire un regard sévère de la mère et un large bâillement des filles; or, comme la mère est fort excellente et les filles extrêmement jolies, je n'en ouvre pas la bouche, promenant, chassant, vaguant toute la journée, et devisant le soir de romans, de comédies de Scribe [2], et d'un fort beau bal qui doit avoir lieu dimanche et préoccupe beaucoup nos hôtes. Vous me demandez des nouvelles politiques : bon Dieu! sais-je justement ce que

1. Alphonse d'Herbelot était à Luciennes (ou Louveciennes), chez les parents de ses amis Thureau, lesquels occupaient, en commun avec la famille de Boischevalier, une grande habitation construite par un secrétaire du surintendant Fouquet. Les jeunes filles dont il est ici question sont Mlles de Boischevalier, dont la cadette devait épouser précisément Édouard Thureau, le futur doyen de l'ordre des avocats à la cour de Paris (Renseignements communiqués par M. le conseiller Thureau).

2. Augustin-Eugène Scribe (1791-1861), alors dans toute sa vogue d'auteur dramatique, allait être élu à l'Académie française en 1835.

deviennent nos Colberts nouveaux; si cela durait, je crois vraiment que j'oublierais M. de Bourmont, avec tout le sang qui tache son habit de lieutenant général; hier soir, j'ai appris par grand hasard, de la bouche d'un visiteur, que M. de Chateaubriand n'avait pu obtenir une audience particulière du roi; et vite j'ai comprimé un élan d'indignation et de malédiction qui allait m'échapper, crainte que mes hôtes ne crussent que la Convention nationale se fût tout entière introduite en ma personne dans leur maison. Heureusement ou malheureusement, car, en vérité, je me trouve fort bien de cette existence négative, mon séjour ici va bientôt finir et je partirai mercredi pour La Flèche. Là, j'aurai de la vie politique, vous savez, cette vie des petites villes si ennuyeuse, ces déclamations empruntées au *Constitutionnel*, ces criailleries de gens qui ne vous comprennent pas, font grand bruit de leur fusil à deux coups, terreur prochaine du gendarme, et font de l'insurrection au coin de leur feu. Mais j'y mettrai bon ordre en me maintenant dans ma famille, où je me délecterai tous les deux jours avec le *Journal des Débats*. Vous voyez donc que la politique aura tort, et que je suis hors d'état de rien vous mander qui vous rappelle nos habitudes de Paris et nos clubs du soir. Il m'est également impossible de vous envoyer des brochures qui viendraient à paraître, car je serai absent jusqu'au commencement d'octobre et toute ma famille, qui aurait pu me remplacer pour cet office, est également à la campagne. D'ailleurs, consolez-vous, il ne paraîtra probablement rien de distingué, car la presse demeurant libre jusqu'à bon plaisir contraire de nos excellents seigneurs, ceux qui auraient fait des brochures écriront des articles, et les journaux suffiront. Je ne pense pas que la presse soit suspendue : il paraît qu'on songe pour l'instant à jouer la modération.

M. de Polignac a même, dit-on, voulu obtenir la démission de M. de Bourmont et de M. de La Bourdonnaye; mais ils ont bravement gardé leurs portefeuilles, et le pouvoir d'en haut les a maintenus. M. Mangin n'a pas jusqu'à présent fait courir sus aux mal pensants : ainsi nous n'avons pas à nous plaindre, et, Dieu aidant, ne serons pas encore pendus cette année; nous verrons pour l'autre.

Le jour même de mon départ, je suis allé chez Montalembert, savoir de ses nouvelles ; je n'ai pas rencontré Mme Willie [1], mais une jeune fille, à figure anglaise, m'a dit qu'il avait récemment écrit qu'il serait de retour probablement à la fin de septembre. D'ailleurs, il paraît que sa pauvre sœur est toujours bien mal. Je ne puis envisager sans effroi la position où va se trouver ce pauvre ami, s'il ramène une mourante ou peut-être pis. Voyez donc quelle affreuse compensation pour les avantages que Montalembert tient de sa naissance, de sa position dans le monde, de sa vive et brillante intelligence ; quel froissement de cœur à l'entrée de la vie ! Qu'il aura besoin de soins, d'affection pour lutter contre cette terrible puissance du mal qui le poursuit ! Ah ! pourvu qu'il ne se laisse pas aller à ce mysticisme qui le travaillait dans sa solitude de Stockholm ; avec une âme comme la sienne, le mysticisme le tuerait, le rendrait impropre à toute chose ; il lui faut la vie active, la vie politique, la nouvelle et l'émotion du jour, pour lui rendre toute sa valeur. Heureusement qu'il ne manquera pas de cette vie : des circonstances s'apprêtent qui la rendront animée, féconde en accidents. Car je ne partage pas votre confiance dans l'impuissance et la réserve forcée du ministère ; ces gens-

1. Sans doute quelque personne de la famille ou de l'intimité de Montalembert.

là sont la dernière ressource de leur parti ; ils nous ménageront tant qu'ils ne seront pas placés dans l'alternative de s'enfuir du pouvoir ou de faire de la force. Mais si la Chambre montre quelque énergie, et c'est là d'ailleurs notre seule ressource, si le budget est violemment attaqué, refusé même, n'avons-nous pas à craindre que toutes les passions de l'émigration et du sacerdoce ne poussent en avant le ministère, et qu'il ne prenne envie de remettre au vent les vieilles flamberges de Coblenz ?

On compte sur l'armée ; on pense qu'avec des honneurs, de l'argent, et, le jour du danger, quelques verres d'eau-de-vie, on la lancera sur nous autres pékins, comme ils disent. Dans mon ermitage, où un journal ne vient jamais, je ne sais ce qui s'est passé à Lyon ; mais, à mon départ de Paris, on avait reçu des lettres qui faisaient craindre des troubles pour le passage du général Lafayette. On assurait que Sa Majesté était irritée du témoignage d'admiration que ce vieux constituant avait recueilli tout le long de son voyage ; que le ministère avait donné au préfet du Rhône l'ordre de réprimer toute démonstration d'allégresse dans son département, et que, nonobstant, la population lyonnaise se proposait de courir au-devant du bienvenu, d'illuminer, de braver le pouvoir par son séditieux enthousiasme. Je ne saurai ce qui s'est passé que dans quelques jours. Si le pays prend feu par quelque coin et qu'on use des baïonnettes, ma foi, gare à nous, nous pourrons passer un vilain hiver. Quant à moi, peu m'importe ; je n'ai, Dieu merci, pas d'embarras pour le parti que je prendrai ; qu'ils fassent ce qu'ils pourront, nous ferons, nous autres, ce que nous devons, et Dieu sauve la France !

Vous voyez, mon ami, que je broie quelquefois du noir, au milieu de ma douce et paisible vie ; mais je viens de me lever ; je n'ai encore parlé ni modes, ni contredanses, bien que j'aie les oreilles rompues de toutes celles qu'on répète autour de moi ; je suis donc dans mon assiette ordinaire et toute la verdeur de mon opinion. On rirait bien autour de moi, si l'on me croyait travaillé de semblables pensées ; quand je regarde tous ces gens si gais, si contents, voyant toujours le ciel en beau, et n'ayant que leurs petites inquiétudes, leurs petits chagrins de famille, je songe parfois avec terreur à leur affreux réveil, s'ils entendaient un matin gronder le canon, et le tambour appeler les hommes aux armes. Quand on vit dans des temps de crise, il faut vraiment s'habiller à la mode du temps, crainte d'être surpris par l'orage sans manteau, et le désappointement dut être bien déchirant dans ceux qui passèrent des plaisirs et des causeries frivoles de 88 aux agitations de place publique et aux cris discords des années suivantes.

Mais laissons là toutes ces idées ; parlons littérature, ou plutôt nouvelle profession de foi de ma part que je ne sais rien de nouveau. *Catherine de Médicis* [1], qu'on devait jouer à l'Odéon, était un drame romantique d'Arnault fils [2] ; je ne sais s'il a réussi. Victor Hugo fait une autre pièce non politique pour remplacer *Marion Delorme*. J'ai vu le *Semblançay*, de Paul Foucher : il y a un peu de vague et de rêveries de jeune homme ; d'ailleurs, beaucoup de talent, plus de clarté que je n'en aurais attendu de mon camarade ; sans regarder ce drame comme du premier rang, je crois qu'il est capable d'avoir du succès ; il n'a guère à craindre la censure, et nous aurons à soutenir cela à notre retour. Je convoquerai tous mes amis et

1. Le titre complet est *Catherine de Médicis aux États de Blois*.
2. Lucien-Emile Arnault (1787-1863), fils de l'académicien, auditeur (1808), préfet aux Cent-Jours et sous Louis-Philippe, lui-même poète dramatique.

je compte sur vos battoirs. A propos de poésies, je suis dans l'enthousiasme du *Wallenstein*, de Schiller, que je viens de lire. La guerre de Trente ans, l'esprit aventureux de ces armées, ramassées d'un bout de l'Europe à l'autre et se jetant dans les bras de quiconque leur assurerait paie et pillage, se réfléchit admirablement dans cette pièce, qui se compose, comme vous savez, de trois drames séparés. Il y a là dedans trop de métaphysique et de mysticisme, surtout dans les rôles des jeunes gens, Max Piccolomini et Thécla ; mais tout cela regorge de poésie, et les détails sont admirables. Et puis, moi qui adore l'histoire, partout où je la vois fidèle, je pardonne les fautes, et ce *Wallenstein* m'a surtout séduit par cette qualité. Je vous félicite bien de populariser Victor Hugo dans la Haute-Loire [1]. Moi, je n'ai pu essayer ici : j'ai craint d'avoir l'air de tomber des nues avec cette poésie fantasque, et nous nous sommes bornés à la lecture des comédies de Scribe, dont j'ai maintenant par-dessus la tête. C'est étonnant comme on se lasse vite de cet esprit musqué, de ce jargon de boudoir et de ces couplets aiguisés par le bout pour faire effet. Oh ! j'aime mieux *Wallenstein*, quoiqu'il n'y ait pas d'esprit là dedans et que le langage soit si élevé que je ne le comprends pas toujours. Cela va m'éloigner du Gymnase [2] pour deux ou trois mois au moins, et jusqu'à ce que j'aie oublié les couplets de facture qui me bourdonnent dans les oreilles.

Je serai à La Flèche jusqu'au 3 octobre ; ainsi, vous pourrez m'y écrire chez M. Maignien, rue des Bancs,

1. Avant de se rendre comme d'habitude chez ses parents en Saône-et-Loire, Cornudet avait séjourné chez une tante dans la Haute-Loire (*Lettres à un ami de collège*, 2e éd., p. 352 et suiv.).

2. C'était au théâtre du Gymnase que se représentaient la plupart des œuvres de Scribe, et en vertu d'un contrat, il était *le seul* auteur joué à ce théâtre.

n° 22 ; j'y serai décidément à poste fixe, n'ayant que peu de temps à y rester. Envoyez-moi une bonne longue lettre, que je sache ce que vous devenez, si l'anglais, Thiers et la philosophie trouvent quelques moyens de se glisser au milieu de vos occupations de campagne ; je vous mettrai au courant de ma vie de petite ville, et, n'ayant rien de mieux à vous mander, ferai comme Montaigne, et me prendrai moi-même pour sujet de mon écrit. Visitez toujours les Bédouins de notre France centrale et tâchez de les civiliser, si vous pouvez, bien qu'au fond ce soit une chose un peu monotone et ennuyeuse que notre civilisation tirée à quatre épingles. Pensez toujours à vos bons amis.

Tout à vous pour la vie,

Alph. D'HERBELOT.

III.

La Flèche, 9 octobre (1829).

Je ne veux pas quitter ce pays-ci, mon cher ami, sans mettre en règle ma correspondance, et je commence par vous. Vous verrez, par la date de ma lettre, que je suis resté à La Flèche plus longtemps que je ne pensais. Mais l'arrivée d'un cousin qui vient de Toulouse, où il est en garnison, m'a retenu, et me voilà encore provincial pour jusqu'au 13, après quoi je reprends le collier de misère et mes modestes fonctions d'étudiant en droit.

Quand cette lettre vous arrivera, sans doute vous aurez vu ce pauvre Montalembert ; je compte sur vous pour m'instruire précisément de son état moral ; j'en suis fort inquiet, d'après votre lettre et aussi d'après celle qu'il m'a écrite de Berlin, et où il paraît brisé d'affliction. Je verrais cependant avec une vive douleur qu'il se laissât abattre, et vous pour lui, par son malheur actuel. Il y a chez lui une propension terrible à peindre l'avenir des couleurs du présent, à se persuader que la vie n'est qu'une longue chaîne où tous les anneaux sont pareils. Sans doute, il est horriblement éprouvé ; mais je ne conçois pas bien encore comment tout cela peut le tourmenter pour son avenir. La maturité de son esprit nous fait oublier, comme à lui, qu'il n'a que vingt ans, et que ce n'est pas à cet âge qu'on désespère. Par exemple, ne pas aller en Irlande, c'est un cruel désappointement ; mais, dans un an ou deux, pourquoi ne ferait-il pas ce voyage, peut-être même avec plus de fruit et d'avantage que maintenant? Pise est sans doute une ville peu agréable, mais il ne faut pas vous figurer que ce soit un trou, une bicoque ; c'est une ville pleine de souvenirs, qui possède encore, je crois, une Université, et où le climat attire un grand nombre d'étrangers. Quand on est dans la position où se trouve Montalembert, battu par la tempête, prêt à éprouver une horrible douleur, la mort d'une sœur chérie, il ne faut pas lâcher la bride à son imagination, mais prendre la vie un peu plus au sérieux. S'il vit toujours dans ses pensées, et renfermé en lui-même, s'il ne se force pas à quelque étude positive, fût-ce la plus misérable de toutes, c'est alors que son cœur se brisera de plus en plus, que son esprit s'usera, et qu'il mourra intellectuellement ou se condamnera pour toute sa vie à une mélancolie oisive, à un mysticisme désespérant. Vous me vantez, mon ami, les vives consolations qu'il peut retirer de sa foi ardente ; mais, à mon avis, ces consolations ne suffisent pas. Une femme va se jeter au pied de son crucifix, pleure et s'en relève consolée, et, en fait, elle se nourrit de sa douleur, et, n'ayant pas de vie active dont le regret vienne la tourmenter à chaque instant, elle finit par trouver quelques charmes dans ces tristes contemplations. Mais un homme, dont l'âme ne se repaît pas seulement d'une vague et incertaine sensibilité que la douleur cause comme la joie, un homme, est-ce assez de gémir, d'espérer en la miséricorde d'en haut? Non, il faut qu'il appelle à son secours cette vie extérieure, ces graves et entraînantes occupations pour lesquelles il est fait. Voyez Montalembert, comme il se trouble et se désole en songeant qu'il reste isolé de la France et de ses opinions, de ses travaux, que cette vie politique qu'il désire lui échappe et fuit sous ses pas ; eh bien, qu'il lutte contre lui-même !

Qu'il se prépare, par l'étude et des méditations positives, à cette vie qu'il rencontrera tôt ou tard, et ses douleurs en seront allégées de moitié, car il ne sera pas perpétuellement seul avec elles. Ce n'est point une lecture hâtive et décousue de quelques journaux ou de quelques vers que je lui conseille; c'est un labeur véritable, fût-ce de juriste et d'antiquaire ; il faut qu'il manie et remanie les bouquins ; je l'aimerais mieux pâlissant sur des médailles ou de vieilles chroniques rongées des vers, sur Accurse [1] et sur Alciat [2], que livré sans cesse à ses pensées, et cherchant dans le présent l'augure de l'avenir. Les hommes affligés de grandes douleurs entraient dans des monastères, et là, sans cesse occupés du travail des mains, ils faisaient trêve à leurs maux. Que Charles exerce non ses bras, mais son intelligence ; qu'il l'exerce par des travaux secs et arides, pourvu qu'ils soient profitables, sans quoi il n'y aurait pas de goût. Et surtout qu'il se rappelle qu'il n'a que vingt ans, et qu'il ne renonce pas à cette *Spem longam*, qui est l'apanage de la jeunesse. Toutes mes lettres seront maintenant dans ce sens, car il faut à tout prix le défendre contre sa propre imagination et les tourments imaginaires qu'il se forge, non content de ceux qui le déchirent de toutes parts. Quant à vous, ayez de la force pour lui, et ne vous laissez pas aussi briser ; car, alors, vous accroîtriez son mal, au lieu de l'alléger ; conservez donc tout ce que vous avez d'énergie et de fermeté d'âme, consolez-le par la perspective de l'avenir ; ce sera, je crois, le plus grand service qu'il puisse attendre de votre amitié.

Il me paraît d'ailleurs, par votre lettre, que vous menez

1. François Accurse (1182-1260), jurisconsulte, professeur à Bologne.

2. André Alciat (1492-1550), jurisconsulte, professeur en France et en Italie.

une vie douce et paresseuse, ce charmant *far niente* qui est un des grands bonheurs de l'homme sur la terre, quand il n'est pas trop prolongé. Je suis maintenant précisément dans le même état que vous ; j'ai travaillé jusqu'à l'arrivée de mon cousin ; mais aujourd'hui, je n'ouvre plus un livre et ne taille pas une plume, et je profite pour vous écrire de ce que mon compagnon de toute la journée est allé faire quelques visites. Il y a ici abondance de bals et de concerts; c'est une fête perpétuelle, médiocrement amusante, bien que parfois ce soit assez gai ; ce qui est plus divertissant, ce sont les commérages du lendemain, la toilette de l'une, les assiduités de l'autre. D'ailleurs, je ne prends de la vie de province que ce qui m'en plaît, demeurant chez des personnes de Paris qui en ont conservé toutes les habitudes. Ce qui me contrarie le plus, ce sont les visites d'un tas d'officiers, en semestre dans ce pays, qui viennent tout le temps chez nous. Je ne connais rien de plus déplaisant, de plus brutal et de plus mauvais ton que ces porte-épée de la ligne. Habitué à ne voir, en fait de militaires, que des officiers sortis de l'École polytechnique, je ne puis me faire à la crasse ignorance ou aux ridicules prétentions de la plupart de ces jeunes gens. Heureusement qu'ils ne nous viennent guère que le soir, et que nous avons la journée pour nous. Mes lectures se sont donc bornées à peu de choses : Toullier, par exemple, dont je suis assez content, puis l'histoire de Pierre le Grand, de M. de Ségur [1], long panégyrique à la manière de Pline le Jeune, qui serait un nouveau symptôme de notre décadence littéraire, si nous n'avions pas

1. Louis-Philippe, comte de Ségur (1753-1830), colonel et diplomate sous l'ancien régime, membre du Corps législatif (1802), conseiller d'État (1803), membre de l'Institut (1803), grand maître des cérémonies (1804), sénateur (1813), pair de France (1814), rayé (1815), rétabli (1819).

pour nous rassurer notre jeune et saine école historique. Quant à la poésie, pas un mot; je n'ai pas lu un vers depuis mon départ, ni lu un ouvrage un peu remuant. Le pays que j'habite, quoique peu éloigné de Paris, est fort arriéré, et à l'exception d'une nombreuse collection de romans, on n'y trouve guère de livres que ceux que l'on apporte, et si le journal ne venait pas rappeler qu'il existe à moins de soixante-dix lieues tout un monde intellectuel, personne ne s'en douterait. Je remets donc à mon retour la lecture de *Fragoletta* [1], dont mon cousin m'a fait aussi le plus grand éloge et que je désire ardemment de connaître d'après ces deux témoignages réunis.

Rio a fait pour vous un grand extraordinaire, et c'est au plus s'il a été aussi prodigue d'éloquence envers Montalembert, depuis qu'il est en Suède. Quand vous lui répondrez, dites-lui mille choses aimables de ma part. Je suis enchanté comme vous qu'il paraisse n'avoir pas connivé avec nos misérables ministres. Qu'il se maintienne ferme et ne se laisse pas séduire par les éloges du faubourg Saint-Germain, et peut-être s'en trouvera-t-il bien à l'avenir.

Mais je m'aperçois que si je continue, je m'en vais encore parler politique, ce dont vous me gourmandez dans votre lettre; or, depuis que j'ai visité la Trappe, je suis devenu d'une obéissance exemplaire et je coupe court à mes fureurs patriotiques. Mais en vérité, mon cher ami, vous êtes inconséquent; vous voulez que je vous parle de moi, de mes observations, de mes rêveries mêmes, et vous retranchez de mon individu la partie politique. C'est comme si vous me cassiez un bras ou une jambe, car ne

1. Roman historique de Latouche, qui mettait en scène la révolution napolitaine de 1799.

savez-vous pas que je suis un être tout bourré, tout farci de politique, vivant non seulement de pain, mais de journaux et de toute parole qui traite des affaires du pays? Vous me mettez là à une rude diète; je m'y condamne cependant; et d'ailleurs, aujourd'hui, je n'ai pas matière à doléances, je suis épuisé d'avoir fait depuis quelques jours assaut d'invectives et de fureurs contre le ministère avec nos officiers d'artillerie qui sont, pour le dire en passant, aussi factieux que moi. Mon répertoire est donc à bout, et comme nos Colberts ne font rien qui puisse le renouveler et qu'il me faudrait vivre sur mes anciennes colères, je vous en fais grâce pour aujourd'hui.

Je vous envoie par la même occasion une lettre pour Montalembert et je vous prie de m'indiquer le lieu où il faudra lui écrire à l'avenir. J'espère que le gouvernement toscan n'a pas l'habitude de décacheter les lettres; nous agirons en conséquence dans tous les cas. Je compte sur une épître de vous à mon retour à Paris, en attendant que nous puissions mettre de côté la correspondance et reprendre nos longues causeries de la rue de l'Abbaye. Ce pauvre Montalembert, je pense toujours qu'il n'y sera pas.

Adieu, mon cher ami, pensez à moi dans vos moments de loisir.

Alphonse D'HERBELOT.

IV.

2 novembre (1829).

C'est maintenant à moi, mon cher ami, à vous demander excuse pour mon inexactitude; mais depuis mon retour à Paris, j'ai eu tant de courses, tant d'ennuis, et ce fatal examen de procédure dont l'idée me poursuit partout, que je n'ai pas eu le temps de causer un instant avec vous. Il est temps enfin que je m'y mette, sans quoi je m'exposerais à arriver après le départ de la diligence qui va vous ramener bientôt parmi nous.

J'ai médité, mon ami, vos idées sur la nature des consolations qui conviennent à Montalembert. Elles ont augmenté l'amitié et, je puis le dire, la vive estime que je ressens pour vous et l'excellence de votre cœur, sans pourtant me convaincre tout à fait. D'ailleurs, quoique je l'aie vu fort souvent depuis mon retour, je n'ai pu avoir que de courtes conversations, obligé qu'il est d'être toujours avec sa mère. Nous avons pourtant projeté de commencer à votre arrivée nos grandes études d'économie politique, et nous ne cherchons plus maintenant qu'une heure convenable pour ce grand travail. Montalembert me paraît assez bien, mieux que je ne l'aurais cru. Votre retour lui sera bien utile et à moi aussi. Je saurai par vous comment agir pour distraire son âme sans la refroidir. Car, bien que je persiste un peu dans mon système d'occupations positives pour notre ami, je sens qu'à cet égard vous êtes le guide le plus sûr que je puisse suivre.

J'ajouterai que votre dernière lettre m'a fait bien de la peine, tant vous m'avez paru affligé, désolé, ayant vous-même besoin de consolations. Vous dites que votre voyage à Lyon, votre affreuse incertitude vous ont vieilli de cinq ans. Du moins, ils n'ont vieilli ni votre âme, ni votre enthousiasme. Car jamais je n'en avais vu l'expression si vive et si chaleureuse. Allez, Montalembert a dans ses maux une puissante consolation, c'est d'avoir un ami comme vous. Vous devez souvent me trouver bien froid, bien raisonneur auprès de votre sympathie, toute spontanée et tout ardente. Sans doute, vous me trouvez quelque peu positif et occupé de la vie matérielle. Je vous fais ici ma confession tout entière : c'est à Rio, à vous surtout et à Montalembert que je dois d'être peu à peu rentré dans ce monde intellectuel, dans cette sphère d'idées d'où mon éducation, mes habitudes, ma société m'éloignaient chaque jour. Si je vaux quelque chose par l'enthousiasme, si quelques étincelles de cette foi religieuse que, sans doute, je n'ai pas comme vous, mais que je comprends au moins, si ce besoin de croyances fortes et sévères s'est réveillé en moi, c'est à vous que je le dois, à vous et à vos amis. Les miens, mes anciens camarades d'études, plaisantent ce qu'ils appellent ma tendance mystique, et je ris tout bas, en la comparant à la vôtre. Excusez-moi donc, et mes préjugés d'éducation, si je vous parais souvent un peu positif et voltairien; combattez-moi, mais surtout ne m'en aimez pas moins, car, à l'exception peut-être de ma ferveur libérale qui tient à d'autres causes, il n'est pas une seule de mes idées favorites que je ne sacrifiasse au plaisir de voir se resserrer chaque jour le lien qui nous unit. Ce n'est pas ici un vain compliment que je vous fais ; l'usage en est, je l'espère, pour toujours banni entre nous; c'est un exposé sincère de ma situation morale. Vous voyez que je me mets avec vous en déshabillé et, cette fois, vous ne me reprocherez pas de ne point vous parler assez de mes idées et de mes sentiments. J'ai senti le besoin de vous dire ces choses, car je tiens à ce que vous me connaissiez tel que je suis, avec ce que j'ai de mauvais et ce que je puis avoir de bon, quelque franchise peut-être et une sincère confiance en votre amitié.

J'ai vu Rio ces jours-ci et nous avons longuement causé de vous, de votre persistance à vous faire notaire [1] ; nous mettons notre esprit à la torture pour vous trouver quelque autre état. Car, quant à mon opinion que cet état ne vous convient pas, j'y persiste, et c'est une de celles dont je vous ferais le plus difficilement le sacrifice, car je crois qu'il y va du bonheur de toute votre jeunesse. Nous en causerons à loisir. Rio est toujours fort inquiet ; cependant, l'autre jour, M. de Polignac a dit à Mme Davidoff qu'il allait l'occuper de littérature ; il ne sait trop ce que cela veut dire et attend avec impatience l'explication. Il est vraiment dans une position bien pénible, pour lui surtout que la douleur abat si vite, et qui se voit aujourd'hui menacé dans tout son avenir. J'espère que son exemple sera de quelque utilité à Montalembert. Rio est tombé dans une fâcheuse erreur, naturelle d'ailleurs aux nobles âmes ; il a cru qu'au milieu de nos orages politiques, dans cette vie de tempêtes, d'alarmes et peut-être de combats, un homme de bien pouvait passer debout entre les partis sans s'y mêler ; qu'il pouvait tenter la vie politique sans avoir sa bannière, son camp, tranchons le mot, sa coterie. Il a fait un beau coup de tête en faveur du roi en 1815 ; les libéraux de son pays, comme il me le

1. C'étaient les parents de Cornudet qui, malgré sa répugnance, rêvaient pour lui d'une étude de notaire (*Lettres à un ami de collège*, 2e éd., p. 112).

disait récemment, ne lui ont jamais pardonné cela, non plus que sa foi catholique. D'autre part, les royalistes ne lui ont jamais pardonné son amour de la liberté. Il n'a cherché de partisans ni à droite, ni à gauche, et cette indépendance qui eût été admirable, si Rio n'était pas dans la nécessité de se faire une existence et une place dans le monde, cette indépendance si religieusement gardée, est devenue une faute dans sa position. Montalembert, qui n'a point d'antécédent de 1815, ne fera, j'espère, pas la même chose, bien qu'il y ait quelques tendances. Obligé par position à entrer dans les affaires publiques, il faut par-dessus tout qu'il n'y reste pas isolé, et sans abonder dans les extravagances de quelques hommes et surtout dans l'égoïsme de beaucoup d'autres, il faut qu'il les voie, les supporte et cherche même à s'en rapprocher par toutes les sympathies qui se présenteront; sans cela il restera sans influence sur les masses, n'aura dans sa vie que [des] contrariétés, des froissements qui le blesseront sans cesse au cœur, et restera inutile à son pays. Voilà encore, mon ami, un ample sujet de méditations et de discussions entre nous. Car, si je vous connais bien, je pense que vous ne serez peut-être pas tout à fait de mon avis sur la nécessité de se faire un peu homme de parti; je m'en vais travailler à vous convertir et un peu aussi à vous arracher à ce mysticisme dont vous me dites que vous vous préoccupez davantage tous les jours. Il n'est pas encore temps de s'y livrer, mon ami; quand nous aurons vu nos efforts perdus pour établir en France autant que nous le pourrons la liberté à tout jamais, quand nous aurons vu le pouvoir, arraché aux mains des gens de Coblenz, passer à celles des médecins et des industriels, il sera temps alors de sortir du monde politique et de chercher des distractions dans une triste quiétude et des études contemplatives.

Aujourd'hui que nous sommes jeunes, pleins de force et d'avenir, agissons : plus tard peut-être nous le voudrons en vain; ne laissons pas la bataille avant d'avoir aussi rompu notre lance. Si nous pouvons remettre un peu Montalembert, surtout s'il acquiert quelque liberté, son retour à une vie meilleure vous arrachera à vos tristes idées, et ne désespérant plus de votre ami, vous désespérerez moins de la vie tout entière. D'ailleurs, si ce noyau de parti que nous formons, pauvres jeunes gens encore sans crédit et sans influence, se brise et se dissout avant d'avoir essayé de produire quelque fruit, si nous nous en allons chacun de notre côté, l'un à ses affaires, l'autre à ses études contemplatives, aurons-nous bien rempli notre tâche? Je ne le crois guère et pense que vous en demeurerez persuadé comme moi.

Vous me demandez des nouvelles d'*Hernani* [1] et de votre ami Victor Hugo : je vous dirai que je ne connais pas sa pièce, mais que, de l'avis de ses amis eux-mêmes, elle est inférieure à *Marion Delorme*. C'est, dit-on, une ode admirable, mais peu dramatique. D'ailleurs, la censure la tient encore sous ses ciseaux, et fait une guerre acharnée à chaque mot et à chaque syllabe. Si je ne connais encore *Hernani* que par ouï-dire, en revanche j'ai vu l'*Othello* [2] d'Alfred de Vigny, et j'en ai été ravi, non parce que je pense que ces scènes maladroitement filées, cet horrible dénouement et ces trivialités continuelles puissent convenir entièrement à notre théâtre, mais il y a là dedans tant de verve et de génie, une anatomie si parfaite du cœur humain, une poésie parfois si enchante-

1. La première représentation ou, comme dirent justement les contemporains, la « bataille » d'*Hernani* devait avoir lieu le 20 février 1830.

2. Ce drame, imité de Shakespeare, avait été joué au Théâtre-Français le 24 octobre 1829.

resse, qu'il faudrait être bien classique, bien « Jouy »[1] et « Arnault »[2], pour n'en pas être remué jusqu'au fond des entrailles. Il faudra voir cela à votre retour. Quant à *Hernani*, il vous attendra, n'ayez pas peur, et c'est tout au plus si vous l'aurez pour vos étrennes.

Dans le cas où vous n'auriez pas le temps de m'écrire avant votre départ, faites-moi savoir votre arrivée le plus tôt possible, car, après trois mois d'absence, j'aurai grande hâte de vous revoir. C'est vous, probablement, qui nous donnerez l'hospitalité pour nos études d'économie politique ; ce sera encore une occasion de passer ensemble quelques heures de plus par semaine.

Adieu, mon cher ami, revenez bien vite ; il fait froid à la campagne maintenant, et tous les gens comme il faut reviennent à Paris. Sans plaisanterie, je vous y attends avec impatience, et suis pour la vie,

Votre bien dévoué,

Alph. D'HERBELOT.

1. Victor-Joseph Étienne, dit de Jouy (1769-1846), officier, administrateur et surtout publiciste, librettiste et poète dramatique, membre de l'Académie française (1815).

2. Antoine-Vincent Arnault (1766-1834), poète tragique, chef de la division de l'instruction publique (1800), secrétaire de l'Université (1810), membre de l'Institut (1799), rayé en 1816, réélu à l'Académie française (1829), secrétaire perpétuel (1833). Lui et de Jouy, très *libéraux* en politique, comptaient en littérature parmi les plus intransigeants classiques.

V.

10 août 1830.

Vous devez accuser ma négligence, mon cher ami ; mais, depuis quinze jours, je suis tellement renversé que je n'ai pu trouver le temps d'écrire une ligne. Quand vous êtes parti, le lundi soir, tout dolent des ordonnances, vous ne vous attendiez guère certainement que le jeudi, à deux heures, tout serait fini, et les descendants de Henri IV chassés à coups de fourches, comme a dit M. de Chateaubriand.

Absent de Paris, vous ne pourrez jamais vous imaginer tout ce qu'il y a eu de noble, de courageux, de désintéressé dans le mouvement de la population de Paris. Le mois de juillet m'a réconcilié avec notre temps, notre civilisation, notre peuple, tout ce que nous attaquions si souvent ensemble, faute d'avoir vu la France à l'épreuve. Il est constaté aujourd'hui qu'aussi dévoués, aussi énergiques que nos pères, nous avons de plus qu'eux la modération, l'amour de l'ordre, le respect pour les droits acquis. Paris est aujourd'hui aussi calme que s'il n'y avait pas eu une grande révolution la semaine dernière.

Le mouvement démocratique à la porte de la Chambre des députés n'était nullement sérieux ; les députés ont eu, le samedi, une fausse peur : ils ont fait battre la générale, demander dans les mairies un renfort de gardes nationaux, et tout cela pour rien, car les groupes de la veille se sont tenus tranquilles. En général, tous les corps ont montré une médiocre énergie, et la gloire reste aux individus.

Quant à moi, ma destinée n'a rien eu de remarquable. J'ai été gratifié le mardi soir, par un sergent de la garde, d'un coup de crosse dans le cou, auquel je ne pensais plus deux jours après. Je me suis employé, dans la nuit du mardi au mercredi, de concert avec mon frère, à travailler les détachements de troupes de ligne que nous rencontrions sur notre route; nous leur faisions mille arguments patriotiques, pour les décider à ne pas tirer sur leurs frères, et ils paraissaient écouter assez volontiers. Le mercredi, après trois heures de marche sous le plus ardent soleil, avec un fusil sur le dos, nous avons inutilement tenté de nous porter sur l'autre rive. Le passage des ponts, sous le feu de la troupe, était une entreprise trop difficile pour des gens mal organisés. Accueillis par la mousqueterie, nous nous sommes repliés sur notre quartier; nous avons dépavé les rues, renversé les tonneaux, les voitures, et organisé un système de barricades qui aurait déconcerté l'attaque la plus résolue. Après une nuit de veille, pendant qu'on se battait au Louvre et sur tous les boulevards, nous avons fait nommer une commission provisoire de cinq membres, pour administrer l'arrondissement: Renouard [1], Cousin et mon frère en étaient. Rourbon, qui ne m'a pas quitté de la journée, et moi, nous avons couru le quartier, appelant la garde nationale aux armes, recueillant des subsistances pour les ouvriers, puis nous avons fait force factions, force patrouilles nuit et jour, à travers fossés et barricades. J'étais horrible-

1. Augustin-Charles Renouard (1794-1878), élève de l'École normale (1812), avocat, conseiller d'État (août 1830), député (1831-1837 et 1839-1842), conseiller à la Cour de cassation (1837), pair de France (1846), membre de l'Académie des sciences morales (1861), procureur général à la Cour de cassation (1871), sénateur inamovible (1876).

ment fatigué, peu fait que je suis au métier de tribun populaire et de milicien. Aujourd'hui, je ne pense plus qu'à la joie de notre triomphe, pur de tout excès et de toute souillure, et qui place notre pays, de l'aveu universel, en tête de toutes les puissances européennes.

Dimanche, le duc de Chartres nous a fait prévenir qu'il désirerait voir ses anciens camarades. Une quinzaine d'entre nous se sont rendus lundi matin au Palais-Royal. Il nous a reçus avec la plus grande cordialité, tout à fait en ancien camarade, et a causé avec nous environ vingt minutes, sans aucune espèce de morgue et de gêne. J'ai remarqué avec plaisir qu'il ne nous avait parlé ni d'appui, ni de protection de sa part, et nous avait dit seulement que nous serions les bienvenus chez lui, en toutes circonstances. Voilà vraiment une royauté populaire, mon cher ami ; vous auriez eu plaisir à voir le duc d'Orléans le jour où il a prêté serment, sortant de son palais à cheval, sans autre escorte que cinq ou six aides de camp restés à vingt pas en arrière, sans haie militaire, entouré d'une foule de gens du peuple qui pressaient son cheval, et même lui serraient la main.

Cependant, il n'y avait pas d'enthousiasme extrême. L'attitude des masses était généralement calme. Samedi soir, la foule a crié, sous les fenêtres : « Vive le roi constitutionnel ! Vive la constitution et le roi ! » Nous avons chanté la *Marseillaise* en chœur ; toute la famille était au balcon. Car la *Marseillaise* est aujourd'hui dans toutes les bouches, et mon cœur a battu de joie le jour où une musique, rassemblée à la hâte et marchant à la tête de notre légion sans uniforme, a, pour la première fois, fait retentir les rues de cet hymne glorieux. Quand le vieux Lafayette, nous passant en revue, entendit cet air qui lui rappelle toutes ses gloires, il n'a pu s'empêcher de pleurer, et nous avons salué d'acclamations unanimes celui qu'on peut appeler maintenant, sans déclamation, le patriarche de la liberté. La vue du drapeau tricolore a vivement ému le peuple ; mercredi, au milieu de la fusillade la plus affreuse, quand nous craignions à chaque instant d'apprendre l'extermination des patriotes de l'autre rive sans pouvoir les secourir, le drapeau tricolore, flottant majestueusement sur la grande tour de Notre-Dame, nous rendait l'espoir et rendait le courage de chacun. Je ne puis assez vous dire quelle admiration j'éprouve pour le peuple de Paris, ces gens sans pain la moitié de l'année et à demi nus, qui, les armes à la main, et tenant à leur disposition les palais et les hôtels de la capitale, demandaient poliment un verre de vin et quelque chose à manger. Un homme a été fusillé par ses camarades pour avoir volé un pantalon à l'état-major de la garde. Il y a plus : les fusils enlevés aux armuriers dans la matinée de mercredi leur ont été, pour la plupart, soigneusement restitués après le combat.

Ayons donc confiance en nous, en notre temps, mon cher ami ; nous ne sommes pas en état de décadence, et la liberté est la vraie institutrice des nations. La génération de 93 est morte et remplacée par une génération aussi énergique et meilleure ; elle a conquis la liberté, et gare à qui la touche !

Je n'ai point encore de nouvelles de Montalembert ; écrivez-moi ce que vous savez de lui, de l'impression que lui a faite la révolution ; donnez-moi des nouvelles de Rio, et croyez à l'attachement inébranlable de votre ami dévoué.

Alph. d'Herbelot.

VI.

Ivry, 31 août 1830.

Au moment où je recevais votre lettre, mon cher ami, vous receviez probablement la mienne ; ainsi vous avez vu que je n'avais laissé aucun de mes os à la bataille. Je n'ai eu que d'horribles inquiétudes, non pour ma vie, mais pour le triomphe de la cause populaire ; heureusement qu'elles ont été de courte durée.

Décidément, nous sommes un peuple tout à fait changé, un peuple sans enthousiasme, peu exalté, faisant de grandes choses par raisonnement et presque par calcul. Longtemps j'ai cru que sans enthousiasme il n'y avait pas de vie possible pour une nation ; aujourd'hui, l'expérience m'a démontré le contraire : autres temps, autres mœurs ; nous ferons plus que nos pères par des moyens différents. Paris est aussi tranquille que s'il n'y avait pas eu de révolution ; les petits mouvements républicains et les attroupements d'ouvriers oisifs, dont on a fait quelque bruit en province, n'ont sérieusement inquiété personne et n'ont duré qu'un instant. Deux jours après la bataille, le calme était rétabli ; il n'a pas été troublé depuis. Le peuple, sorti de ses foyers pour renverser des maîtres parjures, y est rentré après la victoire ; le changement de règne l'a satisfait sans lui inspirer une joie bruyante ; il ne demande rien que la liberté d'arranger ses affaires en repos, et semble s'inquiéter médiocrement de ceux qui le gouvernent. La belle revue de la garde nationale, si étonnante par la célérité et la perfection fabuleuse de l'organisation, s'est d'ailleurs passée sans cet enthousiasme dont parlent les journaux : pas de poésie, peu d'élan, des cris de *Vive le Roi* unanimes, mais brefs et peu bruyants ; une détermination calme, une volonté ferme mais silencieuse de maintenir la liberté, tel est Paris, et d'après les rapports qui viennent de la province, telle est la France.

Ainsi, ne nous le dissimulons pas, le temps des illusions riantes et dorées est passé ; nous avons beau chanter en chœur la *Marseillaise* et nous lever respectueusement au dernier couplet, nous ne sommes plus le peuple de 92, et tous ces ressouvenirs de notre grande Révolution jurent un peu au milieu de notre insurrection bourgeoise et modérée. Il y a, je crois, beaucoup de dévouement à la liberté parce qu'elle est utile aux intérêts de chacun ; on chercherait vainement un autre motif ; et si le territoire était menacé dans son indépendance, on se ferait tuer froidement à la frontière sans cris, sans hymnes de guerre, comme au Louvre, à la Grève, à la caserne des Suisses.

A une telle nation, mon ami, des institutions libérales, dans le sens le plus étendu de ce mot, ne peuvent nuire ; elle n'en abusera pas ; d'ailleurs, quand même la démocratie ne serait pas rassurante, comme elle l'est, ce serait folie de vouloir lutter contre elle ; elle a tout envahi, les esprits plus encore que les lois, et elle ne lâchera pas ses conquêtes. La royauté n'est plus qu'un manteau fleurdelisé [1] jeté sur des formes purement républicaines, et l'aristocratie n'est qu'un nom sans influence et sans appui dans les masses ; la Chambre des pairs est frappée à mort et a

1. Les fleurs de lis subsistaient encore : c'est après les troubles de février 1831 que Louis-Philippe eut la faiblesse d'y renoncer.

été coupée dans ses racines, le jour où l'autre Chambre a pu la mutiler et la régir impunément. Vainement vous lui laisserez ses honneurs, ses armoiries, son hérédité ; de deux choses l'une : elle sera la très humble servante de la Chambre des députés, et alors ne comptera pas, ou bien elle tentera de résister, et sera brisée comme un vase de terre ; il suffira pour cela d'un sous-lieutenant avec vingt-cinq hommes.

Vous voyez donc que je ne discute pas avec vous les droits du duc de Bordeaux, l'hérédité de la pairie, les contrepoids.... Maintenons toutes ces choses (celles du moins que l'opinion publique ne repoussait pas trop vivement) et laissons faire le temps. Il ira plus loin que nous ne le pensons et que nous ne le voulons peut-être. Je ne vous le cache pas, mon ami, je suis convaincu que nous allons à la république, qu'une puissance irrésistible nous y entraîne, que nous aurons un président avant un demi-siècle ; c'est inutilement que l'on se raidira contre cette loi ; moi-même, tout le premier, je prêche l'éternité de la famille d'Orléans sans y croire ; la France, royaliste il y a trente-cinq ans, aujourd'hui à demi républicaine, sauf le nom qui la choque encore, le sera totalement dans trente ans. Si un homme nous eût dit, il y a trois mois, que nous chasserions les Bourbons presque sans coup férir et reverrions flotter parmi nous le drapeau de Valmy, on se serait moqué de lui ; cela s'est fait pourtant ; le reste ira de même.

Quand je vous parle ainsi de l'établissement probable d'une république en France, ne croyez pas, mon ami, que j'en sois chaud partisan. Ce nom m'effraie, et à présent, dans l'état actuel de l'Europe et même de mon pays, j'aurais regardé ce gouvernement, venant à la suite de la révolution, comme un fléau. Mais les esprits, à leur insu le plus souvent, me paraissent y tendre si visiblement, qu'il y a là, ce me semble, quelque chose de providentiel auquel nous ne pourrons échapper. D'ailleurs, le bon sens et la modération publique me rassurent, et je crois que le rôle de tout bon citoyen doit être d'éclairer les classes inférieures, de les appeler graduellement à la participation du pouvoir, au lieu de faire des efforts inutiles pour les en repousser obstinément. La domination appartient aujourd'hui à la bourgeoisie proprement dite; pour qu'elle s'y maintienne, il faut qu'elle fasse une part au peuple; je crois essentiel de s'en occuper.

Je vous demande pardon de tant vous parler politique; je sais, mon ami, que vous avez fait quelquefois ce reproche à ma correspondance; mais en vérité, de quoi parler maintenant, si ce n'est de notre sort, de notre avenir, de cet avenir conquis par l'énergie parisienne et qui, j'en ai confiance, sera splendide et beau?

Cependant, je terminerai par des affaires particulières : j'ai vu hier le nouveau proviseur de Louis-le-Grand, M. Pierrot [1], ami de mon frère; il m'a paru fort mal disposé pour Rio, et m'a dit expressément que si Rio n'était pas prêt à faire sa classe le 13 octobre, il était décidé à demander immédiatement sa destitution et sûr de l'obtenir. Écrivez donc à Rio qu'il se décide et revienne veiller à ses affaires. Entre nous, je vous dirai que M. Pierrot désirerait m'attacher à son collège, et je dépends de la réponse de Rio, en ce sens que s'il donnait sa démission, je me mettrais immédiatement sur les rangs avec certi-

1. Jules-Amable Pierrot-Deseilligny (1792-1845), élève de l'École normale, professeur de rhétorique à Paris (1815), suppléant de Villemain à la Sorbonne, suspendu à deux reprises sous le ministère Villèle, proviseur du collège Louis-le-Grand (1830), a laissé dans l'Université une durable réputation d'humaniste et d'éducateur. Il était beau-frère d'Eugène Schneider, le vrai fondateur du Creusot.

tude presque complète de le remplacer. N'écrivez pas ceci à Rio : je serais désolé que son amitié pour moi influât sur sa décision, et je n'ai pas besoin de vous ajouter que, tant qu'il manifestera l'intention de rester, aucune démarche ne sera tentée de ma part pour Louis-le-Grand, où j'aurais d'ailleurs de beaucoup plus grands avantages qu'à Henri IV ; tâchez de savoir ce qu'il veut faire et mandez-le-moi; jusque-là, je resterai tranquille; surtout ne lui parlez pas de mes projets [1].

J'ai reçu une lettre de Montalembert, qui se plaignait de n'avoir pas eu de vos nouvelles; vous devez voir que je suis loin de partager en tous points sa manière de voir sur les événements actuels; je le prêche dans le sens démocratique, tout en concevant et en approuvant parfaitement l'influence qu'exercent sur lui ses liaisons d'amitié et de famille.

J'ai à peine assez de place pour vous embrasser et vous assurer de ma vive et inaltérable amitié.

Alphonse D'HERBELOT.

1. Rio ne reprit point sa chaire: la bienveillante intervention de Guizot lui valut une sinécure aux affaires étrangères, qui le dispensait du serment. Quant à d'Herbelot, il demeura au collège Henri IV, où il fut titularisé après son succès au concours de l'agrégation.

APPENDICES

APPENDICE I

DEUX LETTRES DE CHARLES DE MONTALEMBERT A ALPHONSE D'HERBELOT

Adresse des deux lettres : A Monsieur Alphonse d'Herbelot, rue de l'Observance, n° 8, quartier de l'École de médecine, à Paris.

Roskulle, près Stockholm, ce 28 juin 1829,
partira le 30.

Me voilà, mon cher ami, à la campagne, un peu plus tranquillisé sur le compte de ma sœur, mais toujours étourdi et consterné de la ruine de tous mes projets. Je m'ennuie solidement, je vous assure, dans cette solitude rocailleuse ; je n'ai pas le courage d'entreprendre aucun travail sérieux : le grand intérêt de ma vie a disparu, et je me borne à quelques insignifiantes occupations, qui me semblaient assez bonnes comme hors-d'œuvre, mais qui me font pitié, maintenant que je suis forcé de me rejeter uniquement sur elles.

J'ai trouvé moyen de terminer mon second article sur la Suède ; j'ai encore à le copier et à le lire à M. d'Anskarsvard. J'espère pouvoir vous l'envoyer en partie avec cette lettre après-demain, sinon vous l'aurez par ma prochaine à Cornudet ou dans huit jours. Il me reste deux articles à faire : l'un sur l'organisation judiciaire, le second sur la diète actuelle, suivi de quelques réflexions sur la position intérieure de la

Suède et son avenir. Je n'ai pas encore les détails nécessaires pour le premier, et, quant au second, il me semble qu'il faudrait bien attendre que la diète fût terminée, ce qui n'aura lieu qu'au mois d'octobre. Je suis donc forcé de me reposer, et, en attendant, je vous prie de me dire lequel de ces deux articles devra être inséré le premier, pour conserver un ordre convenable. Je ne vous cacherai pas que plusieurs des personnes à qui j'ai parlé de mon travail, et surtout mon père, à qui je l'ai communiqué, m'ont fortement conseillé de ne point en faire des articles de journal, mais bien une petite brochure en soi, que je ferais paraître en décembre prochain. Dites-moi franchement et *amicalement* votre avis là-dessus ; et si, pour concilier les deux opinions, il ne me serait pas permis, après avoir donné trois articles aux *Annales*, de les republier en brochure avec le quatrième sur la diète actuelle et la position de la Suède. Moi je vous avouerai que je penche beaucoup pour la brochure ; mais mon jugement est bien inexpérimenté et surtout bien *lointain*, de sorte que je m'en remets à vous.

M. d'Anskarsvard hésite maintenant à profiter de l'acceptation du *Courrier*, dont je lui ai fait part, sans dire qu'on n'y avait pas mis beaucoup d'empressement. Du reste il préfère, ainsi que moi, les *Débats :* voyez si avec Cornudet, qui connaît Duviquet, vous ne pouvez pas arranger cette affaire, et obtenir pour lui une réception un peu plus empressée. Il vient de faire paraître ici, avec son collègue M. Nyerta, un journal hebdomadaire où il s'occupe beaucoup de la France.

Voici la réponse catégorique à vos questions sur l'enseignement du droit en Suède. 1° *Sur le droit romain.* Il n'y a point de chaire de droit romain aux Universités ; cette étude rentre dans la partie historique ; les Romains n'ont jamais établi leur législation en Scandinavie ; il en est de même en Angleterre. 2° *Sur la méthode*, etc. MM. de Savigny et Hugo sont connus et estimés ; mais la méthode du cours est entièrement au gré du professeur ; seulement, il est naturel qu'il suive surtout le développement historique du droit, en Suède particulièrement. 3° *Sur le cours de méthodologie*, etc. Il n'y a que deux chaires de droit dans chaque faculté, de sorte que les cours ne peuvent être multipliés ; mais chaque professeur commence par une introduction qui répond à peu près à ce que vous nommez encyclopédie du droit. 4° Oui, il y a un cours de droit général et *à priori*. 5° Oui, l'enseignement du droit est parfaitement libre ; les deux professeurs font leurs cours comme ils veulent et y ajoutent ce qu'ils veulent ; il leur est seulement prescrit de donner à leurs élèves des connaissances suffisantes sur la législation du pays et le droit en général ; le reste est à leur gré. 6° *Quels sont les grades, examens*, etc. ? Il y a deux examens, l'un pour l'entrée dans les cours de droit, l'autre à la fin des études pour la licence. Alors on soutient une thèse en latin. On aspire très rarement au titre de docteur ; mais, quand on veut l'obtenir, on fait imprimer une dissertation, sur laquelle l'Université fait son rapport ; alors, *si le roi* le juge convenable, il délivre à l'impétrant un diplôme de docteur. Voilà, mon cher ami, les détails que vous m'avez demandés ; il me semble qu'on peut en conclure que l'enseignement du droit est, en Suède, libre et raisonnable, mais que cette science y est fort peu cultivée.

Si par hasard mon premier article n'était pas encore publié, veuillez, je vous en prie, ajouter dans l'avant-dernier alinéa, et après la période qui commence ainsi : *Toutes les contestations*, etc., celle-ci : *Tout fonctionnaire, convaincu d'avoir usé illégalement de son autorité dans une élection, est condamné à la destitution.*

Votre lettre du 5 juin, mon cher d'Herbelot, est une véritable chronique politique, digne du *Times* ou de la *Gazette d'Augsbourg*. Encore une fois, je vous remercie bien sincèrement de ces longs détails, que vous avez la patience de me donner sur la triste situation politique où nous nous trouvons. Je ne crois pas, je vous l'avoue, à un changement de ministère avant la session prochaine ; on n'a pas assez peur des Chambres, et elles méritent ce mépris : je ne vois pas, d'ailleurs, de lois politiques, comme les appelle l'illustre Bois-Bertrand, sauf peut-être la loi interprétative du sacrilège.

Quelle honte, si on ne profite pas de cette occasion pour l'abroger entièrement ! Je trouve l'article de Rabbe de très mauvais goût et vraiment absurde ; mais le procès est encore bien plus absurde. Quand cesserons-nous donc de vouloir installer de la religion dans les cœurs français par l'entremise de la police correctionnelle ? J'ai remarqué, à ce sujet, un magnifique article de Dubois, dans le *Globe* du 10 juin.

Je suis étonné que vous me demandiez si j'aime Sainte-Beuve, Victor Hugo et les autres poètes de la nouvelle école : je croyais que vous me connaissiez assez pour savoir que je me jetterais à corps perdu dans les rêveries mystérieuses et mélancoliques de ces jeunes âmes, révoltées comme moi de la tendance industrielle et matérialiste du siècle. Je vous assure qu'il me prend quelquefois des accès d'humeur inconcevable contre les lumières et la civilisation moderne, quand je songe au manque de croyances et de dévouement qui ronge notre pauvre France. Un passage de votre avant-dernière lettre m'a fait bien du plaisir en m'apprenant que vous aviez aussi quelques remords pareils, qui, du reste, s'accordent à merveille, je vous assure, avec un sincère libéralisme. Mais croyez-m'en, mon cher ami, n'étouffez pas ces regrets sacrés du passé ; ils pourront servir à embellir et à sanctifier votre avenir ; sachez unir le désir et le besoin de la foi, en politique comme en religion et en philosophie, aux lumières et aux principes dont le siècle vous a doté, et soyez sûr que votre vie en sera bien plus pure et votre patriotisme bien plus utile.

Savez-vous que dans la solitude et la désolante tristesse où je vis maintenant, je ne me console que par une seule idée, qui peut-être ne vous déplaira pas ? C'est celle de former une petite association de jeunes gens, imbus du désir de trouver les moyens d'unir et de concilier les vertus du moyen âge avec les libertés de notre temps, l'enthousiasme et la poésie avec le bien-être et l'instruction du peuple. Nous discuterons souvent et à notre aise ; nous étudierons consciencieusement et avec zèle ; je vois déjà de bons, pour cela, vous, Cornudet, Rio, Bonnier, Saint-Laumer et un de mes meilleurs amis,

M. Lemarcis ; nous tâcherons de nous mettre en rapport, d'un côté avec ceux qui devaient faire la *jeune France*, de l'autre avec quelques jeunes prêtres et séminaristes. Plus tard, nous pourrons peut-être émettre un journal ; enfin, qui sait, nous pourrons peut-être faire quelque bien ; l'association catholique n'a pas eu des commencements plus brillants. Il est vrai qu'elle parlait non pas *à* une nation, mais *au nom* d'une nation.

Je vous assure que je ne suis pas du tout acoquiné ici, comme vous semblez le croire. Moi aussi, je l'ai cru un instant ; mais l'illusion s'est bien vite dissipée.

La discussion sur le budget m'a semblé, en elle-même, très bonne, quoique les résultats soient misérables. Mais il y a eu beaucoup de connaissances spéciales, beaucoup de bons principes. Le discours de Corcelles est surtout remarquable.

Je reçois à l'instant une lettre de Cornudet, qui m'annonce la réception de mon article. J'accède de tout mon cœur à toutes vos corrections ; je crains, d'après ce que vous me dites, que mon second article ne paraisse bien long et bien ennuyeux. Je ne savais pas que ce dût être un journal hebdomadaire; je m'imaginais que c'était un volume mensuel comme la *Revue française*. Dans tous les cas, gardez-vous bien de m'en envoyer les numéros, vous me feriez payer les yeux de la tête. Il est d'ailleurs plus que probable que l'on va nous supprimer toutes nos franchises, d'après les réductions immenses, mais bien légitimes, adoptées par la Chambre dans le budget de notre ministère.

Adieu, mon cher, soyez aussi exact et amical que jamais, et comptez sur mon dévouement sincère.

Ch. de Montalembert.

Roskulle, près Stockholm, ce 27 juillet 1829.

Il y a bien longtemps que je ne vous ai écrit, mon cher ami; les tristes motifs de mon silence doivent vous être assez connus; la douleur a presque épuisé les forces de mon âme, et cependant je suis encore bien loin d'avoir bu mon calice jusqu'à la lie. Au moment où j'allais vous écrire, conformément à notre règle, ma pauvre sœur a été saisie d'une attaque encore plus violente que toutes les précédentes; une seconde fois, j'ai désespéré de sa vie; une seconde fois, j'ai dû envisager de front cette perte cruelle avec toutes ses funestes conséquences, et, une seconde fois, j'ai eu le bonheur de voir que mes pressentiments, que ceux des médecins eux-mêmes ne se réalisaient pas, mais sans avoir la consolation de pouvoir me livrer à l'espérance. Il n'est que trop probable que mon malheur n'est que différé. Toutefois, je tâche de m'étourdir, de me rassurer autant que possible, et je profite d'un de ces moments où mon esprit est plus paisible et plus libre qu'à l'ordinaire, pour m'acquitter de mon arriéré. Cornudet vous aura mis au fait de ma triste position; épargnez-moi la douleur de revenir sur des événements qui ne sont que trop souvent présents à ma mémoire, et qui, d'ailleurs, ne pourraient vous intéresser que relativement à moi. Or, puisqu'il ne s'agit que de moi, j'aime mieux chercher, en vous écrivant, quelque distraction à mes ennuis, que de les renouveler en vous les racontant.

Vous m'avez écrit deux excellentes lettres en date du 19 juin et du 3 juillet. Demain, j'en recevrai probablement une autre de vous, mais je ne puis l'attendre pour vous répondre. C'est ici, mon cher ami, la dernière lettre que je vous écrirai de Suède : nous partons dans cinq ou six jours. Le voyage est la seule chance de salut qui reste à ma sœur : c'est donc un devoir sacré. Cependant, je vous l'avouerai, ce n'est pas sans une profonde tristesse que je vois arriver le moment de ce départ. Le croiriez-vous, vous qui avez été le confident de toutes mes invectives contre la Suède, de toutes mes plaintes, les unes trop réelles, les autres un peu exagérées ? C'en est ainsi, toutefois, et je vais tâcher de vous expliquer les motifs de ce changement. D'abord, il y a pour moi une invincible tristesse dans l'idée seule de quitter un endroit où j'ai passé un certain espace de temps ; cette tristesse redouble quand je pense qu'il y a cent mille chances contre une que je ne reverrai pas cet endroit de ma vie, et que tous les objets de la nature, tous les individus avec lesquels j'ai vécu depuis un an, vont disparaître pour toujours. Et puis, si vous saviez comme les environs de Stockholm sont ravissants, combien il y a de poésie et de mélancolie dans cette nature, toujours si déserte et si plaintive, combien l'été est beau et invariable pendant sa courte durée ; les journées sont si longues et si constamment belles qu'on regrette à peine les huit mois d'hiver qu'il a fallu traverser pour les attendre ; quitter ces mouvements de terrain si hardis et si diversifiés, ces forêts éternelles, cette profusion d'eaux et de verdure, pour voyager, à toutes petites journées de deux ou trois milles chacune, à travers ce nord de l'Allemagne si monotone, et surtout à travers les champs sans eau, sans bois et sans montagne de notre vilaine France orientale, vous m'avouerez que c'est faire un triste échange. Puis encore ces Suédois ont été si bons pour nous pendant la maladie de ma sœur ; ils ont tellement brisé la glace de leurs relations ordinaires ; ils nous ont donné des preuves d'un si touchant intérêt, d'une compassion si sincère, depuis le roi jusqu'au dernier lieutenant aux gardes, qu'il y aurait vraiment de l'ingratitude à les laisser là pour toujours sans quelques regrets. Enfin, faut-il le dire, je n'éprouve pas le moindre plaisir en songeant à mon retour en France : grâce à l'uniformité désolante que la civilisation a établie dans le monde, il n'y a rien, dans le matériel de la France, qui excite chez moi la moindre émotion ; pour moi, la patrie est là où sont les objets de mes affections ; or, à mon arrivée à Paris, vers la fin de septembre, je ne trouverai pas une âme à qui je puisse dire un mot de confiance ou d'amitié.

Vous serez tous en vacances et je me trouverai seul, et comme on est seul à Paris quand on n'y a pas d'amis, c'est-à-dire bien plus tristement que dans la solitude la plus complète. Tandis que si j'avais passé ici les mois de septembre et d'août, j'aurais joui, pendant deux mois de plus, de la société de mon père et de celle de quelques hommes avec qui je suis plus ou moins lié ici, et qui occupent provisoirement la grande place que laisse dans mon cœur l'éloignement de tous mes bons et véritables amis.

Vous voyez, mon cher ami, que, comme la plupart des hommes, je n'aperçois le prix des bienfaits de la Providence qu'au moment de les perdre. Je vous remercie bien sincèrement de la sympathie amicale que vous manifestez pour des douleurs dont vous ne connaissez pas même toute l'étendue; cette sympathie est la seule consolation que vous puissiez m'offrir, je l'accepte avec joie, et comme un engagement sacré pour l'avenir. Je l'aime beaucoup mieux que les prétendues consolations que vous me donnez sur la manière dont j'ai employé mon année. Non, mon cher d'Herbelot, je n'ai point tiré tout le parti que j'aurais pu de mon voyage en Suède, et cela grâce à mon projet sur l'Irlande; absorbé par ce grand intérêt, et n'anticipant que le moment où je pourrais exécuter mes plans à cet égard, je ne me suis occupé que très imparfaitement, très superficiellement de l'histoire et de la littérature scandinaves, dont j'aurais fait une étude approfondie si je n'avais eu que ce seul but en vue. Maintenant, au contraire, je suis tout honteux du mince bagage de renseignements septentrionaux (sauf sur la politique actuelle) que je vais vous rapporter; si jamais je voulais mettre à exécution une idée qui a souvent trotté dans ma cervelle, celle de faire plus tard un ouvrage politique sur la révolution de la Suède, il me faudrait recommencer entièrement mes études sur l'histoire de ce pays, et cela loin des sources et des monuments nécessaires. Aussi, le peu que j'ai fait dans ces derniers temps n'a rapport absolument qu'à la Suède; et, comme je sais bien lire la prose suédoise et assez bien les vers, je me suis dépêché de parcourir le beau poème de *Frithiof*, dont Ampère vous aura sans doute parlé, et plusieurs numéros d'une excellente revue philosophique et littéraire, intitulée *Svea*.

Ceci me conduit à vous parler des *Annales judiciaires et législatives*. Je sais bien que quand même je prendrais toutes les peines du monde pour modérer l'expression de mon dépit, vous n'y verriez toujours qu'un amour-propre d'auteur blessé. Ainsi je ne chercherai pas à me gêner et je vous dirai tout franchement que je suis indigné des mutilations qu'on a fait subir à mon article : on l'a transformé en article de commis voyageur, d'homme qui aurait été chercher des aperçus sur la Constitution suédoise dans l'Almanach royal ou dans le texte simple de la Constitution. On a supprimé les seules parties qui avaient un peu de mérite, qui étaient empreintes du caractère national, celles que M. d'Anskarsvard, par exemple, avait trouvées justes et vraies, telles que les réflexions sur l'intervalle de cinq ans, et l'absence d'une classe moyenne. Enfin l'article, tel qu'il est, est pitoyable et je suis désolé qu'il soit revêtu de ma signature. Cela me décide plus que jamais à ne rien écrire pour ce journal; dès que j'ai su qu'il était hebdomadaire, j'ai deviné qu'il ne conviendrait pas à mes articles qui étaient faits pour un ouvage plus étendu, tel que la *Revue française*. Puis je vous avoue (peut-être le dépit m'aveugle-t-il) que l'esprit du journal ne me convient nullement : il faut vraiment que la science du droit soit bien avilie en France, si c'est là ce qu'on nous donne pour la science régénérée; j'y vois, comme dans tous nos autres écrits périodiques, une absence de vues morales, de fondements positifs et surtout un oubli de l'originalité nationale des étrangers qui me semble déplorable. Cette ignorance à l'égard des peuples étrangers est notre grand défaut en France : nous voulons bien consentir à connaître et à apprécier ce qui peut s'appliquer à notre position, à nos souvenirs; mais pour peu que le type national s'éloigne tant soit peu du nôtre, alors nous fermons yeux et oreilles et nous restons dans notre honteuse indifférence.

Ne croyez pas, mon cher ami, que dans ma colère je vous fasse entrer pour quelque chose. Non, je crois qu'on a fait plus que vous n'avez voulu, et je conçois d'ailleurs que vous vous soyez trompé comme d'autres sur la nature de l'article. Mais je vous prie de ne pas donner mon second article : je le réserverai pour une meilleure occasion, avec les notes assez étendues que j'ai ramassées sur l'organisation judiciaire de la Suède, et le journal que j'ai tenu de la diète. Nous avons eu ici dernièrement des discussions bien intéressantes pour le pays, sur la réalisation du papier-monnaie et l'accusation des ministres. M. d'Anskarsvard y a brillé, comme de coutume, par-dessus tout le monde : son journal, le *Medborgaren*, dont le *Courrier* a parlé, est moins bien rédigé que je ne le croyais. Quant à sa collaboration pour un journal de Paris, je ne crois pas qu'il écrive assez bien le français pour y réussir. Certes, il ne serait pas bien au *Courrier*, qui annonçait l'autre jour d'un ton pompeux que les États et le roi travaillaient de concert au bonheur et à la gloire du pays, etc., et autres naïvetés de cette espèce.

Je n'ai pas non plus aujourd'hui le cœur de vous parler politique. Les journaux, les Chambres, le procès du *Courrier*, tout cela est pitoyable. Je suis tout honteux du libéralisme. Il n'y a que la discussion des crédits éventuels qui l'ait un peu relevé. A propos, je dois vous faire part d'un changement important qui, depuis trois mois, s'est effectué dans mes opinions politiques : anglomane comme par le passé pour tout ce qui regarde l'organisation intérieure et les principes du gouvernement représentatif, je me suis convaincu que la politique extérieure de l'Angleterre est atroce, tout à fait contraire à celle que nous devons avoir, et d'autant plus coupable qu'elle contraste plus avec sa politique intérieure. Dans nos premières conversations, nous développerons ces idées.

Adieu, mon cher d'Herbelot, quels que soient les malheurs qui m'attendent, je compte sur vous; puisque vous confessez bravement votre ignorance en économie politique, je me joins à vous dans cet aveu honteux, et je vous propose de l'étudier sérieusement avec moi l'année prochaine, sous la direction du savant Cornudet. Ce sera un moyen de nous rapprocher sans nous faire perdre de temps. Adieu, à revoir bientôt.

Ch. DE MONTALEMBERT.

N'avez-vous pas admiré un superbe article du *Globe* sur l'histoire de Dehokke? Je le trouve parfait.

Répondez-moi bien vite *poste restante à Berlin*, et puis écrivez-moi plus tard poste restante à Dresde ou à Francfort-sur-le-Mein. Donnez-moi beaucoup de détails politiques, car il est à penser que je ne verrai pas de journaux depuis Stockholm jusqu'à Paris. Dites-moi aussi si vous irez infailliblement vous enterrer en province jusqu'au mois de novembre. Si j'en ai le loisir, je vous écrirai aussi en route.

APPENDICE II

LA MORT D'ALPHONSE D'HERBELOT

ANTOINE-LÉON D'HERBELOT A MONTALEMBERT

Sans date (3 octobre 1832).

Monsieur,

Mon frère, sachant tout l'intérêt que vous prenez à sa triste position, me charge de vous témoigner le désir qu'il aurait de vous voir demain, jeudi 4 octobre, de midi à deux heures.

Agréez, je vous prie, l'assurance de la haute considération [1] avec laquelle j'ai l'honneur d'être

Votre très humble serviteur,

L. D'HERBELOT.

MONTALEMBERT A LAMENNAIS

6 octobre 1832 [2].

.... Un de mes anciens camarades, le jeune d'Herbelot, professeur au collège Henri IV, incrédule dès l'enfance, mourant

1. Charles de Montalembert était devenu pair de France par le décès de son père.
2. Alphonse d'Herbelot allait mourir le 8 octobre.

de la poitrine et irrévocablement condamné, m'a fait appeler l'autre jour pour me dire que, connaissant mes sentiments religieux, il désirait m'apprendre qu'il était complètement revenu à la foi et avait reçu tous les sacrements. Son confesseur et les Sœurs de charité qui le soignent ont rendu le plus éclatant témoignage à sa piété et à sa résignation chrétienne....

(Communiqué par M. le vicomte de Meaux.)

TABLE ALPHABÉTIQUE

DES NOMS DE PERSONNES

R

S

T

U

V

W

Y

Z

TABLE DES MATIÈRES

BESANÇON. — IMPRIMERIE JACQUIN.

www.ingramcontent.com/pod-product-compliance
Ingram Content Group UK Ltd.
Pitfield, Milton Keynes, MK11 3LW, UK
UKHW021851190726
13855UKWH00001B/260

9 782013 495950